大美语文

董琼／主编

华中科技大学出版社
http://press.hust.edu.cn
中国·武汉

图书在版编目(CIP)数据

大美语文/董琼主编.—武汉:华中科技大学出版社,2022.11
ISBN 978-7-5680-8838-1

Ⅰ.①大… Ⅱ.①董… Ⅲ.①语文教学－教学研究－文集 Ⅳ.① H19-53

中国版本图书馆 CIP 数据核字 (2022) 第 197443 号

大美语文
Damei Yuwen

董琼 主编

策划编辑：	饶　静
责任编辑：	王晓东
封面设计：	琥珀视觉
责任校对：	曾　婷
责任监印：	朱　玢

出版发行：华中科技大学出版社(中国·武汉)　　电话：(027)81321913
　　　　　武汉市东湖新技术开发区华工科技园　　邮编：430223
录　　排：华中科技大学惠友文印中心
印　　刷：湖北新华印务有限公司
开　　本：710mm×1000mm　1/16
印　　张：19
字　　数：341 千字
版　　次：2022 年 11 月第 1 版第 1 次印刷
定　　价：98.00 元

本书若有印装质量问题，请向出版社营销中心调换
全国免费服务热线：400-6679-118　竭诚为您服务
版权所有　侵权必究

编委会

主　编：董　琼

副主编：刘　娟　张晓菁　熊溢芬

编　委：胡　婷　赵　玲　张苏琴　叶秀萍　梅启玲　周文祯

　　　　　张　克　陈　丹　余　晶　曹　亚　倪　瑶　陈姗姗

　　　　　戴奕昕　余梦蝶　王艳蓉　谌梦洁　夏圣莹　陈晶晶

　　　　　陶　莎　罗　琦　张军军　刘　倩　宗梦圆　向　珺

　　　　　陈文悦　谢　晶　王　清　张柏阳

序

　　春日暖阳，柳眼初开，窗台上几盆兰花长出了嫩绿的叶片，迎风轻摆，仿佛跟窗下玉兰树茂密的绿叶相互呼应。春天真的来了！此时，在我的书桌上正放着武汉新村小学刚寄来的一摞书稿。这不也是春光里的一片绿叶吗？我想，这大自然的春光和心灵上的春光交相辉映，更彰显出春天的勃勃生机和无限的生命活力。

　　翻阅书稿，封面上四个醒目的大字，立即叩开了我的心扉。啊，"大美语文"！显然，这里的"大美"，已不只是校园里姹紫嫣红的花圃，也不只是琴房里悠扬的旋律和活动室里旋转的舞姿。新村小学的"大美"，是辽阔无边的大视野，是心地开朗的大胸怀，是如诗如画的大语文。有人说，心有多宽，宇宙就有多大。如今，新村小学的老师们以他们饱满的教育情怀和不断进取、勇于探索的精神，书写了《大美语文》。壮哉，大美！美哉，语文！

　　大千世界，大中有小，小中见大。大如宇宙洪荒，小如沙粒水滴。故有"弱水三千，只取一瓢饮"之论，又有"一花一世界，一叶一菩提"之说。本书中，无论是大美中的小语文还是小语文中的大美，都是新时代春光里的一片绿叶。也正是这万千绿叶，烘托编织出红花朵朵、万紫千红的春天。

　　《大美语文》阐述的是大美中的小语文和小语文中的大美育。因此，从大处着眼，从小处着手，应是本书的重点，也是本书的亮点。2020年10月中共中央办公厅、国务院办公厅印发的《关于全面加强和改进新时代学校美育工作的意见》明确指出："以提高学生审美和人文素养为目标，把美育纳入学校人才培养全过程，贯穿学校教育各学段。"由于课程是学生学习活动的总和，课程实施是学校工作的中心，而语文课程是课程中最核心的基础课程，因此，在目标上，应着力探索语文课程中审美教育的内容、方法、途径及其特点和规律；在策略上，要整体布局，长远规划，把美育落实在语文课上，落准在学科核心素养中，落细在语文学科的文本之美、文体（裁）之美、文化之美上。这些将给学校贯彻实施审美教育，打开新思路，选择新策略，做出有益的探索。

审美教育如何从大处着眼，小处着手呢？

所谓"大"，即时代的大背景，社会的大环境，学校的大生活和语文的大视野。离开了"大处着眼"，"小处着手"就变成了小打小闹，小家子气，微乎其微……很容易就风吹云散了。反之，如果不从"小处着手"，在小学语文教学全过程中落准落细，那么"大处着眼"就是虚无缥缈的空中楼阁。

要落实小学语文教学中的审美教育，首先要明确：小学语文教学中的美育，是儿童通过识字、写字、阅读、习作及其他语文教育活动，初步具有对语言文字、文章的审美感知能力、审美欣赏能力、审美判断能力和审美创造能力的自主实践活动。小学语文教学中的审美教育，其主要实施途径是让儿童通过语言文字的形象感染和情感熏陶，在精神愉悦中把语言运用能力和审美能力的培养统一于语文教学的全过程。

语言是思维的物质外壳，儿童在感知、欣赏、评价美的时候，需要借助语言来表达，也需要语言的调节。所以，语文教育和审美教育水乳交融，互补互促。

小学语文教育中的审美教育主要是发掘和展现语文自身的美。譬如，文本遣词造句的匠心独运，语言节奏强弱徐疾之变化，语言情调和风格的独有特色。又如，句式的长与短、骈与散、断与续、对偶与错落、排比与回环等。这样，儿童在感受美、欣赏美的同时，不仅加深了对语言文字的理解，也提高了自己的审美能力。

美育以其形美、情真、心悦的特点和儿童的童心、童情、童趣有着天然的联系。语文教学中的审美教育，将会营造自由自在、和谐宽松的氛围。儿童兴趣盎然，情绪饱满，心情舒畅，自然会联想丰富，思维活跃，言语畅达，甚至会唤醒内生性的潜质，激活创新的天赋。

小学语文教育的审美活动，既要反映审美主体——儿童的审美心理特点和变化规律，又要反映审美对象——语言文字自身的特点和变化规律，其特性可概括如下。

一、形象感染性

小学语文教育中的儿童审美活动，首先是依靠感知。语言文字虽然都是抽象的符号,但语言文字反映的事物,许多都有形象特征。语文教材中的选文,不少是名家名篇。写人叙事,形象鲜明;写景状物,具体生动;深情朗诵,以声传情;如闻其声,如见其人。试想,如果离开了鲜明生动的形象,还有真正意义上的儿童审美活动吗?

从认识论角度看,审美活动也是一种认识活动。它遵循认识的一般规律,即从具象到抽象,由感性到理性的认识发展规律。实践证明,儿童抽象思维的发展和理性知识的获得,一般都从感性形象入手,并贯穿儿童认知的全过程。由于美育固有的形象特征,正适合儿童的形象思维,所以,在语文教育中对儿童进行审美教育,除了依托具体生动的形象,还需要借助语言文字的描述,在儿童脑海中留下表象,像过电影一样再现语言文字所描述的人物、景色、情境以及情节发展变化的全过程。由此引发联想,激发想象,将脑中的表象置换、重组,创造出更多更美的新形象。

文学创作强调"形象大于思想",说明创作典型环境中典型人物形象至关重要。文学作品当然是有主题思想的,但思想是从文学形象中抽象出来的。同样,在小学语文教育中进行思想教育,不是脱离文本的灌输说教,而是通过语言文字,在具体感知人物形象之后,经过抽象概括,提炼出人物的思想品质。儿童正是在读书中被人物形象所感染,从而自悟自得,在潜移默化中受到教育。

二、情感熏陶性

儿童的审美活动一般不直接进行逻辑推理,而是凭借形象,诉诸情感。形象是审美活动中的感性支撑,情感是审美活动的必要中介。格式塔心理学揭示了人的情感结构和外物结构存在某种"同构"关系。如宽厚柔和的兰叶和欢快愉悦的心情,飘飘悠悠的白云和闲适舒畅的心境,直硬折角的树节和激奋强劲的情绪等都会产生心理同构作用。当然,每个人所处的社会环境不同,文化经验背景各异,使"同构"现象具有个性化特征。所以,无论是审美感受还是审美体验,都是主观感情和客观对象在一定社会历史条件下相融合的产物。

审美情感的产生离不开儿童的形象思维。教学中,儿童面对美文,有的读得声情并茂,有的读得毫无感情,其原因除了朗读技能有高下之分,还在于形象思维发展水平有别。如果儿童形象思维水平不高,很难在语言文字中去体验形象之美,情感之美,意境之美,自然读得索然寡味。教学实践证明,发展儿童的形象思维将助推学生审美情感的发展，使儿童受到美感熏陶和精神洗涤。

小学语文教材中的选文大多文质兼美，在鲜明生动的形象中凝聚着深沉的情感。这些情感因素不是借助概念和判断，而是渗透在形象之中。儿童通过依托语言文字的审美活动，激发了感情，并引发"共鸣"，这是在形象和情感交融后的强烈的情感活动。这不仅有助于儿童获得审美感受，提高审美能力，而且也有助于儿童对语言文字的理解和运用。

如果说阅读是儿童通过语言文字去认识客观世界的美，那么作文则是儿童运用语言文字去表现客观世界的美。在习作过程中，儿童调动自己的生活积累，用思维去筛选，用想象去编织，用情感去渲染，并选用最富表现力的语言表达出来。在这个过程中，儿童感受到内心的喜悦和情感的冲动，情不自禁，一吐为快，将体验到的形象之美、情感之美、语言之美，发乎于心，见之笔端，洋洋洒洒地写出来。这是儿童用语言去表现美、创造美的操练，也是培养儿童创造想象和创新思维的实践。

三、多样和谐性

多样是和谐的前提。多样和单一，丰富和贫乏，丰满和干瘪，都是相比较而存在的，其中多样、丰满、丰富都是美的特色。英国著名美学家威廉·荷加斯在《美的分析》一书中反复强调美的多样性。他说："人的全部感觉都喜欢多样，而且同样讨厌单调。"

语文美的特性之一就是依托语言，寓美于丰满的形象和丰富的感情之中。因此，在教学内容上切忌枯燥乏味，要简略而不干瘪；在教学方法上切忌呆板繁复，要多样而不单调。学生的审美情趣各不相同，因而小学语文教育的审美教育不宜强求统一。

审美活动的诸多因素，是一个相对复杂的统一体。它们往往只有按照一定的秩序，形成整体和谐才具有审美价值。当然，和谐是相对的。在审美活动中，和谐中必有变化，变化中又产生新的和谐，呈现出多样性的美感。

语文教学的最佳结构，既反映儿童的认知结构，也反映教材的知识能力结构，优化了的结构才具有审美价值。课堂结构是指课堂中诸要素之间有机统一的存在方式。各要素之间的排列、组合、方位、距离都应遵守儿童思维和情感发展变化的规律，以及儿童学习语文的特点。例如教学过程中各个环节的巧妙安排；开头、结尾、过渡、留白、拓展的衔接贯通；听、说、读、写（小练笔）、书（写字）能力训练的合理配置，都需要整体布局，相互配合，彼此呼应。不能顾此失彼，也不能畸轻畸重，而要在多样和谐中组织教学活动。

四、精神愉悦性

在语文教育的审美活动中，学生的精神愉悦伴随着学习过程，产生并渗透于语言文字的形象和情感之中。

学生由于焦虑、烦恼及其他精神压抑导致心理失调，可通过审美使之平衡，例如通过激情转移，情感升华，变换节奏等方式予以调整，使之心平气和，复归于初。

据研究，人的生理机制的内部节奏与外部环境和事物变化的节奏相互影响。如果节奏合拍，会产生愉快的情绪，反之则会带来心绪不宁的感觉。例如春风吹拂，嫩绿的柳枝随风摇曳，恰恰和人的心律跳动合拍，就会让人从心底里产生舒畅、欢快的感情。儿童因为学习语文生发的快乐是在理解和欣赏语言文字的美感中获得的快乐，已不同于平常的趣味性。大哲学家黑格尔认为："只有当审美主体和对象的感性形式达到水乳交融、自由自在、无拘无束的境界时，才能进入审美过程。"大文学家、美学家席勒说："审美王国就是自由的王国，也即游戏和外观的愉快的王国，在这里卸下了人身上一切关系的枷锁。"席勒又说："在这个王国里，人们所借助的手段是感性和理性完全融合的审美的外观，即'活的形象'。"审美所产生的心理效果是唤起想象力的自由的游戏。

当语文教学的愉悦性源于美感之时，不仅具有深化认知的功能，还有升华情感的功能，甚至还有促进儿童智慧即兴生成的功能。教学中，如果理性因素太多，缺失感性支撑，抹去了形象，缺失了情感，将会使语文教学成为枯燥的语言文字的排列组合和抽象概念的逻辑推演。如此，语文教学既无愉悦作用也无认知和审美价值。反之，如果缺失必要的抽象概括，也会使语文教学层次紊乱，逻辑颠倒，结构松散，甚至使课文的完整形象支离破碎。

总之，语文教学的审美教育主要不是课堂外观的美丽和课件的新颖别致，而是深入发掘语文教学自身的审美特质，在感性和理性之间架设审美的桥梁，使儿童在无心理负担、无精神压力的状态下，自由自在地张开思维和语言的双翼，翱翔在无垠的星空中。此时的儿童在"美"的陶冶中，自觉地把美感化为兴奋、激动,化为求知的欲望,升华为创造的冲动。

写作至此,停笔凝思,脑海中的新村小学已幻化为一片新绿,青翠欲滴,满园春色。老师们正像衔泥的飞燕,不是在等待春天,而是带着春天的梦想归来。浏览书稿,感慨系之。虽然书稿在内容结构和表述上仍有商榷之处,但可珍贵的却是蕴含在书稿中的探究之美,这可能是"大美"中的"至美"。鲁迅说:"世上本没有路,走的人多了也便成了路。"新村小学的老师们正是敢闯新路的探索者。屈原高吟:"路漫漫其修远兮,吾将上下而求索。"新村小学的老师们已迈出了可喜的一步,但探索无尽期,前程无止境,他们永远跋涉在课改的路上。

三月初,我从北海度假返校,武汉市江岸区新村小学董琼校长和刘娟副校长嘱我为他们的新作《大美语文》写序,阅读书稿之后,感触甚多,情难自禁,写了上面的话,是为序也。

二〇二二年四月十六日
于华中师大桂子山寓所

目录

第一章　大美语文的内涵 / 001

第一节　概念界定 003
第二节　研究目的与意义 015
第三节　研究任务 018
第四节　历史沿革与发展 021
第五节　语文与生活的关联 029

第二章　大美语文的实践 /039

第一节　文本之美 041
第二节　文体之美 120
第三节　文化之美 193

第三章　教学随笔 /211

第一节　点燃思维火花，开启语言智慧
　　　　——武汉市"黄鹤英才"董琼名师工作室教研沙龙实录 213
第二节　放言纵论：语文教学中的有效提问策略
　　　　——武汉市董琼名师工作室教学沙龙实录 221
第三节　一期一会，世当珍惜
　　　　——写在《小学语文教学通讯》创刊二十周年 229

第四节　读懂那本"无字书" 232

第五节　教师专业成长发展路径 233

第六节　我和草原有个约定

　　——人教版义务教育小学语文五年级《草原》磨课经历 240

附录　经典课例赏析 /247

附录 A　《草原》课堂实录及评析 249

附录 B　《安塞腰鼓》课堂实录及点评 257

附录 C　放手自主学习，引导合作研讨

　　——《卖火柴的小女孩》教学片段与评析 265

附录 D　我爱你，中国的汉字 270

附录 E　逐层引导，拨动情弦

　　——教学《高粱情》例谈 279

附录 F　把握文体特点，遵循教学规律

　　——人教版小学语文第十二册《桃花心木》教学设计 283

附录 G　新理念指导下的科学小品文教学

　　——《只有一个地球》教学例谈 287

第一章

大美语文的内涵

第一节　概念界定

一、"大美"源起

"大"在汉字中出现的时间很早,人们对"大"的理解和定义也是一个逐渐变化的过程。东汉许慎在《说文解字》中说:"天大,地大,人亦大。故大象人形。"在甲骨文中,处于不同生命阶段和状态的"人"有不同的符号特征:有以挥动双臂、强化头部来表示幼儿的"子"或者"了",有以躬身垂臂表示成年劳动者形象的"人"。相比于前者线条的柔和,"大"字的线条更加方正明晰,是一个正面伫立、伸展双臂双腿、仿佛站立于天地中央的成年人形象,"大"的造字本义便为顶天立地的成年人。在文字诞生之初,"大"的含义和用法就已经十分丰富,且均与"人"有着密切的关系。

考察与"大"意义密切相关且与审美相联系的重要词语,除了上文已经提到的审美主体的"人"之外,还有"美"。"美"与"大"的关系在阐释审美观念诞生时常常被提到,流行的解释是"羊大为美"。《说文解字》中有:"美,甘也,从羊从大。"从造字的角度解释原始美感的来源,即来自于以生存为需要的视觉与味觉的刺激和享受。然而,另一种以萧兵等学者的观念为代表,认为在"羊大为美"之前,"美"的观念应为"羊人为美"。也就是说,"大"采用的是"人"的含义,且这里的"人"特指部落中地位较高的巫师或首领。这是从原始巫舞文化角度出发,汇入图腾崇拜的思想来分析"美"的观念的产生。"美"来自于先民头顶兽角、身披鲜艳羽毛、载歌载舞的巫术祭祀或庆祝活动,这类活动最初由部落中地位较高的"巫"或首领来完成,这种对"大"的解释无疑是更具想象力的,也是美学色彩更为浓厚的。李泽厚认为:"从'羊人为美'到'羊大为美'的转变,是古代审美意识从原始巫术图腾中分化出来的过程。"可以说,"大"字从诞生起就承载了人对自然的想象和对自身力量的肯定。随着封建社会的到来，皇权逐渐成为神权的代言，然而在以江汉地区为中心的楚文化中，仍保留着大量原始宗教、巫术、图腾和神话传说，以屈原和庄子为代表的楚文学之中，处处弥漫着浓郁的巫文化的浪漫气息，缀满了繁星一般美丽神秘的原始宗教、神话元素，并以其活泼奔放以至于奇谲怪诞的美学风格，成为我国的浪漫主义文学的滥觞。"大"范畴在巫文化时期诞生美学萌芽，其内涵也在以想象和夸张为特征的浪漫主义文学中得到了保存和滋养。[①]

文字的诞生与成熟加快了书面文字的发展，在诸子前，以书面文字的形式对"大"的记载最早可以追溯到《周易》，《易传·文言·乾》中有"乾始能以美利利天下，不言所利，大矣哉！"。在《易经》中，"乾"代表天，"乾"卦是第一卦，处于首要地位，这里是赞美天的造化之美，生养滋润万物而不彰显，伟大到了极致。

此外，在先秦时期的其他文献中，"大"与"美"在评价中交互出现的现象也并不少见。正如上文所说，"美"这个概念很早就出现了，但在中国古代美学体系之中，"美"并不是作为中心范畴而存在，中国古代也没有系统严密的美学论著，美学思想往往蕴藏在对诗、乐、舞等艺术形式的评论之中，人们对艺术作品的最高评价并不是"美"，而是通过一系列含蓄而又意味深长的"美"的命题来传递审美体验。所以说，"大"范畴在使用过程中已经包含了"美"的含义和特征，类似于西方美学中的"崇高"，本身就是一种美。不同的是，中国古代的"大"具备比"美"更加丰富的内涵。在《左传》中记载了一段季札观乐的评论，襄公二十九年，吴公子季札于鲁观乐，在这一过程中，季札屡次使用"大"来品评"周乐"："为之歌《齐》，曰：'美哉，泱泱乎！大风也哉！表东海者，其大公乎？国未可量也。'……为之歌《秦》，曰：'此之谓夏声。夫能夏则大，大之至也，其周之旧乎？'为之歌《魏》，曰：'美哉，沨沨乎！大而婉，险而易行，以德辅此，则明主也。……见舞《韶箾》者，曰：'德至矣哉！大矣……'"季札不仅在感叹音乐之美的时候使用了"大"，在赞美齐、秦的大国之风与魏君为政以德之时，均用到了"大"。这说明"大"在当时已经作为一种审美标准正式使用，只是类似于"乐"在当时的社会功用。"大"所蕴含的审美意义包裹在道德评价中，人们的审美标准以"德"为出发点和关注点，只有达到"德至矣哉"、以德辅行，才能认作是符合"大"的审美标准。

另外，在《诗经》中，我们也能发现"以大为美"的审美倾向，诗歌中不

[①] 赵晓芳. 论庄子的"大美"思想[D]. 西宁：青海师范大学，2018：6-7.

仅出现了以"物大为美"的现象,还有"人大为美"的审美观念。如《国风·唐风·椒聊》,以"硕大无朋"和"硕大且笃"来描绘"椒聊之实"的形态,衬托主人公的喜悦之情。在《诗经》中,植物茂盛、果实累累不仅是丰收的象征,也是多子多福、平安幸福的象征,常常被用来表达对欣欣向荣生活的歌颂和祝福。究其原因,是古人从生存需要中衍生出对生命和自然的崇拜,是"羊大为美"观念的延续和发展;但须注意,"人大为美"不能简单归结为"羊人为美"观念的延续。从"物大为美"到"人大为美",不仅代表着审美客体的转换,还意味着人们跳出了巫术娱神的层面,转向现实生活对主体人的审美观照。由外而内,审美视角逐渐深入,从对个体生存需要的关注上升到对审美需要的关注,这也是符合审美规律的。

从《左传》与《诗经》中的有关"大"的用法来看,在诸子前,"大"作为美学评价标准,所适用的对象,不仅包括大的客观物体及形态,身份地位较高的人,还包括高雅的艺术形式,高尚的道德精神。相提并论时,更强调被评价对象的道德属性。①

如果将中国古代美学体系比喻为参天大树,儒道两家的美学思想就是这棵大树上最古老的两股枝丫,分别以孔孟和老庄为代表绽放出芳香各异的一树繁花。在历史的深处,灿若云霞,映照着后世文艺的发展。"大"作为美学范畴,也是在这一时期初步形成的。受不同哲学思想的影响,儒道两家对"大"的内涵有不同的阐释,在使用中也表现出了不同的侧重点,但都对"大"成为独立意义上的美学范畴做出了贡献。儒家思想中的"大"具有丰富的道德伦理内涵,这与其理性主义精神和对道德伦理的关注有密切关系。其"大"的评价和指涉对象,主要是仁政或高尚的道德人格。相比于儒家,老子丰富了"大"的哲学内涵和美学内涵,使人们有了一个从感性到理性再到审美经验性的转折,并具有一定的结构层次。庄子的"大美"思想将以"大"为美的审美观渗透在对整个自然宇宙、道德伦理与文学艺术的观照之中。②

二、浅谈"大美语文"

朱光潜先生在《谈美感教育》一文中写道:"世间事物有真善美三种不同

---

① 赵晓芳.论庄子的"大美"思想[D].西宁:青海师范大学,2018:8-9.
② 赵晓芳.论庄子的"大美"思想[D].西宁:青海师范大学,2018:10-17.

的价值，人类心理有知情意三种不同的活动。"美其实是事物本身的客观存在和事物本身具有的价值。生活中不缺少美，缺少的是发现美的眼睛。

庄子说天地有大美而不言，孟子说充实之谓美，荀子说不全不粹不足以谓美，王国维说一切之美皆为形式之美。著名哲学家李泽厚先生认为，美的根源就是"自然的人化"，即实践。因此，要发掘语文的美，要在课堂中寻找美，就必须去进行"语文实践"。

美的存在是哲学问题，而美的感受则属于心理学范畴。所谓实践，就是师生一起通过最恰当的方式完善学习、提升素养的过程。探索美的语文课堂，要用哲学的思维来解读，用美学的视角来分析，使课堂呈现出能愉悦身心的美感。当今，我们对于课堂的解读和构建已经不是简单的形式与技巧的问题了，而是在追求更高境界的精神享受。语文的美，需要探寻美的本质，体验美的感觉，完善美的感悟。语文的美，应站在文字与语言体验基础之上，在学生自主的实践中，促成民族精神和智慧的传承。

课堂之美表现在让学生参与到语言实践活动中，提升自己的表达能力和语文素养。学生在美的语境中，通过言语实践呈现出来的语言之美、思维之美、人性之美，也是学生心灵美的外显。"语言文字运用"是实践"美的课堂"的重要策略。

同时，课堂上的教学行为和策略也要有充实饱满之美。选取策略是智慧，充实的课堂一定要准确地对文本进行解读。每节课要让学生进行听说读写的训练，充实而不呆板，充实而又灵动。课堂有节奏，训练有层次，无论是轻重缓急，还是张弛浓淡，一定要富有美感，让人获得美的享受。

语言有音韵之美，有律动之美，有节奏之美；汉字有形体之美，有笔画之美，有结构之美。在追寻语文美的过程中，教师要通过实践，让学生在美的天地里自由驰骋与生长。①

（一）以简驭繁的纯净之美

"简约不简单"看似是一句简单的广告语，却恰恰是"简约"的生动注解，诠释了语文教学以简驭繁的纯净之美。

近年来，随着语文新课标的实施，教师的教学观念和学生的学习方式都发生了很大的变化，形成了语文课堂教学生动活泼的局面。但"热闹"背后，我

---
① 陆常波.说语文之美[J].教育家，2018（22）.

们也应看到一些教学方式使语文的工具性模糊，人文性淡薄。语文教学"热闹"、浮躁，纷繁复杂，课堂讲授占据了学生大量的读书、思考、探究的实践时间；教师注重问题的结论，忽视学生学习的过程，课堂无效活动偏多，学生读、悟的机会减少。

针对以上现象，一些专家、教授疾呼"还语文以本色，工具性绝对不能弱化、淡化"，要求语文教师，用实实在在的方法，使学生有真实的收获；用简约的方式，使课堂丰满有效。学生轻松愉快、积极主动地学习，以期真正实现多元化的教学目标，让课堂绽放"简约之美"的花朵。

重点突出为简，厚积薄发为约。语文教学的简约说到底是要在语文教学中尽量排除一些形式化的、不必要的元素，把时间"挤"出来，让学生和文本之间能进行更为深入的充满智慧的对话，最大限度地实现课堂教学的最优化，力求做到"简约而不简单，平淡而不平庸"。"简约的结构，深入的对话"，这样的课堂才是简约课堂。这种"简约"是对冗繁的语文课堂的"清洗"，是语文学习本质的回归，是学生自主意识的彰显。简单地说，语文课堂的简约，就是目标小一点，内容实一点，方法纯一点，以自然、朴实的教学去追求高效、灵动、和谐的课堂效果。

简约教学是一种境界。简约背后是纯净、精要、深刻、智慧、超越，是把深奥的道理说浅显，把复杂的问题做简单。抓住语文教学的关键和本质，让语文教学真实、扎实、朴实。不是花样繁多，华而不实，更不是故弄玄虚，花样翻新。语文教学，简约才是美。

首要的是教学目标简约。教学目标即要求，即方向，是教学的出发点和归宿。它关系到教学活动的导向、教学内容的取舍、教学手段的运用、课堂问题的设计，以及教学效果的评价，等等。一堂课设定的目标太多，每个目标都想抓，其结果只能是什么都抓不了、什么都抓不好。我们制定最简明有效的目标，学生才能把握文本脉络，有足够的时间反复揣摩文本，获得最真切的感受。简约的语文教学在确定目标时，要做好三维目标的整合；不是将三者简单叠加，而是力求简明、适当。简明是指在有限的一堂课时间内，彻底解决学生切实需要解决的主要问题；适当是指教学目标要因课而异，因学生而异。如：景美情深的课文，以赏读积累为主；故事性强的课文，以熟读、复述、内化语言为主；写法上有特点的课文，以领悟迁移写法为主。最终是要切实提高学生的综合运用能力，全面提高学生的语文素养。①

教学内容的"简约"是关键。语文教学要教给学生的东西太多了，可是教学的时间是有限的，学生的学习精力也是有限的，因此精要简约的教学内容显得尤为重要。老师应深入研读教材，发现并精选学生真正需要的、有用的信息，以充分发挥教材的价值，做到"弱水三千，只取一瓢"。备课时，教师要瞄准课文的重点，训练的难点，学生的疑点，语言发展的生长点，对整组教材和本课的教学内容进行深入研读，确定简明的教学目标；然后按照教学目标的要求，充分预测学情，以学生的视角思考可学什么、不学什么、学习中的困惑是什么，把能帮助学生顺利达到教学目标的内容，作为教学的重难点，集中时间、整合问题，引导学生有重点地体会、感悟、积累、运用，进行听、说、读、写、思的语文实践，真正实现"用教材教"。②

教学方法的"简约"尤为重要。如今活跃的气氛往往成为一堂优秀语文课的标志，环节多了，形式也多了。小组讨论、合作学习、演讲、表演、辩论会、讲故事、看视频，还有丰富多彩的奖励措施等，诸多方式层出不穷，让人眼花缭乱，似乎为语文课带来了前所未有的生机和活力。实际上课堂缺少了一份"静"界，因此我们提倡简约的教学方法。

第一，让孩子们专心地读书。孩子们自由而不受外界干扰地读书，即自然状态下的读书，就能从阅读中得到快乐和启发，提高阅读能力，增强对生活的感悟能力，提升自己的精神境界。读书，从培养语感做起。朗读是理解的手段，是识记的需要，蒙童是靠有声语言思维的。读到"其言皆出于吾之口"，课文的语言就属于学生了。朗读好了，既留下形象，生发情感，又内化语言，让学生"意文兼得"。课堂需要宁静，只有静静地阅读，细细地品味，才能走进文本，智慧的火花才会绽放得更加艳丽。

第二，让学生认真地写字。识字是小学教学的重要目标。《义务教育语文课程标准》指出，写字教学要重视对学生写字姿势的指导，指导学生掌握基本的书写技能，养成良好的写字习惯。对不同学段的写字教学应提出不同的阶段目标。长期认真写字，不仅可以使学生从小养成良好的书写习惯，还可以陶冶情操。语文课繁琐的教学手段可以少些，再少些，尽量让学生能够静静地写字，遵循"描、仿、临"的规律学会写字，写好字。

---

① 杨文元.浅谈语文课堂教学中的"简约之美"[J].教学实践研究，2014（18）.
② 杨文元.浅谈语文课堂教学中的"简约之美"[J].教学实践研究，2014（18）.

第三，让学生专注地品词赏句。语文课堂有了品词赏句，文章才能真正被理解、感悟和鉴赏，课堂才不会显得浮华、浅薄，学生才能更好地读出味道来。在课堂上品词赏句应该要像竹石一样"咬定青山不放松"。因为课文中的语言就像沙滩上的一只只贝壳，那么丰富；又像一颗颗发光的钻石，那么精湛；还像一杯杯龙井茶，耐人寻味。丰富、精湛、耐人寻味的语言靠什么才能走进学生的心田？靠的是品词赏句。

第四，让写话进课堂。小学语文教学在重视阅读的同时，还应该重视写。写，包括"模仿写、想象写、升华写、写心得、写读书笔记"等在内的广义上的写话。这类写作活动是运用语文的实践，是语文价值的体现，是学生的综合素质与能力的展示。它们进入语文课堂，学生才能学有成效。学生在学习课文后进行写的训练，是在积累语言，内化语言，运用语言，是在用语言赞美美好的心灵、赞美美丽的大自然、赞美金色的童年……这些语言像春雨一样无声无息地进入学生的心田，滋润着他们茁壮成长。由此，语文的工具性和人文性实现完美统一。

语文教学课堂只有简约、沉静下来，才能够看清语文教学的庐山真面目——工具性与人文性共一色。所谓"大道至简""少则得，多则惑"，就是这种境界。所以我们要积极探索，让语文课堂呈现"简约之美"。

（二）返璞归真的本色之美

庄子说："朴素而天下莫能与之争美。"朴素是最恒久、最不易凋零的美。在观摩了许多精彩纷呈的公开课后，我们生出一种"乱花渐欲迷人眼"的困惑：有些公开课，课堂上多媒体精彩纷呈，夺去了语言文字的魅力；教师过度的煽情，夺去了学生的情感体验；学生活动样式很多，夺去了潜心会文的时间；等等。知识如浮光掠影，训练似蜻蜓点水，我们不由得扪心自问：语文课究竟应该给予学生些什么才是最实在、最有用的？

大道至简，平淡为真。语文课应该脱下那层过于华丽的外衣，舍弃一些浮躁、喧哗，回归到最本真的听说读写上来，该听时就让学生静心听，该说时就让学生尽情说，该读时就让学生用心读，该写时就让学生畅快写……"清水出芙蓉，天然去雕饰。"追寻这种洗尽铅华之后才能呈现的朴素天然、纯净真实的语文课堂，才是本真、本色、有语文味的课堂。

本色的课堂是真实的课堂。有这样一则故事：一个农民在犁地时，发现了一枚古钱币,上面锈迹斑斑,于是农民便把那枚古钱币打磨得平整光亮,结果这枚价值昂贵的古钱币变成了一钱不值的铜板。农民哪里知道,古钱币的价值正体现在它那锈迹斑斑的"真实"上,失去了这份真,古钱币便一文不值。反观我们的课堂教学,是否也存在着类似的"失真"现象呢?教师往往花大力气包装课堂,刻意追求所谓的课堂创新,使课堂如同那枚古钱币一样失去了最宝贵的价值。语文教学的价值正是要让学生经历从不懂到懂、从不会到会、从不能到能的学习过程,并在这样的过程中实现智慧的生成和生命的成长。

"千教万教教人求真,千学万学学做真人。"本色的课堂教学应当沉稳、理性、真实并默默坚守。课堂教学的设计要适应学生的阶段性发展,要尊重学生的原初表达,要让学生真情流露。真实的语文课堂,学生的准备未必全面周到,学生的回答不可能尽善尽美,学生的朗读可能贫乏无味,学生的理解或许大相径庭,但正是这些不足之处才充分体现了教师存在的价值。完美的课堂是不真实的,真实的课堂需要师生双方心扉敞开、平等对话、情感沟通和智慧碰撞。课堂上的每一分钟都孕育着创造,都将可能诞生一种新的方法、新的思想或新的创意。这就要求教师从关注预设的教案,走向关注学情。语文教学只有珍视了学生的"一闪灵光",正视了学生回答中的"阴错阳差",重视了学生理解上的"节外生枝",教师才会在备课时更加细心、严谨,点评时更加清晰、准确,才会有创新发展与智慧超越,课堂才将会走向纯净,走向洒脱,走向睿智。①

本色的课堂是容错的课堂。《读者》杂志有一则关于外国教育专家来中国听课的纪实,他们讶异于中国学生在课堂上的侃侃而谈,对每个问题的对答如流,不像是一个课堂,更像是一个舞台。在课后研讨时,中方热情邀请外国教育专家提建议,他们呆愣了半晌,只提了一个问题:学生既然对于所学内容如此熟悉,为什么还要来组织学习呢?不只是外国专家在疑惑,想必每一位教师都心存这个疑问,不知从什么时候起,课堂容不得一星半点差错,教师也好,学生也好,听课者也好,似乎一有点小错误就不是好课了。从而导致了教师为防错而层层布防,让学生只能跟着教师转,不能出现异声。这样,教师的主导地位是彰显了,学生的主体地位呢?试想,没有了学生认知过程中的差错,教师的解惑从何谈起?

容错,是语文课堂回归本色的一种体现。学生是有血有肉的活生生的人,

---

① 王敬霞.语文课堂要返璞归真[J].教研论坛,2011(2).

他们在成长和发展的过程中，哪能不出一点差错？"人非圣贤，孰能无过？"这是一个谁也改变不了的事实。本色的语文课堂，就应当容忍学生出现的种种错误，只要教师敏于捕捉学生的错误，善于发现错误背后隐含的价值引领，让学生在活动中比较、思辨甚至引发争议，从错误中反思并提升思维的批判性，那么课堂就会散发理性的魅力，这样的课堂才是真实、美丽的。如果老师能宽容学生在学习过程中的种种差错，课堂将发生意想不到的变化：学生会毫无顾忌地发表自己的见解，实践自己的设想；师生间会有认识上的沟通、思想上的碰撞、情感上的交流、心灵上的对话。这将是一幅生气勃勃、生动活泼的语文课堂画卷。

本色的课堂是开放的课堂。今天的语文教学应更多地体现"把学习的主动权还给学生"，把讲析的机会让给学生，把诵读的时间留给学生，把提问的权力下放给学生，把练笔的趣味送给学生，把读书的方法教给学生，多渠道激发学生学习语文的兴趣。见识广了，能力强了，思维也就活跃了。此外，语文教学应立足课堂，向课外开放。全面提高学生的语文素养，促进学生的全面发展，仅仅靠学好语文课本是远远不够的，还要从班级、校园、家庭以及社会等多方面、多渠道学习语文。学生在开阔的视野中和多彩的生活中自觉地用耳去"听"，用手去"写"，用嘴去"说"，用心去"感受"，让学生的创新精神与实践能力在广阔的空间内得到更充分的培养。

洗尽铅华、回归本色的语文课堂，是一种返璞归真，值得我们每一位语文教师为之努力！让我们构建自然朴实的语文课堂，还孩子一个本真的童年，给孩子奠定终身学习的语文基石！①

（三）舒缓从容的大雅之美

当今，是一个崇尚快捷高效的时代。为了让学生在有限的时间里掌握更多的知识，语文课堂呈现出高要求、大容量、快节奏的特点。特别是一些公开课，师生问答，火急火燎，大多数学生还没有来得及思考，答案就匆匆揭示了；在过渡衔接上，快马加鞭，教师总是争分夺秒卡时间，赶进度；再加之画面、音乐、视频的快速切换，多种媒体的反复冲击，让人应接不暇，眼花缭乱，有时甚至压得人喘不过气来，感到窒息。

《道德经》有云："少则得，多则惑"，"大器曼成"。无论是活动，还

---

① 孔泓春. 洗尽铅华，回归朴素的语文课堂［J］. 现代教育科学·小学教师，2010（1）.

是人生，少可能是多，慢可能是快。一味求"快"，看似提高效率，实际上是在做"夹生饭"。心急吃不了热豆腐，以"快速"求"高效"，结果往往是"欲速则不达"。

教育是一种"慢"的艺术，在教育过程中需要持久的关注、耐心的等待，需要润物无声与潜移默化。不仅要关注教师的教学心态，还要尊重学生的学习规律和身心发展规律。语文学科是工具性与人文性相统一的学科，掌握一种工具，是一个渐变的过程，人文思想的内涵也需要花时间去体验。学习是一个"慢"的过程，需得由少到多、由浅入深、由表及里。所以，语文教学是一种"慢"的艺术，要遵循语文学科的特点和学生学习的规律，适当放慢节奏，让教学舒缓起来、从容起来、优雅起来，以彰显大雅之美。

舒缓的课堂是耐心倾听的课堂。《义务教育语文课程标准》要求学生学会倾听，养成倾听的习惯，教师要从耐心倾听开始。例如在贾志敏主讲的《惊弓之鸟》课堂上，贾老师在黑板上写了个"成"字，先请学生读音，数清楚有几笔后，再在"成"字后边加条横线，让学生给它组词。一个学生慌慌张张地站起来就回答"长城"，话刚一出口，其他学生立即哄堂大笑。贾老师忙用一个手势制止了大家，只见他不紧不慢地对大家说："同学们注意倾听，不要随便打断别人的话，他的话还没说完呢。"然后，他微笑地看着那个已经羞得满脸通红的男孩子，说："你是想说'长城'的'城'去掉'土'就是……"那个男孩子见有台阶可以下，连忙接过话语大声回答："'长城'的'城'去掉土字就是成功的'成'！"在这个案例中，贾老师在那位学生回答错误的情况下，并不急于制止或是反问，而是静静地倾听，他用手势制止了学生的哄堂大笑，机智而巧妙地接续学生的回答，给予了学生信心，这不能不算是倾听中的高超艺术。

舒缓的课堂是从容温情的课堂。要善待学生的缺点和错误，多给予他们机会。学生的错误是宝贵的教育资源，教师要善于捕捉学生的错误资源，允许学生犯错误。从容也是一种积极主动的心灵召唤，在等待的过程中，教师要用鼓励的目光、真诚的微笑、激励的话语，消除学生心中的不安，用自己真诚的期待为学生创造宽松和谐的成长环境。教育是一个等待的过程，给学生一份期待，给学生一方晴空，让学生自由发展。

舒缓的课堂是充满关爱的课堂。冰心有言："爱在左，同情在右。"教师要在学生迷茫时给他以一盏明灯，始终站在学生的角度考虑问题，即使批评，也应该是春风化雨般的教育。以赵志祥老师主讲的《荷叶圆圆》教学片断为例。开课伊始，老师便和颜悦色地说："我很想和大家交朋友，希望咱们成为学习上的好伙伴。大家愿意吗？今天我就叫大家为小朋友，大家喊我大朋友或是老朋友。"简单的称呼，轻松的课堂氛围，孩子们的兴趣自然浓厚，师生之间的关系自然融洽。

舒缓的课堂是不吝赞赏的课堂。教师的鼓励语言要针对每位学生的特点。特级教师孙双金认为赏识能开启心智和灵感，他的教学活动充溢着赏识。在课堂上，他对学生赞赏性的评价语，因人而异，值得借鉴：①你是班上最勇敢的同学，你找到了第一个问题，了不起！②好！还有别的理解吗？③你有一双慧眼！能发现别人发现不了的问题！赞赏还应该讲究"真"与"善"。"真"指的是赞赏的真心诚意，"善"指的是赞赏的导向功能。"君子成人之美"，教师应多鼓励学生不怕挫折、积极向上。

舒缓的课堂是留有质疑空间的课堂。爱因斯坦曾说："发现问题比解决问题更重要。"在语文教学中，教师应留给学生质疑的空间，解放学生的思想，让学生会提问、善思考，勇于发现问题和善于解决问题。感悟不能灌输也不能复制，同样的语言，学生会有不同的感受与领悟，因此在阅读教学中不能用同一把尺子去评判。

舒缓的课堂是尊重独特情感的课堂。小学语文教学应尊重学生对文本独特的情感体验，还学生吟诵涵咏的空间，将自己的感悟之情读进去，又要将作者的思想感情读出来，这关乎学生的语感发展，有助于产生丰富的联想和想象。教师不必框定条件、限定范围，只需要让学生有感而发、有情而动、有悟而得。

舒缓的课堂是注重多元解读的课堂。凡事预则立，不预则废。在课堂教学中，学生的个性化体验可能会得出新颖的观点，这要求我们要有充分的准备去应对学生的多元解读。教师要在学生的思维过程中帮助学生寻找文本多元解读的支点，激发学生的思想活力，唤醒学生的生命意识。

舒缓的课堂是融入生活的课堂。课堂中的语文学习是有限的，生活是语文学习的源头活水。语文学习"三分靠课内，七分靠课外"，得法于课内，得益于课外。学生的生活体验越丰富，感悟到的语文内涵就越丰富；生活体验越深刻，对语文的理解就越深刻；学生的生活体验越独特，构建语文意义的方式就越独特。

学习语文是一个漫长的过程。教师要用心倾听孩子们的内心絮语，从容期待并适时赞赏孩子们的点滴进步。在舒缓从容的氛围中，在不知不觉间，孩子们也能感受到美的熏陶。

（四）灵动纯真的童心之美

好的课堂，应当是学生成长的乐园，学生可以自由徜徉，无拘无束，灵动纯真，在不知不觉中掌握新的知识。但在现今的教学氛围里，学生犹如小大人，被动接收"知识"，甚至厌恶课堂。在小学语文教学中，教师应倾听童心，呵护童真，让学生获得学习的快乐。

灵动的课堂要读懂儿童心灵。语文教学中，教师或手舞足蹈，或口若悬河，学生却可能表现得极为冷淡，对教师所讲的漠不关心。究其原因，教师眼里没有看见学生，心里没有装着学生。

课堂教学中，为了完成预设的教学任务，教师容易越俎代庖，代替学生的感悟与思考。教师习惯从成人的角度出发，教自己喜欢教的内容，没有站在学生的角度考虑问题。新课改要求以学生为主体，让学生成为课堂的主人。教师从学生的角度展开教学，才有可能读懂学生的心灵。

灵动的课堂要精选童真话题。在语文教学中，有的教师习惯在课堂上随文本预设一些"有价值"的问题，如果仔细分析，会发现这些问题要么无趣、要么脱离学生的实际，不能激发学生的学习兴趣。高效的教学一定要结合学生的心理，不能想当然。学生的想法天马行空，在课堂教学中，教师要选取贴近学生心灵的童真话题，以引发其内心深处的共鸣，让他们愿意放下防备心理，和教师成为朋友，更愿意参与课堂学习；也可以帮助教师走进孩子们的世界，发现童真世界的美好。

灵动的课堂要珍视儿童的点滴感悟。儿童的内心犹如一座宝藏，既有诗情画意，也有醉人风景，不仅色彩斑斓，而且令人神往。儿童不会拒绝思考，不会拒绝想象，凡所见之物、所听之声都可以化为一只只翩跹起舞的蝴蝶，在内心深处交织成美丽的彩霞。然而，如此充满灵气、充满活力的灵魂，为什么到了课堂就变得沉默寡言？这是教师必须反思的问题。在语文教学中，教师需要珍视学生的点滴感悟，主动倾听学生所言，鼓励学生表达真实自我，分享真实想法，让学生"重获生机"，享受课堂。

灵动的课堂要求师生平等交流。在课堂上，教师和学生只是身份不同，立场不同，但是生命本身是平等的。在传统的课堂中，"教师至上"的观点犹如附骨之疽，容易造成师生情感的剥离。作为教师，不可将自己置于神坛之上。在语文教学中，教师只要尊重学生的想法，和学生平等交流，认真倾听学生的心声，定会看到语文教学中最美的风景线。

倾听童言，善待童真、呵护童真、尊重童真，是教师必备的品质。只有充满童真的课堂，才能让学生沉醉其中、流连忘返，才能自然灵动、生机勃勃。

第二节　研究目的与意义

语文是一门充满魅力的学科，语文教学不仅是教学的艺术、育人的艺术，也是情感的艺术。语文的世界是人文的、情感的、审美的世界。语文与审美有着天然的联系，语文教学活动也是审美活动。[①] 审美活动是人类最基本的实践活动之一，它源于人类对美的渴望与追求，是人类文明发展的必然结果。审美教育作为审美活动在教育领域的延伸及其与教育活动的结合，同样是人类实践活动的重要方面。美育是审美教育，也是情操教育和心灵教育，不仅能提升人的审美素养，还能潜移默化地影响人的情感、趣味、气质、性格，激励人的精神，温润人的心灵。小学语文美育作为美育的重要板块，对于培养全面发展的人有着不可忽视的作用。

一、新时代发展的要求

马克思在《1844年经济学哲学手稿》中有一句著名的论断："人也按照美的规律来构造。"美育，归根结底，并不仅仅停留于对美的现象、内容、形式诸方面的鉴赏层次，而在于通过绚丽多彩、流芳四溢的美，带来对事物本质规律的科学思辨，带来规律与目的相统一的自由创造力。（张达鸣，1998年。）

苏霍姆林斯基说过："美是一种心灵的体操，它使我们的精神正直，良

[①] 徐林祥，郑昀. 语文美育学 [M]. 南宁：广西教育出版社，2018.

心纯洁,情感和信念端正。"美育在培养人的品德、陶冶人的个性、促进人的全面发展以及对社会的物质文明和精神文明建设等多个方面,都具有重要意义。十八世纪德国美学家席勒指出:"从美的事物中找到美,就是审美教育的任务。"[①]美育是培养学生认识美、感受美、热爱美、鉴赏美、评价美和创造美的教育活动。因此,实施审美教育具有十分重要的人文价值和社会意义。

2015年国务院办公厅《关于全面加强和改进学校美育工作的意见》提出:"把培育和践行社会主义核心价值观融入学校美育全过程,根植中华优秀传统文化深厚土壤,汲取人类文明优秀成果,引领学生树立正确的审美观念、陶冶高尚的道德情操、培育深厚的民族情感、激发想象力和创新意识、拥有开阔的眼光和宽广的胸怀,培养造就德智体美全面发展的社会主义建设者和接班人。"2020年国务院办公厅《关于全面加强和改进新时代学校美育工作的意见》提出:"以社会主义核心价值观为引领,以提高学生审美和人文素养为目标,弘扬中华美育精神,以美育人、以美化人、以美培元,把美育纳入各级各类学校人才培养全过程,贯穿学校教育各学段。"社会主义核心价值体系教育给予美育丰富充实的内容,保证美育的正确方向;美育为社会主义核心价值体系教育提供有效的方式,通过美并利用美进行教育,从而提高教育的效果。

语文学科因其具有美的特质,不可避免地承担了美育的任务。但长期以来,在"应试教育"的影响下,人们无视语文学科本身的审美规律与富有生命力的教育对象,将原本富有生活情趣与诗意的语文教学变成了灌输知识的渠道,导致学生思维迟钝、心灵枯竭,不能发现也不会欣赏生活中的美。

随着当代教育理论研究与改革实践的不断深入开展,审美教育对培养学生全面素养的重要性越来越凸显出来,人们对审美教育给予了越来越多的关心和重视。树立了全新的教育观、人才观、质量观,把人的全面发展作为教育的终极目标不仅是党和国家的要求,也是全体教育工作者的共识。党的十九届五中全会审议通过的《中共中央关于制定国民经济和社会发展第十四个五年规划和二〇三五年远景目标的建议》,针对教育提出"建设高质量教育体系",开启了中国教育发展的历史新阶段。在优先发展教育事业、加快教育现代化、建设教育强国以及办人民满意的教育等重大部署背景下,围绕"教育高质量发展"的研究陆续涌现。因此,对语文美育的提倡、重视和研究,更具有迫切性和重

---

① 席勒.美育书简[M].北京:中国文联出版公司,1984.

要性，是社会发展和时代发展的要求。

二、学生和谐发展的需求

《义务教育语文课程标准》指出："语文课程致力于培养学生的语言文字运用能力，提升学生的综合素养，为学好其他课程打下基础；为学生形成正确的世界观、人生观、价值观，形成良好个性和健全人格打下基础；为学生的全面发展和终身发展打下基础。语文课程对继承和弘扬中华民族优秀文化传统和革命传统，增强民族文化认同感，增强民族凝聚力和创造力，具有不可替代的优势。""语文课程还应通过优秀文化的熏陶感染，促进学生和谐发展，使他们提高思想道德修养和审美情趣，逐步形成良好的个性和健全的人格。"

语文美育就是借助语文教材和语文教学活动中美的因素，培养学生自觉的审美意识和高尚的审美情趣，发展学生的审美能力。通过学生个体的审美发展，推动学生全面发展，进而达到学生个体与社会乃至人与自然的和谐完美发展。①

语文课程的基本特点是工具性和人文性的统一，进行语文美育是"人文性"的集中体现。语文学科自身的表现形式和内容富含得天独厚的审美教育资源，都有其特殊的审美价值。语文不仅仅有语言文字的形式美，还隐含着丰富的情感美。语文教学的整个过程都蕴藏着丰富的美感元素。以学生的身心与特点为出发点，深入地挖掘教学内容中蕴藏的美的元素，将审美教育融入知识学习的过程中，激发学生的参与热情，让学生获得丰富的审美体验。通过教学活动开启学生内心的美育之门，培养学生高尚的审美情趣，推动学生审美能力的提升，让学生感受到世界的真善美，促进其身心和谐发展。

三、教学质量提升的需要

兴趣是最好的老师。提高语文教学质量，必须激发学生对于语文学习的兴趣。

"用审美的眼光来观察，语文课就是一个琳琅满目的美的世界；用审美的

---
① 徐林祥，郑昀.语文美育学［M］.南宁：广西教育出版社，2018.

心灵来感受，语文课就是一个满足人的精神需要的无尽的宝藏。"[1] 在语文课堂上，美育能够让教学更加富有吸引力和诱导力，让学生对语文学习产生浓厚的兴趣。语文教师的富有艺术性的教学能够影响学生产生各种各样的审美情趣，而丰富多彩的语文知识又能激发起学生对大自然和生活的热爱与向往，教师精心设计的课堂教学能够让学生感受到教学的形式美，并且在获得知识的同时感受到成功的乐趣；教学中的思想教育，能够让学生形成正确的价值观和审美观，让学生积极追求美好的生活。[2]

语文教学立足于学情，引导学生在语言文字运用中充分感受美，欣赏美，培育审美能力。多元化的创新的教学方式，能为学生带来全新的课堂体验。通过认识汉字之美，习得汉语之美，品味阅读之美，训练表达之美，体悟语文生活之美，追寻母语教育的大美之境，让学生感悟语文之大，语文之美，从心底里对语文学习产生兴趣，从而不断提高语文教学的效果，有力促进语文教学质量的提高。

第三节 研究任务

大美语文的研究是一场寻美之旅。实施语文美育，教师应充分挖掘语文学科本身的美，通过挖掘文本、文体之美，研究文化之美，寻找审美途径，让学生在学习和生活中去感受美、欣赏美、创造美，在实现以美育人的同时感受到育人之乐。

一、寻找语文之美，彰显语文的魅力

小学语文教材中蕴含着丰富、广泛而深刻的美学内容，小学语文课本中的课文文质兼美，文体丰富，涉及古今中外，涵括了天、地、人、物、事等，有

---

[1] 吴新华.浅谈小学语文课堂教学中美育的必要性[M].新课程（小学版），2012.
[2] 王钦韶.琳琅满目的美的世界——语文课美学现象分析[M].北京：教育科学出版社，1989.

丰富多彩的艺术形象，引人入胜的意境，优美生动的词句，强烈感人的抒情色彩和纯洁高尚的审美理想，①是引导学生获得审美体验和提高审美情趣的重要依托。叶圣陶说："文学作品可以使学生领会什么是美。花木山川的美、城市的美、道德品质的美、广大群众为伟大目标而斗争的美，都可以从文学作品中得到深切的体会。"（刘銮之，1989年。）纵观现行小学语文教材，蕴含着立意之美、内容之美、情感之美、语言之美、思辨之美、气势之美和人格之美。因此，应当充分挖掘文本和文体中美的元素，积极进行语文课堂教学实践研究。通过美化课堂教学结构，丰富课堂教学手段，增强教学艺术感染力，让学生采撷到教材中美的花蕾，感受美的熏陶，获得美的体验，提高审美能力。

《义务教育语文课程标准》指出："语文课程是实践性课程，应着重培养学生的语文实践能力，而培养这种能力的主要途径也应是语文实践。语文课程是学生学习运用祖国语言文字的课程，学习资源和实践机会无处不在，无时不有。因而，应该让学生多读多写，日积月累，在大量的语文实践中体会、把握运用语文的规律。"由课堂内向课堂外延伸的语文实践活动，更是体现了语文之大、语文之美。语文教学活动中的审美教育活动也与学校、家庭、社会环境息息相关，学校、家庭、社会三位一体的文化活动中所蕴藏的美的因子，对于温润学生心灵、引发情感共鸣具有不可忽视的作用。因此，要将课内与课外活动相结合，充分挖掘语文课外学习环境中的审美因子，让学生在语文课外审美实践中受到审美教育。通过能具体感知、生动鲜明的客观事物，让学生在充满感情的情境中体验到美、欣赏到美、感受到美，并在实践中主动创造美。

二、寻找审美途径，培养学生审美能力

美育有以下四个特点。一是形象性。一般而言，美是有形象的，如色彩鲜艳、形体和谐、平衡有序且有变化。二是情感性。蔡元培认为美育就是情感教育："美育者，应用美学之理论于教育，以陶养感情为目的者也。"②康德认为审美力是感受力和意志力之间的桥梁。移情就是把自己的情感投射到别的物体上所产生的美感。三是愉悦性。欣赏美是人的心灵的快乐。任何审美的活动都是人的

---

① 朱凤鸣.小学语文教学中的审美教育初论[J].科教文汇，2008（4）.
② 蔡元培.蔡元培美学文选[M].北京：北京大学出版社，1983.

自觉的活动，给人带来无穷的快乐。四是熏陶性。美育不是说教，而是让学生在发现美、感受美、欣赏美的过程中得到潜移默化的教育。

美育的特点体现了人的审美能力并非与生俱来，需要在后天培养，而语文的课程则为审美能力的培养提供了可能。《义务教育语文课程标准》对语文的定位是："语文课程是一门学习语言文字运用的综合性、实践性课程。义务教育阶段的语文课程，应使学生初步学会运用祖国语言文字进行交流沟通，吸收古今中外优秀文化，提高思想文化修养，促进自身精神成长。工具性与人文性的统一，是语文课程的基本特点。"语文的课程的性质及其特点对于学生审美能力的培养具有不可或缺的作用。

审美能力是指在审美过程中，审美主体感受、理解、评价与鉴赏美的能力，它主要包括感受美的能力、鉴赏美的能力、创造美的能力。（李刚，2005。）

审美感受力是与审美需要相应的感官能力，是主体与对象发生审美关系的第一条件。[1]它是其他审美能力发展的前提和基础。正如席勒所说："感受能力的培养是时代最急迫的需要，这不仅因为它是一种改善人生洞察力的手段，而且因为它本身就会唤起洞察力的改善。" 因此，在语文教学中，教师应该引导学生与文本进行深入的情感交流和心灵对话，努力寻找美的音符，拨动学生的心弦，有意识地培养学生自觉去发现美、感受美的能力，使其心灵得到净化，感情得到升华，情操得到陶冶。

审美鉴赏力是指审美者凭借自己的生活经验、思想水平和艺术修养，有意识地对审美对象的内容和形式进行思索和品评，并从中获得美感的能力。审美鉴赏是在审美感受的基础上进行的，当人们接触到艺术作品、社会事务或自然景物时，审美对象的美给人们以感受和影响，同时，人们对审美对象做出审美评价并获得审美享受。[2]对小学生来说，分辨真假、善恶和美丑的能力还没有形成。因此，结合语文教学，帮助学生建立正确的审美标准，树立健康积极向上的审美情趣，对他们一生追求美的目标都具有重要的意义。

审美创造力是指审美主体在实践中按照美的规律，表现美、创造美的能力。审美创造力是审美能力的最高层次，是审美感受力和审美鉴赏力的归宿和目标，人们感受美、鉴赏美是为了更好地表现美、创造美。（李刚，2005年。）语文是学习的工具，是思维的载体。语文美育正在于唤起学生的创造性天赋，激活

---

[1] 梁晓萍.初中语文审美教育理论与实践［M］.北京：中国社会科学出版社，2009.
[2] 徐林详，郑昀.语文美育学［M］.南宁：广西教育出版社，2018.

学生的潜质。在语文教学中，要通过多种途径和方法充分激发学生的表现欲、创造欲，尽可能地满足他们进行审美表现和审美创造的要求和欲望。

三、寻找育人之乐，心中有诗和远方

在实施语文美育的过程中，没有教师的主动参与和创新就不可能落实语文美育的目标。教师应充分发挥主导作用，将自己丰富的情感体验传递给学生，引起学生情感上的共鸣，使学生在学习过程中获得美的享受。教师更应以自己的人格之光对学生进行深刻且久远的心灵烛照，这不仅对学生的健康成长有直接的感染作用，甚至可能影响学生日后的人生。

作为教师，只有热爱生活，敬畏生命，心中有诗、有梦想、有追求、有向往的远方，才会敏锐地发现生活中丰富多彩的美并引导学生去追求美、创造美。在进行语文美育的同时，自己也会受到美的滋养，感受美的熏陶，寻找并体验育人的快乐。

总之，大美语文研究的任务各个方面是密切联系的，其最终目标是实现自我教育、以美育人。正如苏霍姆林斯基所说的："美是照耀世界的明亮之光，借助这种光，你能看得见真相、真理和善良。理解和感受美，这是自我教育的强大源泉。"

第四节　历史沿革与发展

一、"语文"的由来

语文是中华民族文化的组成部分。一个个方块字以不同的排列、叠加，锻造出凝练而又含蓄的文句，变幻出一个个全新、缤纷多彩的世界，漫步其中，满目琳琅、风光无限。"大美语文"这看似朴实的四个字，在中华文明几千年

的赓续发展中，留下了许多弥足珍贵的精神财富。语文教学名师王崧舟说：没有美，语文空无一物。语文之美，美在其音律节奏，读来满口留香；语文之美，美在其所铺展的质朴的生活画卷；语文之美，美在其汩汩流淌着的率真性情；语文之美，美在其延续的意蕴深远的文化根脉。

语文对一个人知识的获取有着举足轻重的作用。从牙牙学语到自强自立，从懵懂无知到精通学术，它能开化悟性，启迪智慧，使人心境澄明。

"语文"一词的历史并不长，《辞海》和《辞源》都未收编作释，在1949年后，它才正式作为我国学校课程的学科名称。

清朝在废除科举制度以后，开办新学堂。当时的课程以及教材，都是从西方引进的，只有一科，教授的仍是历代古文，当时称为"国文"课。五四运动爆发以后，提倡白话文，反对文言文，"国文"课受到了冲击，小学于是改设"国语"，教材具有鲜明的口语特点。在20世纪30年代后期，叶圣陶、夏丏尊二人提出了"语文"的概念，并尝试编写新的语文教材，可惜因日本侵略中国而被迫终止。之后，叶圣陶先生再次提出将"国语"和"国文"合二为一，改称"语文"。这一建议被新中国的雏形——华北人民政府（1948年9月26日至1949年10月31日）教育机关采纳。叶圣陶先生主持华北人民政府教科书编审委员会的工作，在主持草拟《小学语文课程标准》和《中学语文课程标准》时，第一次使用"语文"作为学科名称，自此，新中国小学语文学科的名称正式定名为"语文"。

1964年2月1日，叶老在给友人的信中回忆了"语文"的由来："语文"一词，始用于1949年华北人民政府教科书编审委员会选用中小学课本之时。前此中学称"国文"，小学称"国语"，至是乃统而一之。彼时同人之意，以为口头为"语"，书面为"文"，文本于语，不可偏指，故合言之。亦见此学科"听""说""读""写"宜并重，诵习课本，练习作文，固为读写之事，而苟忽于听说，不注意训练，则读写之成效亦将减损。原意如是，兹承询及，特以奉告。

虽然，"语文"这一概念的提出到学科的正式命名至今不到百年，但是，语文教育源远流长，是中华优秀传统教育中的精粹。

二、古代语文教育

在远古时期，语文教育，是用口耳相传的方式进行的，主要在宗教仪式、巫术、祝祷及远古歌谣、神话传说中有所涉及，蕴含了深厚的远古文化内涵和生活经验。

鲁迅在《门外文谈》中指出："在社会里，仓颉也不止一个，有的在刀柄上刻一点图，有的在门户上画一些画，心心相印，口口相传，文字就多起来，史官一采集，便可以敷衍记事了。中国文字的由来，恐怕也逃不出这例子的。"在鲁迅看来，广大人民是文字的真正创造者，文字在人民中间萌芽，经由象形、指事、会意、形声、假借、转注等造字规则，开始用最简单的方式记载历史。到了距今3300年前后的殷商，将字符刻画在甲骨、兽骨上，用于记载预卜吉凶的内容，即"甲骨卜辞"，这就是中华民族正式文字标志——甲骨文。

《礼记·表记》记载："殷人尊神，率民以事神，先鬼而后礼。"《礼记·礼运》："王前巫而后史，卜筮瞽侑（助兴），皆在左右。"占卜是商代社会普遍存在的现象，从中我们可以"触摸"到商代语文教育。占卜内容刻写在甲骨上，需要大量掌握占卜技术，能够识记、刻写文字的人才，而占卜的职能由巫、觋、史承担，经验丰富的巫、觋、史自然就担起培养占卜后备人才的任务。从语文学习的角度来看，巫、觋、史就是商代的"语文教师"，甲骨文片就是"语文教材"，教育巫、觋刻写、识记甲骨文，就是语文教学的重要组成部分。甲骨文的普及和殷商社会的进步促进了汉文字的形成，开创了中华民族早期的灿烂文化。

诗歌神话是原始社会早期的语文教育内容。

距今两千六百年到三千年，《诗经》产生。《诗经》是中国古代诗歌的开端，是最早的一部诗歌总集，收集了西周初年至春秋中叶的诗歌，共311篇。《诗经》涉猎较广，除了周王朝乐官及公卿、列士进献的乐歌内文，还有许多原来流传于民间的歌谣。因此，它从一开始就充满了生活气息，反映了劳动与爱情、战争与徭役、压迫与反抗、风俗与婚姻、祭祖与宴会，甚至天象、地貌、动物、植物等方方面面，是周代社会生活的一面镜子。孔子曾把《诗经》宗旨概括为"无邪"，并教育弟子读《诗经》以作为立言、立行的标准。先秦诸子中，引用《诗经》者颇多，如孟子、荀子、墨子、庄子、韩非子等人，他们在说理、论证时，多引述《诗经》中的句子以增强说服力。至汉武帝时，《诗经》被儒家奉为经典，成为"六经"及"五经"之一。

《诗经》后面,是一系列"祖王传说"和"神话传说"。文学家余秋雨在《中国文脉》中写道:"按照文化人类学的观念,传说和神话虽然虚无缥缈,却对一个民族非常重要,甚至可以成为一种历久不衰的'文化基因'。这一点,在中华民族身上尤其明显。谁都知道,有关黄帝、炎帝、蚩尤的传说,决定了我们的身份;有关补天、填海、追日、奔月的传说,则决定了我们的气质。两种传说,就文化而言,更重要的是后一种神话传说,因为它们为一个庞大的人种提供了鸿蒙的诗意。即便是离得最近的《诗经》,也在平实熔铸着伟大和奇丽。"由此可见我国古代神话的影响和地位。

在这样的文化背景下,出现了以老子、孔子为代表的先秦诸子百家,以及我们比较熟悉的楚辞、汉赋、唐诗、宋词、元曲、明清小说等民族文化瑰宝。

楚辞,"书楚语,作楚声,纪楚地,名楚物",即:采用楚国方言,运用楚地声调,记载楚国的地理,描写楚国的风物。它结构宏伟、想象丰富、句式灵活,善用比喻、夸张等手法,抒发思想感情,具有浓郁的浪漫主义色彩。

赋,原是《诗经》中的一种表现手法,后发展成一种富有文采、韵律,善于铺陈,兼有诗歌与散文特点的文体。汉赋,是韵文和散文的结合体,常含有讽谏的意味。

唐诗,题材丰富、风格多样,如咏物写景、赠行送别、游子羁旅、山水田园、抒情哲理等。它广泛总结前人的创作经验,推陈出新,标志着中国古典诗歌的高峰。

进入宋代,词的创作蔚为大观,名篇佳作层出不穷。宋词的产生、发展,以及创作、流传都与吟唱有直接关系。

元曲,是元代出现的一种人民大众喜闻乐见的艺术形式。它语言通俗,情感质朴,题材广泛。它的兴起对我国民族诗歌的发展、文化的繁荣有着深远的影响。

中国古代的叙事文学,到明清时期步入了成熟期。它最大限度地包含了传统文化的精华,让深刻的形象和动人的故事走进千家万户。明清小说所表现的社会生活场景和社会政治理想,铸就了中国古典文学的又一辉煌。

语文教育始终伴随着中国社会文化发展,中国历史有多长,语文教育的历史就有多长。

据考证,中国早在4000多年前就有了学校。最早的学校就叫"庠"。在《现代汉语词典》和《辞海》中，"庠"的解释均是"古代的学校"。庠序，指古代乡学，泛指学校。高一级的大学叫"上庠"，低一级的小学叫"下庠"。夏朝，学校已有四个等级，分别称作"学""东序""西序""校"。西周末年，随着奴隶主贵族统治的动摇，奴隶主贵族的官学也日趋衰废。到了春秋时期，封建经济的因素不断发展，贵族官学更趋没落，代之而起的是私人自由讲学，由此展开了中国古代教育的新局面。

春秋战国时期私学的创立，是我国教育史上的一个创举。私学的兴起，扩大了教育对象的范围，打破了"学在官府""礼不下庶人"的局面，促进了我国古代文化的传播和发展，也促进了诸子蜂起、百家争鸣，对我国教育的发展有很重要的贡献。

从早期语文的发展来看，语文教育没有单独设科，它依附于文、史、哲。从这个角度来说，中华民族的语文教育，和民族心理、思想、思维方式及民族风俗习惯、生活方式等等连在一起。这样的语文教育对增强我们的民族凝聚力起到了不可估量的作用。正如《义务教育语文课程标准》所论述的："语言文字是人类社会最重要的交际工具和信息载体，是人类文化的重要组成部分。语言文字的运用，包括生活、工作和学习中的听说读写活动以及文学活动，存在于人类社会的各个领域。"

语文是中华民族几千年来经久不衰的文明之火，它来自生活，记录历史，承载文化，它的智慧之光，照亮了我们前行的路。

三、当代语文教育

1949 年新中国成立，开启了新纪元。回望语文教育走过的发展之路，大体可分为初创、改革、复兴三个阶段。

（一）新中国语文教育的初创时期

1949—1977 年，是新中国语文教育的初创阶段。新中国成立之初，百废待兴，党中央高度重视语文教育，陆续发布了语文教育的相关指示。1951 年 2 月 1 日，中共中央发布《关于纠正电报、报告、指示、决定等文字缺点的指示》。9 月，政务院发布《关于学习〈标点符号用法〉的指示》。1953 年 5 月，中共中央政治局讨论教育工作，毛泽东主席主持会议，强调教材编写工作，并成立以中共中央宣传部常务副部长胡乔木为主任的语文教学问题委员会，指导全国语文教育工作。1958年发布《关于在中小学和各级师范学校教学汉语拼音字母的通知》。

整体而言，新中国成立初期党中央的一系列指示推动了语文教育的改革发展。语文教育专家指出了语文教育中存在的问题，并提出了很多建设性意见。许多中小学都开展了一系列教学实践，迈出了语文教育改革的第一步。

（二）新中国语文教育的改革时期

1978—2011年，是新中国语文教育的改革时期。

1977年，语文教育从拨乱反正开始。8月4日至8日，邓小平主持召开科学和教育工作座谈会，他在会上提出，要尊重知识，尊重人才，重视中小学教育。国家强调对人才和知识的重视，对中小学教育的重视，还指出语文教材编订的重要性。教育部重组人民教育出版社，对语文教材的编写提出了新的要求。1978年，各地各界开始行动起来。1983年，邓小平同志"教育要面向现代化，面向世界，面向未来"的指示，是在新的历史时期对教育工作指导思想的精辟概括，集中体现了教育改革和发展的总体战略指导思想。1985年颁布的《中共中央关于教育体制改革的决定》，规范了语文教育的具体改革目标和改革方向。语文工作者逐渐认识到，语文教学改革必须实事求是，要处理好数量与质量、继承与批判、借鉴与创新的关系。

2001年教育部印发了《基础教育课程改革纲要（试行）》，为适应全面实施素质教育的要求，深化基础教育改革。2011年教育部制定了《义务教育语文课程标准》，并加强了教材编写的审查工作。

这一阶段，语文教育发生了较大程度的改变。开放，是这一阶段语文教育的主旋律。

（三）新中国语文教育的复兴时期

党的十八大以来，以习近平同志为核心的党中央高度重视教育，把教育作为实现中华民族伟大复兴的奠基工程，摆在优先发展的战略地位。语文教育进入了全面复兴的发展阶段。

习近平同志先后视察北京师范大学、北京大学、北京海淀区民族小学、北京八一学校，主持召开大中小学教材建设会议、全国教育大会，提出一系列新理念新思想新观点，系统回答了中国教育事业的方向性、根本性、全局性、战略性问题。这为新时代中国教育事业发展提供了行动指南。

2017年，《关于深化教育体制机制改革的意见》颁布，国家教材委员会成立，各个学段开始使用统编的语文教材，将中华民族新时代发展的内容融入其中，体现出现代化发展的需要。其次，《高中语文课程标准》也进行了修订，明确了新时代语文学科的核心素养内涵，除了传授知识、培养能力之外，还强调了社会主义核心价值观的落实，以"立德树人"的教学理念组织开展教学活动，切实提升学生的语文思维能力、创造能力等综合性的语文素养。

四、教材变迁与语文教育改革

伴随着新中国前进的步伐，语文教育在改革，中小学教材也在变迁。新中国成立以来的大多数时期，各地使用的都是人民教育出版社统一出版的教材。1951年秋，由人民教育出版社编写的第一套全国通用中小学教科书出版，这是新中国使用的第一套教材。五年之后，推出了第二套人教版中小学教材，之后每隔六七年修订一次。1978年秋，第一套全国通用的十年制中小学教科书出版，连续使用了15年，直到1993年版九年义务教育教科书正式向全国发行。之后，"一纲多本"，苏教版、北师大版、湘教版、鄂教版等多套教材并存了十多年。2018年，全国统一使用"部编本"教材，这标志着我国中小学教材再次进入"大一统"时代。

不管教材如何变化，重视中华优秀传统文化教育、渗透爱国情怀和国际视野是教材不变的初衷。老一辈无产阶级革命家为了革命事业鞠躬尽瘁、艰苦奋斗、一心为民的故事在课本中闪光；一代代英雄人物浴血奋战、英勇斗争的伟大精神通过课本走进少年儿童心间；爱国科学家成为一代代少年儿童心中的榜样。圣贤的智慧、民族的故事伴随着孩子成长，滋养了一代又一代中国人。

每一个时代的课本，在承载知识的同时，也烙下了时代的印记。部编新教材更具时代性，不仅继承了以往的语文教育传统，展现了语文教育的内涵之美，同时还加强了与时代和生活的联系，做到了文质兼美，更加凸显了语文学科的人文价值，延伸了语文教育的教学功能。

2019年中央发布《中国教育现代化2035》，国务院办公厅发布《关于新时代推进普通高中育人方式改革的指导意见》，中共中央、国务院印发《关于深化教育教学改革　全面提高义务教育质量的意见》。语文教育伴随着中华民族伟大复兴的脚步，稳健前行。

当前，语文教学正处在时代进步、社会变革、现代科技飞速发展的大环境中。我们需要认识到，语文教育的现代化，离不开对中华民族文化的传承，离不开中国的国情，也离不开受教学生的身心特点。

华中师范大学杨再隋教授在《面对时代潮语文怎么啦》一文中简述了，2017年3月，著名学者王宁教授在高中课标审议修订会上，针对语文教学改革的时代背景及面临的挑战做了以下论述：

世界形势的变化，信息社会的到来，跨文化交流的频繁，使全世界都把母语教育纳入战略性发展的轨道，寻求新的人才培养模式。由于语文强烈的人文特征与现实生活关系极为密切，语言发展成为国家的软实力，语文教学改革面临极大挑战。……中国语文教育有几千年历史，具有自己的传统，因此，应系统进行传统文化教育……需要建造中国特色的语文教育。

杨再隋教授指出：语文教学改革不是孤立的现象，必须放在时代的大潮里，置于我国教育改革的大环境中。就语文自身而言，对内应强调听、说、读、写能力的协调发展，字、词、句、篇的综合提高；对外应强调语文与生活的联系，语文和社会的联通。

人教版部编《义务教育教科书语文》的总主编温儒敏教授在《温儒敏论语文教育》一书中说道：语文就是母语学习的课程。母语虽然内化在人的精神和思维习惯中，但这需要一个过程，所以母语要长期不断学习，语文素养的提高是长远的事情。

语文教育在不断完善、不断优化，不断契合时代发展的需要，为国家、社会的发展，也为个人的进步贡献着力量。在语文教育中，教师也应积极总结其发展规律，创新教学方式，充分利用各种优质教学资源，打造更加高效的语文课堂，推动语文教育的现代化。

参考文献：

1. 顾之川．新中国语文教育70年［J］．高等学校文科学术文摘，2019（6）：212-212．

2. 李妍．新中国语文教育七十年发展历程回顾［J］．语文教学通讯，2022（2）：79-81．

3. 余秋雨．中国文脉［M］．武汉：长江文艺出版社，2013．

4. 杨再隋．语文的味道［M］．长沙：湖南教育出版社，2021．

第五节　语文与生活的关联

查找"语文"一词的释义,我们不难发现:"语文"——口头为语,书面为文。

你平常如何与别人交流?语言。

你是如何从书中了解到一件事儿?阅读。

当你无法用口头语言表达出你的内心感受时,你又是如何做的呢?写。

这就是语文。生活处处皆语文,语文无处不生活,只要你用心,每时每刻都能感受到"语文"。

语文源于生活,生活由语文呈现。

一、语文与生活之关联

(一)语文是最重要的交际工具

语文是人类文化的重要组成部分,可以说,有了人类历史就有了语文。

首先,人类必须用语言去交流和表达。"听、说"是语文最基本最重要的功能。同事好友见面问好,以示关心和礼貌;课堂上师生问答,产生思想的交流与碰撞;谈判席上对手交锋,运筹帷幄决胜千里……

为了更好地促进相互交流,聪明的人类又发明创造了文字,"读、写"因而紧随其后。毛主席曾经说过:"作为观念形态的文艺作品,都是一定的社会生活在人类头脑中的反映的产物。"一部《诗经》带你穿越千年,和那些先民们一起劳作,一起歌唱;一部《三国演义》让你回到纵情驰骋的三国,一探魏、蜀、吴的兴亡历史;一部《红楼梦》教你了解我国封建社会如何从鼎盛走向衰落……

千百年来,人们就是这样用语言神奇地架起人与人之间、国与国之间、历史与现实之间沟通的桥梁。

（二）语文是传承文化的载体

各民族语言不仅是一个符号体系，而且是该民族认识世界、阐释世界的意义体系和价值体系。汉语言文字更是有其深厚的文化历史积淀和独特的文化心理特征。[①]

语文已成为人类文化的重要组成部分，充当了文化传播的载体。它继承和传播了中华优秀文化传统并吸纳了西方文化，让中华大地的莘莘学子领略了文化的精髓，享受了文化的魅力。

中华民族绵延几千年，一代又一代中华儿女接受着华夏文化的影响，而华夏文化也在一代又一代人的创造中丰富着，积淀着。从盘古开天地到孔孟思想，从李杜诗文到程朱理学，从王阳明的哲思到如今的百花齐放，一直没有间断过。其间有"正统"思想，也有野语学说；有土著文化，也有外来文化。它们相互交织着，演绎出中华文化多样性和复杂性的特点。

总之，中华民族就像一块大磁铁，吸附着世界多元的文化，同时，它又像一个大熔炉，熔炼着各种文化。语文正是由经过熔炼的文化精髓汇聚而成，它的文化品质决定了它的文化地位，也决定了它的教育价值。

（三）语文是描摹生活的画笔

语文是文化的厚重积淀，是生活的美丽呈现，是人生的智慧结晶。

1. 语文之美，美在汉字

汉字形美以感目，写之筋骨遒劲，方正美观。它能描摹世间万物："日"字，圆圆圈中一点光亮；"山"字，寥寥几笔错落有致；"人"字，一撇一捺相互支撑……书法艺术充分展示出汉字的美感，在书法家笔下，一个汉字往往就是一幅精美的图画。

汉字音美以感耳，读之抑扬顿挫，音韵和谐。汉字有"平上去入"四声，发音字正腔圆，婉转悠扬，富有音乐之美。汉字的每一种发音都蕴藏着美妙。中国人自古以来都爱吟诵，因此有了"书声琅琅""声情并茂"。当我们朗诵一首诗、一篇短文时，感受到的是一篇篇动人的旋律和一首首关于汉字的赞歌。

[①] 于漪. 于漪全集. 4·语文教育卷 [M]. 上海：上海教育出版社，2018.

汉字意美以感心，思之意境深远，富有内涵。汉字与阅读者之间能产生心灵的感应，碰撞出智慧的火花。

《说文解字》中介绍了汉字的独特造字方法：象形、指事、会意、形声……这些方法无不来源于生活。它代表了中国人的一种思维方式：烟，因火而成烟，浓郁的生活气息扑面而来；安，屋里有女人，则生活安稳，岁月静好；艳，丰富的色彩渲染多姿的世界……每一个汉字都闪烁着诗意的光芒，都散发出生命的气息，蕴含着宇宙万物的奥妙。一个个汉字，把琐碎的生活拼接成一个整体，连缀成一个故事，这个故事有从前、现在和将来。

2. 语文之美，美在文本

语文凝练简洁。如"上善若水"，用简单的四个字，完美概括了做人的最高境界。其内涵和外延还可无限扩展，品之意蕴无穷，让人遐思无限。马致远的《天净沙·秋思》，全曲28字，采用9种景物，勾勒出一幅秋郊夕照图，含蓄地抒发出"断肠人"的哀愁与孤独。

语文意境深远。李白的《赠汪伦》用委婉含蓄的笔调，给桃花、潭水这两种意象赋予人的灵性，并用传神的比喻把朋友之间比山还高、比水还深的友情淋漓尽致地描绘出来。《水调歌头·明月几时有》将读者引入一个月朗风清、美丽宽阔的意境，实质上却蕴藏着苏轼的政治情怀和对理想的追求。

语文富有哲理。"不识庐山真面目，只缘身在此山中。"短短14个字，启迪人们要认识事物的真相与全貌，必须超越狭小的视角，摆脱主观成见。《两小儿辩日》通过讲述两个小孩因在看待太阳何时远何时近这一问题时观点不同，进而展开辩论并请教孔子的故事，反映出人们探索真理的勇气，同时肯定了孔子敢于表明自己学识有限的真诚。

语文陶冶情操。《秦兵马俑》形象地展示了中国古代劳动人民的伟大创造力；《清贫》则通过对革命者的歌颂，使学生感受到党的好儿女无私奉献的高贵品质；《黄山奇石》让读者领略了大自然的鬼斧神工和无限生机。

这些优秀的篇章所刻画出来的一个个动人的故事，一处处优美的景物，一个个生动的形象，无不触动读者的情感。

3. 语文之美，美在表达

表达是对生活观察之后由内而外的倾吐。我们在美丽的大自然中，在广阔的社会生活中，在亲身的经历中，寻找美、发现美、创造美，架起语文与生活的桥梁，探寻语文与生活美的奥秘。

表达是情感的抒发，是心灵的牧场。抒写的是我们对生活的发现、想象和感悟，它彰显的是生命的本真，流淌的是情趣和天真，涌动的是发自内心的真情。

二、语文教育的生活功能

语文不仅仅是人们交流思想的工具，它更发挥着以语育人的重要功能。

生活离不开语文，语文与生活是一个不可分割的有机体，语文反映生活并服务于生活，天然地与生活联系在一起。语文不只是一本教科书，而是活生生的、五彩斑斓的生活。语文，来之于生活，用之于生活。生活是语文学习的沃土，是语文能力的源泉。

（一）语言运用的功能

语文课程致力于培养学生的语言文字运用能力，提升学生的综合素养。

著名的语文特级教师于永正特别重视语言运用能力的培养。他认为，我们的语文教育应该给学生留下的是语言（识字、积累、语感），是能力（书写能力、阅读能力、表达能力），是情感，是兴趣和习惯，是自主实践的空间。

语文能力读为先，阅读是语文教育的重心，阅读的宗旨在于提高阅读能力，培养阅读习惯，使学生通过阅读不断吸收人类先进思想和创造性思维的成果，获得自学能力，学会终身学习。语文教材中，凝练的词语、优美的句子、精巧的构思，等等，这些都离不开读，在读中去感悟、品味，从而吸收和积淀，使学生的阅读能力不断提高。

写作能力是语文素养的综合体现。语文教学要重视学生在实际生活中的语言运用。教学生在生活中要能说会写，谈吐要得体，写作要文从字顺，表达要真情实感。这对学生以后走进社会，走上工作岗位，无疑大有裨益。

（二）思维发展的功能

语文从多方面培养学生的思维。它帮助学生获得对语言和文学形象的直觉体验；通过运用联想和想象，丰富自己对现实生活和文学形象的感受与理解；在辨识、分析、比较、归纳和概括中有条理地表达自己的观点和发现；运用批判性思维，发现、审视和探究生活现象、语言现象和文学现象的特点和规律；

自觉分析和反思自己的生活经验，提高语言运用的能力和思维能力，以及思维品质（深刻性、灵活性、敏捷性、批判性、独创性）。

语文培养的是会思考、善思考，有创新思维的人。思维作用于生活中，会使家庭更加和谐，工作更加顺利，事业更加兴盛。

（三）审美鉴赏的功能

什么是审美鉴赏？爱美之心，人皆有之。美是人们创造生活、改造自然的能动活动及其现实生活中的实现或对象化。美，既依托鲜明生动的形象，又追求深层美好的感情。

语文有别于其他学科的最大特点是具有形象性、人文性、审美性，这决定了语文教学具有形象思维与抽象思维相融合的特点。在语文学习中，学生是通过阅读鉴赏优秀作品、品味语言艺术而体验丰富情感、激发审美想象、感受思想魅力、领悟人生哲理，并逐渐学会运用口头和书面语言表现美和创造美，初步形成自觉的审美意识，培育审美能力，养成审美情趣和高尚的品位，从而触动、感染其情感，滋润、丰盈其内心，令人赏心悦目。

（四）思想教育的功能

语文的思想渗透在字里行间，蕴涵在它所描绘的每一个形象里。当我们每读一个字、一个词、一个句子，就如同欣赏一枝花、一片叶，都会呼吸到思想的芬芳，感受到思想的力量。[①] 如："先天下之忧而忧，后天下之乐而乐"告诉我们要有社会责任感；"少壮不努力，老大徒伤悲"告诉我们应珍惜时间，趁着年少努力学习；"故天将降大任于斯人也，必先苦其心志，劳其筋骨，饿其体肤，空乏其身……"告诉我们要成就一番事业，必得经历痛苦和磨难，并以此来磨炼心性，增长自己的才干……

语文所起到的教化功能为学生形成正确的世界观、人生观、价值观，形成良好个性和健全人格打下坚实的基础。

（五）文化传承的功能

语文教学是母语教学，汉语中的字词内涵丰富，有的明显有象征意义，比如"长江""黄河""月""红梅"等；有的会自然引发某种联想，如"柳"与"留"、"青"与"情"等。只有理解并传承这些文化密码，我们才能读懂

---

① 泽仁洛布.语文在生活中的功能[J].读与写·教育教学版，2011（4）.

汉语的丰富意蕴。

从历史角度看，中国文化是多民族发展的共生体，中国古代经历了多次民族之间的战争，无形之中汉语经历了多民族的激变、融合，这些因素影响了汉语文化的传承积淀。中国地域广大，历史悠久，各民族都有自己的文化密码，这些丰富多彩的文化信息造就了汉语文化的博大精深。鲁迅先生曾说：只有民族的，才是世界的。因此，理解并传承文化就成了语文课程的核心素养。

说到底，语文教育不仅仅是读书识字，还牵涉语文知识能力、文学情趣品味、文化建设与交流、思维能力与思维品质、道德伦理与品性……北大教授陈平原说道："学习本国语言与文学，应该是很美妙的享受。我们要培养的是擅长阅读、思考与表达的读书人。"

三、语文教育融入生活

孔子说："不观于高崖，何以知颠坠之患；不临于深渊，何以知没溺之患；不观于海上，何以知风波之患。"联合国教科文组织提出"学会认知、学会做事、学会共同生活、学会发展"。这些观点生动地阐明了知识与生活实践之间的关系。

美国实用主义哲学家杜威与我国人民教育家陶行知，他们都十分重视教育与生活的关联。陶行知说："教育不通过生活是没有用的，需要生活的教育，用生活来教育，为生活而教育。""生活教育是生活所原有，生活做自营，生活所必需的教育。教育的根本意义是生活之变化。生活无时不变，即生活无时不含有教育的意义。"当今，我们把生活教育理念运用于语文教学是最为正确的选择。

语文作为一门与日常生活结合最紧密的学科，无疑是源于生活，用于生活，发展完善于生活的，并且，语文还应该是生活的反映，是生活内涵的体现。因此，在语文教学上，一方面，我们应该激发学生听说读写的能力，让学生在生活中学习，在学习中更好地生活；另一方面，也要培养学生对生活的感悟，形成一种积极向上的生活观，引导学生在生活中领悟语文的美与内涵。

语文从生命中来，与生活同行，语文"影镜"生活，生活是语文学习的源头活水。

（一）生活孕育语文教学

生活是知识海洋，生活处处皆学问。应找准生活与语文教学的结合点，让生活成为学生学习的教材。

1. 创设语文中的生活情境

课文是以语言文字为载体记录着生活信息，学生学习语文就是在头脑中把语言文字还原成客观事物，从而获得主观感受。毛泽东说："你要知道梨子的滋味，你就得变革梨子，亲口吃一吃。"语文学习也是如此。生活化教学是一种生活情境化学习。教学时，教师应借助于情境的创设再现课文所描绘的生活画面，使学生如临其境。这样更有利于激发学生学习的兴趣，较好地理解课文内容。如把课文编排成课本剧，让学生演一演，把语言文字直接变成活生生的剧情展现在学生面前，从而使其加深对课文的感悟。

2. 发掘语文中的生活元素

"语文譬花果，社会乃其根。土沃椒兰茂，源开江海深。"语文来源于生活，教材中的知识点都可以在生活中找到影子。将知识与生活"联想"，当语文教学与生活联系时，语文课就生动活泼，丰富多彩，学生就会有兴趣，有动力。比如学习"骄阳似火"这个词，举个生活中的小例子："夏天，烈日当空，连树上的叶子都晒蔫了。"简单的几句话，将知识与生活连在了一起，学生找到了知识与生活的"连接点"，有所感也有所悟，自然学得轻松。在课堂上多为学生提供"连接点"，让学生跨越知识与生活的时空进行"联想"，让发现和解决问题变得容易。

3. 创造生活化的语文课堂

《学会生存——教育世界的今天和明天》一书中指出："教师的职责现在已越来越少地传授知识，而越来越多地激励思考，他将越来越成为顾问，一位交换意见的参加者，一位帮助发现矛盾、论点，而不是拿出现成真理的人，他须集中精力从事那些有创造性的活动，相互影响、讨论、激励。"教学活动应该是一种社交性的交往活动，教学过程应该是师生间、学生间感情交流的人际交往过程。因此，在教学活动中要有民主、平等、互亲互爱的师生关系，要创造双向和谐的优良教学环境。做到课堂即社会，教学即交往。我们要让学生成为课堂的主人、学会学习、学会发现、学会运用。

每个学生将来都要步入社会，成为社会的一员。语文课要为学生走入社会做好准备，要为学生提供大量参与合作竞争的机会。课堂上最常用的合作形式就是小组讨论，大组交流。在讨论与交流中，同学们进行智慧互补，资源共享。将学生个体间的学习竞争关系变为"组内合作"、"组际协作"的关系。这样，不仅有利于学习质量的提高，更有利于学生在互相协作，友好竞争中体验成功。

（二）语文教学回归生活

1. 在生活中寻找语文

《义务教育语文课程标准》指出，沟通课堂内外，充分利用学校、家庭和社会等教育资源，开展综合性学习活动，拓宽学生的学习空间，增加学生语文实践的机会。社会是一道广阔的风景，更是学习语文的一片天地。学生由学校走进社会，走向生活可以有多种形式。首先是教师悉心安排学生的自主活动，如学了写景类文章后，让学生做导游，回去向家长、朋友介绍美景；或让学生课外做一些社会调查，学写简单的调查记录等。其次是教师组织集体活动，如参观访问，义卖捐助等。只要留心，就会发现校外教育资源十分丰富。如武汉的桥、武汉美食、湖北省博物馆等都是优质的传统文化资源；写一写身边的好人好事、学做学校的活动策划、帮班级设计宣传语等也是一些很好的语文实践活动。

2. 在体验中学习语文

"联系现实生活，加强语文实践"是提高教学质量的重要途径。在部编本教材中设计的"口语交际"和"综合性"学习，充分挖掘了语文与其他课程之间的共享资源，同时综合利用各科知识技能，到社会中学语文、用语文，丰富阅历，增长才干。比如：四年级下册口语交际《朋友相处的秘诀》就结合了"人际关系"这一主题，教学生如何与人交往，怎样才能与朋友友好相处。

3. 在感悟中焕发精彩

自然界花开花谢，云舒云卷，莺飞燕舞，虫鸣鸟啼……这些对学生并不少见，但绝大部分学生往往熟视无睹，如果能让学生设身处地地去感受，那么他们会有不同的体验和感悟！我们倡导语文教学要以课堂为纽带，联系学生的生活实际，从教学内容出发，从学生的需要出发，把学生引向更广阔的大自然，引向真实的社会生活,在生活的大课堂中拨动学生的"心弦",体悟语文的生活之美。①

语文因生活而精彩纷呈,生活因语文而多姿多彩。让我们陪伴孩子遨游语文的海洋,感受生活的美好与力量,让每个孩子的人生都能出彩!

---

① 冯学敏.重塑语文之美[J].四川教育,2021(08).

第二章

大美语文的实践

第一节 文本之美

一、立意之美

小学语文教材精心选编了大量优秀的文学作品，它们无一不体现了文本之美。在语文教学中，老师只有充分地发掘文本之美，带着学生去领略那美丽的景色、感受那美好的心灵，才能真正引导他们从中受到感染和熏陶。文本之美表现在诸多方面，立意之美无疑是其中重要的一个方面。

（一）什么是立意之美

中国古代有"文道统一"的传统，主张"文以载道""文以明道""文以贯道"，其中"道"就是"意"。唐代白居易在《与元九书》中说："文章合为时而著，歌诗合为事而作。"即作品总要表达一定的思想感情，这也是"意"。李渔在《闲情偶寄》中说："古人作文一篇，定有一篇之主脑。主脑非他，即作者立言之本意也。"这里的"意"指作者的情感、观点、主张、思想等，比如忧国忧民、思乡怀人、离愁别绪……

立意，语义丰富，在写作中指的是一篇作品所确立的文意。它包括全文的思想内容、作者的构思设想和写作意图及动机等，其概念的内涵要比主题宽泛得多。文学作品的立意一般有正确、鲜明、集中、单纯、深刻、新颖、积极、向上等特点。

在文学作品中，立意占有极重的分量。戏剧家汤显祖在《答吕姜山书》中说："大凡作诗，先须立意。意者一身为主也。"这里说的就是立意在诗词创作中的主宰地位。清代王夫之云："意犹帅也，无帅之兵谓之乌合。"这一表述形象地表明了"千古文章意为高"的观点。

立意之美，美在情感。许多作品的立意都体现在对他人或事物的关切、喜爱，深情无处不在，浓意无时不显。不管是感人的亲情，还是真挚的友情，抑或是对祖国深沉的爱，这种种情感都有着强烈的感染力和振奋人心的力量。

立意之美，美在思辨。思辨是一种高阶的思维方式，也是一种审慎的思维品格，许多文章的立意都具有思辨性。"一花独放不是春，百花齐放春满园。"在自由、有个性、有创意的表达中体现思维的深度和宽度，读来让人产生共鸣。①

立意之美，美在哲理。许多文本在叙事过程中或者结尾时，都会适时运用富含哲理性的语言点明作品的立意，语意含蓄深刻，发人深思。

立意之美，美在诗意。海德格尔说："人应该诗意地栖居在大地上。"这是一种对诗意生活的憧憬与追求。很多文章的立意都是缘于作者发现了生活中的诗意美，并赋予平常的素材以诗意，从中提炼出富有诗意的主题，从而使文章产生了不一样的美感。

立意之美，美在文化。文化内涵是文章构成的最重要的因素，它决定着文章的价值和意义，许多作品都融入了文化精神，有着丰富的文化内涵。作者站在文化的高度，贴近读者的内心，方能显示其立意的独到之处。

立意之美，美在价值观。文本的立意通常是基于正确、积极的价值观，作者往往站在一定的高度来挖掘平凡题材的深刻含义，将文本的主题提炼得深刻而新颖，以揭示生活的真谛。它指引人们的生活方向，规范人们的行为，引导个体怎样做人、做事，从而使人生更有意义、更有价值。

立意之美，美在悲悯情怀。朱光潜先生在《悲剧心理学》中说，悲悯情怀是一种普遍关注人生及人类生存状况的人道主义情怀。悲悯传递着人世间的温情，悲悯呵护着世界的美丽，怀着悲悯之心去提升心灵的温度，文字也会因悲悯而变得更加温暖，正是因为有了悲天悯人的情怀，作品才充满了感人的力量。

语文教学，就是要通过课堂，引导学生感受文本的意蕴，把文本中的立意之美传递给学生。比如：《牛和鹅》告诉我们，万事万物都是多方面的，从不同的角度出发，就会得到不同的结果，换个角度，也许就会有惊喜；《夏天里的成长》则以自然朴实的语言激励青少年在自己人生的夏天里要珍惜时间，抓住机会，勉力成长；《我不能失信》《鹿角和鹿腿》《一个豆荚里的五粒豆》则引发我们对生命意义的深沉思考……②

---

① 牟维和.记叙文的立意之美[J].学生之友：最作文，2017（04）.
② 陈小淋.挖掘文本之美，让语文课堂更具魅力[J].新教师，2021（03）.

（二）为什么要感悟立意之美

李吉林老师曾说："翻开一册册小语课本，不难发现一篇篇课文呈现着'美'，浸透着'爱'。我们应充分运用语文这份美，来引导学生爱美、求美，从中感悟到做人的道理。"

1. 对文本立意之美的感悟能够帮助学生获得审美体验，提高审美情趣

语文课程丰富的人文内涵对学生精神世界的影响是广泛而深刻的，学生对语文材料的感受和理解又往往是多元的，因此，应该重视语文课程对学生思想情感所起的熏陶感染作用。小学语文教材选文文质兼美，立意深刻，是引导学生获得审美体验和提高审美情趣的重要依托。一篇篇课文用生动精炼的语言文字从各个不同的侧面，用各种不同的体裁描绘了丰富多彩的生活美景，赞扬了人类社会中的美好事物和优秀人物的崇高品德：有志不在年高，王二小以自己无声的行动谱写了一曲生命的壮歌；手捧空花盆的孩子，正是因为他的诚实才赢得了国王的信任，而成为王位的继承人。那通过自己努力学会了游泳的小鸭，那自己学会了飞翔的小鹰，都会让孩子们明白：学会生存，学会本领，要靠自己，要有坚强的意志。

美是人类永恒的追求，小学语文教材以其立意之美为孩子们擦亮了审美的眼睛，引导他们由感知美到欣赏美，最终创造美。

2. 对文本立意之美的感悟能够帮助学生提升思想认识、厚植爱国情怀

《中国教育现代化2035》在阐述面向教育现代化的十大战略任务中提出，要"全面落实立德树人根本任务，广泛开展理想信念教育，厚植爱国主义情怀，加强品德修养，增长知识见识，培养奋斗精神，不断提高学生思想水平、政治觉悟、道德品质、文化素养"。

爱国主义教育是亘古不变的主题，是中华民族优秀传统，是社会主义核心价值观的核心内容。在语文教学中采用各种教学形式开展教育活动，是实现爱国主义教育的重要途径。充分挖掘教材中所蕴含的立意之美，精心设计教学活动，抓住契机适时切入，可以更好地树立学生的爱国理想，陶冶学生的爱国情操。《千年梦圆在今朝》一文中，中国航天人的不懈努力和勇于牺牲的精神；《詹天佑》一文中，中华民族在近现代的遭遇以及自强不息的奋斗；《出塞》中，诗人想要赶走侵略中原的胡兵的坚定信念；《凉州词》中，出征的将士们将生死置之度外，勇于牺牲的大无畏精神；它们都能给学生带来情感上的熏陶、

精神上的陶冶和心灵上的震撼，从而激发学生的爱国情怀，帮助学生树立爱国主义信念。①

3. 对文本立意之美的感悟能够达到以美育人、以美育能的效果

语文课程具有育人和育能的功能。育人就是通过优秀的文化作品熏陶、感染学生，在继承和发扬中华优秀传统文化的同时，帮助学生形成良好的道德风尚、健康的个性和健全的人格；育能是指提高学生学习和运用语言文字的能力。② 在课堂教学中，带着学生用心用情地去品读文字，就会让他们置身于作者所描绘的场景中；深切品味文字背后的立意，宛如经历了一场美的洗礼和心灵的荡涤。

小学语文教材中所选取的课文很多都刻画了鲜明的人物形象，闪耀着精神的光辉，这些深刻、积极向上的立意能够带给学生心灵上的启迪与情感上的熏陶。《曹冲称象》中，曹冲过人的智慧，深刻地展示着人类的创造能力；《董存瑞舍身炸暗堡》中董存瑞不怕牺牲的精神；《小英雄雨来》中雨来机智勇敢的品质；《一夜的工作》中周总理不辞劳苦的崇高精神；《狼牙山五壮士》中五壮士为革命、为人民勇于献身的顶天立地的高大形象；等等。它们都具有强烈的道德震撼力量，在令人备受振奋的同时，使人领略到其中激荡人心的崇高之美。

在运用语言文字的过程中，作者必然要表达真挚的情感或深刻的道理，课文中所传递的人性光辉和道德之美，能够帮助学生树立社会主义核心价值观，弘扬时代的主旋律。因此，作为小学语文教师，应当在教学中，通过指导学生感悟文本的立意之美，使学生自然而然地受到感染、熏陶，进一步推动学生朝着正确的方向前进，从而达到以美育人、以美育能的效果。

（三）怎样引导学生感悟立意之美

一篇篇语文课文犹如璀璨的明珠，字字都蕴含真情实感。如何引导学生品味、体会、感悟其中的立意之美呢？下面结合《桃花心木》《小珊迪》《掌声》这三课的教学做具体阐述。

1. 巧搭学习"支架"，走近文本立意之美

"支架"一词最早是由美国教育学家布鲁纳依据学生学习的"最近发展区"

---

① 李洋洋. 挖掘小学语文教科书的人文主题，厚植爱国主义的理想信念[J]. 吉林教育, 2021 (34).
② 赵坪评. 用文本之美浸润儿童成长[J]. 江西教育, 2021 (12).

提出的。教师在教学中为学生搭建"向上攀爬"的"支架",能够降低学习的难度,帮助学生有效地完成学习任务,提升学生的学习能力。在小学语文教学中,学习"支架"各式各样,丰富多彩,功效各异。教师要紧扣单元语文要素和课时目标,结合学生身心特点,恰当地选用学习"支架",为学生的语文学习搭好桥梁,拉近学生与文本的距离,为感知文本的立意之美奠定基础。

图文资料的补充是搭建学习"支架"的一种有效形式。在阅读教学中,教师可以引导学生结合图文资料,感知作者用文字所描摹的景物的形象之美。同时,巧妙地补充图文资料,不仅解决了学生对难点的理解,还能使学生在脑海中浮现出文本所勾勒的形象之美。

《桃花心木》教学片段:
(1)板书课题,齐读课题。
(2)交流相关资料(文字、图片),了解桃花心木。
提问:能用文中的词语来形容桃花心木吗?(树形优美、高大笔直、优雅自在、生机勃勃……)

由于学生的生活经验有限,加之地域限制,学生对课文中所描写的桃花心木,大都知之甚少。于是开课伊始,老师便通过展示图片、文字等资料,让学生对桃花心木有一个初步了解,然后请学生用文中的词语来形容桃花心木,很快便拉近了学生与文本间的距离,激发了学生学习的兴趣,为感知立意之美创设了良好的条件。

提供有针对性的素材是搭建学习"支架"的另一种重要形式。在阅读教学中,学生的生活阅历有限,情感体验不足,当面对年代较久远且时代背景不一致的文本时,教师适时地提供可以类比参考的素材资料,有效帮助学生拉近与文本的距离,更好地感知作者所要传达的情感内涵。

《小珊迪》教学片段:
课前谈话——引入"苦难"。
师:我们先做个小小的调查。请看大屏幕(出示:苦难),认识这两个字的同学请举手。(生纷纷举手)
师:很好,都认识。一起来读一读。(生齐读)
师:这个词语的意思,有过思考的同学请举个手。
生:"苦难"指的是很苦的事情。
生:"苦难"就是受了一些伤害。

师：真好，你们这个年龄的孩子，一般都是想要考多少分、过年要什么礼物，有多少压岁钱，是不是？（生笑着点头）你们能思考"苦难"这个问题，很不简单。没想过这个问题，也很正常。但这节课我们一起来想想这个问题，好吗？

（生全体点头。）

师：（出示一幅照片——"秃鹰和苏丹小女孩"）见过这张照片的同学请举手。（大概举起了两三只小手，没见过的同学面有愧色）这不是你们的过错，是我们这些大人的过错。我们应该早点将这张1994年的照片展示给你们。请允许我来对这张图片做个说明——（课件出示：一个瘦得皮包骨头的苏丹小女孩在前往食物救济中心的路上再也走不动了，趴倒在地上。而就在不远处，蹲着一只硕大的秃鹰，正贪婪地盯着地上那个奄奄一息的瘦小生命，等待着即将到口的"美餐"。）

师：对这个小女孩来说，"苦难"化作了一个字，那就是——

生：（齐声）饿！

师：还有一张照片，拍摄时间离我们很近，2015年的。请看——（出示："沙滩上的叙利亚男孩"——跟随父母逃亡的三岁小男孩艾伦·科迪的尸体，在土耳其的沙滩上被救援人员发现，他的小脸有一半浸在海水中，朝下贴着沙子，海浪无情地拍打在他小小的身体上……）

师：人们为了哀悼这个小男孩，对他做了许多弥补。你看——给他心爱的气球（出示图片《系气球的艾伦》），把他放在床上（出示图片《床上的艾伦》）。可是，他还是那个曾经鲜活的小艾伦吗？（出示照片《艾伦和哥哥在一起》）他已经成了一具小小的冰冷的尸体了。此时此刻，苦难化作了一个字，那就是——

生：死。

《小珊迪》这篇小说通常都围绕"诚信"对小珊迪这个人物形象进行剖析。袁老师对人物形象的解读将"诚信"品质置于"苦难"的语境中，课的开始也以"苦难"作为切入点进行铺垫。教师选取的两幅图片——经历饥饿和战乱的儿童，作为同龄人，学生们能够更快地代入体验。苦难可以发生在任何时代，儿童也不能幸免。帮助学生直观感受"苦难"后迅速拉近学生与文本间的时空距离。学生进一步明晰"苦难"的内涵，体会小珊迪身处逆境却依然诚信的可贵，进而感受到文本的立意之美。

2. 巧抓关键词句，触摸文本立意之美

小学语文教材所选的文章都是经典之作。作者对字词的精确运用使文章富

有表现力，尤其是画龙点睛之笔更能让文章富有生命力。因此，在语文教学中，对文本的关键词句，教师不仅要引导学生进行细读、精读，而且要将这些词句融入文本意境中，让学生去品味，引导学生走进人物的内心世界，对人物的所作所为、所思所想进行深入的体验感悟，从而受到启迪。叶圣陶先生曾经说过，"一字未宜忽，语语悟其神。"他认为在读书时，对每一个字都不能忽略，每一个字都值得细细品味，如此才能领悟作者的真实意图。作为语文教师，我们要从文字入手，以文字为媒介，巧妙地抓住关键词句带领学生反复琢磨，细细推敲，从而加深学生对文本的理解[①]，促使学生对文本产生更加深刻的认识，初步感知到文本的立意之美。

《桃花心木》教学片段：

"不只是树，人也是一样，在不确定中生活的人，能比较经得起生活的考验，会锻炼出一颗独立自主的心。"

这里的"不确定"是什么意思？与前面的"不确定"有什么不同？联系刚才所学的内容，你能不能说说你对"不确定"的理解。联系生活实际想想，我们的生活中可能有哪些不确定因素？面对这些不确定，我们应该怎样锻炼自己"独立自主"的心？（提示：可以从正反两方面举例说明。）请大家把自己的体会和感受写下来。（板书："经受磨炼""独立自主""努力成长"。）

阅读的理想境界是学生能走进课文，与文本对话，从而走进作者的内心世界，与作者进行精神交流与碰撞，并产生自己的读书感受与情感体验。但小学生还缺乏对语言的敏锐感受力，很难自发地"走进"课文进行"对话"，这个时候老师的指导就显得尤为重要。老师通过巧抓关键词的方式，引导学生从众多的文字信息中把握主要信息，读懂重点所在。"不确定"是本文的核心词之一，在文中一共出现了四次。在教学中，通过交流探讨，学生明确了前两次"不确定"出现在种树人为"我"解疑时，这两个"不确定"是对前面"奇怪"的解释和回答，在"不确定"中桃花心木学会了"汲水生长"，"寻找水源，拼命扎根"。后两个"不确定"是在阐明"我"从种树人的话中悟出的道理，是一种对生活的审视和思考。老师在教学中紧扣"不确定"一词，在品词析句中把"种树"和"育人"连接，使"形"与"理"之间搭建了"情"的桥梁，从而让学生感知到"不确定"这一关键词所道出的育人之理，亦即文本的立意所在：不只是树，人也一样，在"不确定"中生活，才能炼就独立自主的心。

---

① 曹荣彬.细读文本，感受作品之美[J].语数外学习（高中版上旬），2019（04）.

《小珊迪》教学片段：

逐个深入——"感受苦难"

师：孩子们，我们一处一处地来看文中的句子。

（师出示第一处句子——"一个小男孩走过来，他身上只穿着一件又薄又破的单衣，瘦瘦的小脸冻得发青，一双赤着的脚冻得通红。"）

师：我请一位同学来读一读。（生读得很准确。）

师：老师从里面提取了三组词与短语。（课件出示第一组：单衣、小脸、脚。）

师：其中哪个字让你感受到了寒冷？（生答"单衣"。）什么是单衣？你今天为什么没有穿单衣？

生：单衣就是很薄的衣服。今天这么冷，爸爸妈妈肯定给我穿上保暖的衣服。

生：单衣就是夏天穿的衣服，现在是冬天，肯定不能穿了。

师：这个"单"字让我们感觉到了寒冷。

（课件出示第二组：又薄又破的单衣、瘦瘦的小脸、赤着的脚。）

师："的"前面的形容词，谁来读？（一生读。）我仿佛看到了这件又薄又破的单衣。（再请一生读。）啊，更冷了！他的单衣又薄又破；他的小脸瘦瘦的；他的脚是赤着的。这组短语让你想到了什么？

生：他的单衣穿了好些日子了。

生：他可能只有这一件衣服，也没有父母来给他补一补。

师：让我们将更冷的感觉读出来——

（生齐声读词语。）

师：我们来看第三组。（课件出示：瘦瘦的小脸冻得发青、赤着的脚冻得通红。）

孩子们，"双人得"后面又加了程度修饰词。你的感觉怎么样？

生：越来越冷。

师：把你们体会到的读出来。

（生齐读短句。）

师：你们看，就是这样，一层一层地，用词、用短语、用句子，让一个冷极了的孩子出现在你的面前。你看到他了吗？一起来读一读。

本环节，老师抓住关键词句，引导学生感受小珊迪的"冷"，袁老师分三次出示关键词和短语。第一组凸显"单衣"，第二组凸显形容词描述下的外貌特征，第三组凸显程度修饰词。这样一层一层聚焦，小珊迪苦难的形象一下子出现在学生的面前,令人更深刻地体会到他的遭遇。如果说"苦难"是需要剖析的现象,那么"诚信"则是需要透过现象才能看到的本质。真正将"苦难"串联起来的不是叙事发展的时间表,而是人性的价值选择,核心是小珊迪的"诚信"。本课抓住关键词句对"苦难"进行描摹,凸显了小珊迪的人性之美,彰显了文本的立意之美。

3. 巧设角色体验,捕捉文本立意之美

阅读教学是学生、教师、教科书编者、文本之间对话的过程。要珍视学生独特的感受、体验和理解。许多文本表面上写人、叙事、描景、状物,似乎一眼就能读懂,但隐藏在这些元素背后的立意,只有仔细揣摩才能真正体悟到。很多时候作者都是用带着主观色彩的眼睛来看待周围客观世界的。因此,教师在教学时要转变视角和转换角色,通过独特的角色体验把学生带入课文所描绘的社会和自然环境之中,让他们仔细品味咀嚼,受到感染和熏陶,产生情感的共鸣,进而感知文本的立意之美。

《小珊迪》教学片段:

师:孩子们,小珊迪死了,他眼里的光消失了。如果他的灵魂能够告诉我们答案,我们有好多个问题想要问他——

生:"小珊迪,你疼吗?"

生:"小珊迪,人们对你那么冷漠,你恨不恨?"

生:"小珊迪,小利比被收养了。你高兴吗?"

师:老师也有几个问题。(音乐起,课件出示问题。)

师:(读)可爱的珊迪,你那么小,那么小,对这个冰冷的世界为什么直到死也没有一丝一毫的怨恨呢?如果有,你告诉我们,至少让我们这些大人们愧疚啊!

生:(读)可爱的珊迪,你死后,你的灵魂如果能够选择前往一个你爱着的世界,你希望它是怎样的呢?至少有你的爸爸妈妈爱着你?至少你能够和弟弟一起上学玩耍?

可爱的珊迪,小小的你生前未能得到一个便士的零钱,死后却给这个世界留下了三笔巨大的财富——第一笔,诚信;第二笔,情义;第三笔,爱。可是,我们都继承了吗?

师:孩子们,这些答案需要你们代替珊迪用一生来思考、回答。带着你的所思所想,一起读下面这段话——

（课件出示：尽管时代纷繁变化，尽管苦难悲伤成河，无论生命之舟逆流而上还是随波逐流，我们要像珊迪那样，保持自己的纯洁，坚守自己所爱，即使卑微的生命也能散发出耀眼的光辉。）

（生齐读。）

以《小珊迪》这一课提炼"苦难"升华主题为范式，老师巧妙地设置了一处对话，让学生对小珊迪发问，有些问题自然不会在课堂上得到解答，但是老师呼吁学生代替珊迪用一生来思考和回答问题。学生接受这样的角色体验任务，自然对主人公的命运多了一层共情，替小珊迪看看这个世界，努力继承小珊迪"诚信""情义""爱"这样一些美好的品质。这样的角色体验由课堂延伸到课外，延伸到学生的生活中，使学生真切感受到"苦难"也是生活的教科书。这同样是文本的立意之美。

《掌声》教学片段：

角色体验，依据心情图讲述故事。

同学们通过掌声倾注给残疾孩子英子的是人世间最美好的东西。后来英子上了中学、大学，她会怎样和同学、朋友讲起小时候的这个故事呢？现在你就是英子，请你根据课文，参照心情图，先试着讲一讲第二自然段，要争取讲出动作、神情背后的心情变化。

在这一环节的教学中，老师创设角色体验情境，化身英子并以她的口吻去向她的中学、大学同学或朋友讲述小时候的故事，将学生带入情境，转换角色，想象说话，让学生跟随英子去体验和感受。如此层层推进，学生的情感也获得了一次又一次的升华。只有激发学生的情感，让学生和课文中的英子"共情"，才能真切地体会人物的情感，也才能走进人物，走进文本，感受文本的立意之美。

4. 巧引启发质疑，发掘文本立意之美

在阅读中发展思维，就是要引导学生学会阅读，并在阅读中学会思考，学会提出问题和解决问题。还要让学生在主动积极的思维活动和情感体验中，加深理解和感悟，受到情感的熏陶。"问题是阅读的起点，更是精神创造的起点。"以"诱疑导思"为主线展开阅读，珍视学生在阅读过程中独特的感受、体验和理解。引导学生多层面地触摸、揣摩语言，使无声的文字化为有声的言语，让学生真正用"心"去思考、咀嚼，去体验语言文字中蕴含着的思想感情，逐步感知文本的立意之美。

《桃花心木》教学片段：

（1）同学们一定想了解：如此高大笔直、优雅自在、充满勃勃生机的桃花心木，是怎样由一棵小树苗渐渐长成的？其中需要经历怎样一个过程？给我们怎样的启示？

（2）种树人是怎样种树的？他种树有什么特别之处？请默读课文，勾画出写种树的有关句子，并放声读一读。

（3）读到这里，你心里一定产生了疑问：同学们，如果此时种树人就在你面前，当你看见他用特别的方式种树以后，你想问他些什么？他会作何回答？

在整体感知环节，老师始终非常巧妙地引导学生带着问题走进课文。"如此高大笔直、优雅自在、充满勃勃生机的桃花心木，是怎样由一棵小树苗渐渐长成的？其中需要经历怎样一个过程？给我们怎样的启示？"学生带着这样有针对性的问题去浏览课文，能够很好地把握文本的主要内容。在此基础上，老师紧接着引导学生思考"种树人是怎样种树的？他种树有什么特别之处？"从而将学生的思路与作者的文路合二为一，创设"疑问"的课堂环境，以疑问引导学生与文本对话，让学生在对话中，真切感受到种树人"种树"的特别之处，为后面体会文本所揭示的道理做铺垫。接着，老师引领学生带着心中的疑问与种树人进行对话，从而感动于树木生长的"不确定"，与文本产生情感共鸣。由好奇而读文，因读文而有发现，因发现而生疑。学生经历了读文，从而读懂字面意思，进而引发思索产生疑问的过程。正是在这种读、思、议的过程中，学生渐渐走进课文，与文中人物、事件进行对话，在对话中逐步感知文本的立意之美。

《小珊迪》教学片段：

师：从哪儿看出这个孩子很饿？

生：从"先生，我饿极了！"就可以看出这个孩子很饿。

生：小珊迪先是"请求"，后来变成"乞求"，从中可以看出小珊迪真的非常非常饿了！

师：来，我们数一数珊迪一共说了几次话。

分别是——

（生读：

他对我们说："先生，请买盒火柴吧！"

"一盒火柴只要一个便士呀！"可怜的孩子请求着。

小男孩想了一会儿，说："我可以一便士卖给你们两盒。"

"请您现在就买吧！先生，我饿极了！"男孩子乞求道，"我给您去换零钱。"）

师：请注意这里有一个表达"饿"最直接的句子，那就是——"先生，我饿极了！"（课件用红色标注。）为什么他要到最后一次才把这句话说出来？他本可以在第一次就说出来啊——

（课件出示：他对我们说："先生，我饿极了！请买盒火柴吧！"）

师：他也可以在第二次说出来啊——

（课件出示："一盒火柴只要一个便士呀！先生，我饿极了！"可怜的孩子请求着。）

师：他还可以在第三次说出来啊——

（课件出示：小男孩想了一会儿，说："我可以一便士卖给你们两盒。先生，我饿极了！"）

师：他为什么要在最后一次才说出来？请大家静静地思考一下。

（课件出示："请您现在就买吧！先生，我饿极了！"男孩子乞求道，"我给您去换零钱。"）

生：他实在很饿，也许饿了几天了。这次好不容易来了一个愿意买火柴的。要是这次错过了，明天不知道还能不能卖掉。

师：这是一个无可奈何的小珊迪。还有其他的感受吗？再想一想，若是第一次就这样说，文中的"我"会有什么感觉？

生：我明白了，这是一个很有自尊的小珊迪，他要是第一次就这样说，就真的像一个小乞丐了。但是他不想要当乞丐，不要别人施舍，所以他一直不说。但到最后他终于忍不住了，所以就说出来了！

师：同学，你真的很厉害！你走进小珊迪的心里了！是啊，同学们，这句话写出了小珊迪的无可奈何。

女生：（读）"请您现在就买吧！先生，我饿极了！"男孩子乞求道，"我给您去换零钱。"

师：这句话写出了小珊迪的小小自尊。

男生：（读）"请您现在就买吧！先生，我饿极了！"男孩子乞求道，"我给您去换零钱。"

师：这个叫作"饿"的苦难啊，折磨得小珊迪不得不放下了自己的自尊，只为努力得到那一个便士。这就是小珊迪的"窘境"。（板书："窘境"。）

平平常常的对话后面，有个饿极了的小珊迪。这就是文字的秘妙之处。让我们用同样的方法，来品读小利比的语言。

在这一部分的教学中，虽然学生能够找出表达小珊迪很饿的句子"先生，我饿极了！"，但缺乏更深层次的思考。这时，老师的质疑就会给学生的"思维"指引方向：为什么不在一开始卖火柴的时候说这句话？为什么要在最后一次才说出这句话？这样表达的质疑引发学生思考，从而理解小珊迪的自尊心。因为"饿"的苦难，他无可奈何，不得不放下尊严。由此可以感受到，在平平常常对话背后的主人公有多困难；也就更能理解，在得知不幸遭遇后还不忘信守承诺该有多震撼。正是通过适时的质疑，为学生搭设思维跳板，帮助学生开拓思路，突破难点，进而在更高层次上思考。因此，巧妙引导质疑可以启迪学生迸发出思维的火花，体会文本立意之美。

《掌声》教学片段：

（1）在一次演讲课上，同学们把热烈持久的掌声献给了英子，后来，英子在给我的来信中这样说——（课件出示来信，指名读。）

（2）读了英子的来信，你有什么疑问呢？

课题"掌声"内涵丰富，三年级的学生理解起来有一定难度。教学时，老师在导入环节，先引导学生提出疑问，抓住改变英子命运的关键点——"掌声"，并以此作为分界，将课文的重点放在"掌声前"和"掌声后"的对比分析，以此引导学生感知文本的立意之美。

5.巧联生活实际，感悟文本立意之美

语言来源于生活，任何一篇文章都是生活需要的反映。语文教学必须与现实生活紧密联系起来，使学生的学习生活化，学生的思维空间也能由此得到拓宽。语文课程在开展教学活动时，通过结合生活实际，学生对于文本不仅不会觉得难以理解，甚至能够产生自己独特的见解，并在生活场景的再现中加深对文本立意之美的感悟。

《桃花心木》教学片段：

"不只是树，人也是一样，在'不确定'中生活的人，能相对经得起生活的考验，会锻炼出一颗独立自主的心。"

联系生活实际想想，我们的生活中可能有哪些不确定因素？面对这些"不确定"，我们应该怎样锻炼自己"独立自主"的心？（提示：可以从正反两方面举例说明。）

此时，学生对"道理"表层所言的意思已经清楚了。那么如何透过表层，启发学生思考作者言语背后的深意呢？董老师进一步启发学生联系生活实际去想一想：我们的生活中可能有哪些不确定因素？面对这些"不确定"，我们应该怎样锻炼自己"独立自主"的心？与此同时，提示学生可以从正反两方面举例说明。结合生活实际，学生能想到的不确定因素可能是生活中会遇到的种种挫折：或许是亲人的离世，或许是父母的分离，或许是病痛的折磨，或许是生活的贫困……。面对这些不确定，我们应该怎么做呢？即：进一步引导交流，学生便能体悟到生活中千万不能"养成依赖的心"；为了生存和发展，就必须克服依赖性，不断学习并增强自己的本领，亲自去实践，去竞争，去拼搏，竭尽全力，让自己"锻炼出一颗独立自主的心"。这样，即使生活中有"狂风暴雨"，也能巍然屹立。在"不确定"中生活，能经得起生活的考验，会锻炼出一颗独立自主的心。在"不确定"中，能经得起各种不确定因素磨炼与考验的人，才能在生活中练就独立自主的性格，更顽强地生活与成长。

在这一环节的教学中，老师引导学生联系生活，让学生以自己对生活的理解去解读文本，建构意义，与作者产生情感共鸣，从而领悟作者借物喻"理"、托物喻"情"之初衷，引领学生个性化地解读文字的深层意蕴，深入理解作者所抒之情、所表之理，使语言与精神同构共生。

6. 梳理文章结构，解析文本立意之美

文本的立意之美不仅仅体现在文本的语言中，而且也蕴藏在文本的内在结构里。语言是显性的，而结构则是隐性的。作者为了凸显自己的立意，常常对文本的结构进行深入的体悟和思考，采用最适合的结构形式。教学时，教师可以在学生整体感知内容的基础上，将学生思维引向文本结构的深处。从文本结构入手，捕捉作者设置结构的真实用意，将蕴藏在文本结构中的元素提炼出来，为学生走进文本的立意之美铺设通道。[①]

《桃花心木》一文的结构是"生疑—设疑—解疑—悟理"。在教学中，老师巧妙地以导语的形式带领学生梳理了文本的结构，比如："同学们一定想了解，如此高大笔直、优雅自在、充满勃勃生机的桃花心木，是怎样由一棵小树苗渐渐长成的？"这便是文本开始写的内容，作者以"仅及膝盖的树苗"与"树形优美""高大笔直"的桃花心木作对比，表明"有点难以相信自己的眼睛"，"疑"始生。接着，老师问道："种树人是怎样种树的？他种树

[①] 高洁.把握散文情感，提高学生语文素养[J].小学教学参考，2021（07）.

有什么特别之处？请默读课文，勾画出写种树的有关句子，放声读一读。"这便是文本接下来的内容，通过种树人一个又一个的反常举动，让"疑"具体化："到底应该什么时间来？多久浇一次水？桃花心木为什么无缘无故枯萎？如果你每天浇水，桃花心木苗该不会枯萎吧？"可谓是一疑未平，一疑又起，疑窦在心，不吐不快，自然"忍不住问他（种树人）"了。然后，老师继续引导："种树人为什么这样做？这样做是因为他太懒吗？是因为太忙？他这样做有没有其中的道理？请同学们找到相关句段勾画下来。"种树人的一番话既解释了他反常行为背后的思考，也让"我"得以释怀。最后，老师引导学生由种树想到了育人，实现了从事到理的思维跳跃。这样的梳理，深化了学生对文本的整体感知，让学生的认识能力在原有基础上有了质的飞跃，成功捕捉到了文本的立意之美。

7. 巧用读写结合，传达文本立意之美

语文课程是实践性课程，应着重培养学生的语文实践能力，而培养这种能力的主要途径也应是语文实践。语文课程是学生学习运用祖国语言文字的课程，学习资源和实践机会无处不在，无时不有。因而，应该让学生多读多写，日积月累，在大量的语文实践中体会、把握运用语文的规律。

杨在隋教授曾经在一次评课中说，要把"写"挤进语文课堂，提倡语文课堂上要有一定量的"读中写"，学生将阅读中的感悟以书面的形式表达出来，在读写结合的言语实践中加深对文本立意之美的感悟。

《掌声》教学片段：

师：认识获得掌声后开朗的英子，理解"掌声"的神奇内涵。

（1）请同学们默读课文的第四自然段，想象一下，你仿佛看到英子在干什么？

（2）现在英子变成了一个怎样的孩子？在心情图上填上合适的形容词。

（3）讨论：英子为什么会发生这样的变化？要点：演讲课上的两次掌声让英子告别了忧郁自卑，走向了快乐自信，所以后来英子在给我的来信中这样说——（出示来信，齐读。）

读到这里，你们觉得：这掌声对英子来说代表着什么？把你们的答案写在心情图上。把你们的回答连起来就是一首小诗！（根据学生回答出示小诗，指名读。）

> 掌声是鼓励，给英子勇气。
> 掌声是夸奖，给英子自信。
> 掌声是春风，吹走了英子的忧郁。
> 掌声是阳光，_____。
> 掌声是_____，_____。

金老师在这里精心设计心情图，以此作为支架，首先是用形容词来总结英子获得掌声后的变化，然后说明掌声对英子代表了什么，两处回答合在一起既是对文本的总结升华，也变成了属于英子的一首诗。学生根据个性化的理解和体验完善了这首温暖的诗歌。读写结合的巧妙运用拓宽了学生对掌声的理解，也用诗歌优美的语言，传递"真诚的鼓励和赞美能给更多身处困境的人带来希望和力量"的深刻内涵，表现出文本立意之美。

8. 巧结写作方法，延展文本立意之美

"授之以鱼不如授之以渔。"小学语文教材所选课文，体裁多样，内容丰富，语言优美，事例典型，描写生动、形象。以课文为例，总结写作方法，能帮助学生更好地领悟文本的立意之美，学生的学习也会收到更好的效果。

《桃花心木》教学片段：

> （1）回顾课题，小结写作方法。（板书：借物喻人。）
> （2）我们还学过哪篇用借物喻人的写作方法来写的课文？
> （3）推荐阅读：《心田上的百合花》。

董老师引导学生小结"借物喻人"一类课文在表达上的特点，并向学生推荐有关"借物喻人"的课外阅读材料，让学生通过迁移运用，进一步领悟语言规律，培养学生运用语言的能力。"因文悟法"，让学生完整地经历"语言—思想—语言"的学习过程，即让学生在语言文字中"走一个来回"，最终领悟到文章的表达规律和学习方法。

"得法于课内，得益于课外。"如此层层深入，学生不仅了解了文章的写作方法，而且能举一反三，进一步感悟到文本的立意之美。

儿童文学专家朱自强教授在其著作《小学语文儿童文学教学法》中指出："教育就是要使儿童成为具有健全人性的社会一员。在培养健全人性方面，语文教育担负着尤其重要的职责。"教材处处都有美。教学中，应该尽量地把这些美呈现出来，去感染学生，培养学生的语文综合素养。

语文是美丽的，语文课是有魅力的。让我们在语文教学中以"美"激"爱"，

以"美"示"真",以"美"启"善",从而洗涤心灵、陶冶情操,让语文课堂成为学生享受语文之美的殿堂。

二、内容之美

美无处不在,它不仅存在于自然界,也存在于语文课文之中。语文课不仅可以让学生习得语文知识,丰富人文素养,提高语文能力,而且还可让学生品尝精神的美味,感受语言的魅力。

(一)什么是内容之美

语文课文中的美,主要美在内容。课本中的每篇课文,都是至情至真至美的。小学语文课文为学生们展示了一个璀璨夺目的"美的世界",刻画出了一个个美轮美奂、鲜活灵动的画面。

内容之美,美在大自然。《五彩池》的神奇、《美丽的小兴安岭》的绮丽、《小池》的幽静、美不胜收,《四季之美》《林海》《草原》的生机盎然、赏心悦目,勾勒出大自然的生态美。

内容之美,美在科学。《太阳》《只有一个地球》《松鼠》……将充满理性的现代科学知识寄寓在鲜明的文学形象之中,描绘出启迪才智的科学美。

内容之美,美在形象。《白杨》《梅花魂》《狼牙山五壮士》这些课文中栩栩如生、动人心魄的人物形象,揭示出催人奋发的精神美。

内容之美,美在经典。《红楼梦》的人性、《水浒传》的忠义、《三国演义》的智慧……这些都能让我们感受经典之美,享受阅读之乐。

内容之美,美在文化。《藏戏》《伯牙鼓琴》《京剧趣谈》……让我们认识民族文化的博大,吸收民族文化的智慧,领略民族文化的风采。

内容之美,美在思想、美在生活、美在情感……,它开拓了语文之美的无限风光。

作为语文教师,要深入挖掘教材,抓住要点、把握整体、以美育美、以实育人,让学生充分地感受语文学习的快乐。

(二)为什么要体会内容之美

体会内容之美能促进学生的身心健康。作为母语的中国语文是我们最重要的交际工具,是人类文化的重要组成部分。语文课程应致力于学生语文素养的形成和发展，为学生的全面发展和终身发展奠定基础。语文教材文本内容中的英雄模范人物形象是我们学习的榜样，那些至情至真的故事里饱含人生哲理，使人深受启发……，从这些内容中，我们能感受哲理之美、感情之美、文化之美……，为学生健康成长营造了更广阔的空间。

体会内容之美能提高学生的审美情趣。教育家列节夫曾说："语文应该让孩子们在美的空间遨游。"美育与语文相互渗透，密不可分。语文淋漓尽致地表达人们的喜怒哀乐，字里行间隐藏着文人笔下的独特风景，优雅的文字，将文人的内心世界跃然纸上。我们赏析语文的文字之美，意蕴之美，意象之美，意味之美，感受文字的力量和语言的魅力。如能融会贯通，便能为之熏陶，感染，从而有利于培养学生健康的审美情趣和审美欣赏能力。

体会内容之美能激发学生的想象力。理解语文教材内容，需要读者转换自己的审美经验。作为语文教师，要让学生在对文本内容进行想象的过程中感受文本的意境美，在学生与文本之间架起一道桥梁，引导学生走进作者的创作世界，感受其文本内在之美。

体会内容之美能训练学生的观察力。培养学生的观察能力，要做到校内外相结合。教师在课堂上要尽力发掘教材中的素材；对学生进行观察指导，让观察指导常态化、系统化，使学生逐步养成良好的观察习惯。

体会内容之美能培养学生的创新思维能力。创造性思维的核心是独立思考。它强调主体主动发现问题和解决问题，强调思维的灵活性、批判性和独创性。由于语文课文内容丰富、博杂，与其他学科联系紧密，所以语文教学更应展现形象、体验情感，为培养学生的发散性思维提供发散点，为培养学生的创新精神提供广阔的空间。

（三）怎样在语文教学中体会内容之美

1. 游祖国壮丽河山，享受自然美

语文课文的内容美，美在自然，是自然景观的美，主要表现祖国山河的辽阔壮丽、秀美雄奇等。语文教材中有不少关于自然景物的生动描绘：山有美丽富饶的天山、雄奇优美的黄山、险峻壮观的泰山，山山耸立、千姿百态；水有惊涛拍岸的长江、汹涌澎湃的大渡河、浩渺多姿的洞庭湖，水水浮金、各具风姿；还有森林草原、高山平原、风云雷电、日月星辰等。教材中选编的这类课文语言优美、形象逼真、意境深远，抒发了作者对大自然的无限热爱之情。

这些自然景观经过作者的审美创造,更富有感染力。然而,小学生对这种写景类课文进行情感体验有一定的难度。此类课文教学,学生应在教师的引导下,从文章的语言文字本身去感受情感,而情感需要积淀,所以教师在教学过程中要铺设情感基石,这样,学生才能踩着石头,慢慢地走进文章的情景之中,感受到语言文字的魅力,体会文章所要表达的思想情感。

1)读中享受自然之美

"读"是感知语文教材的主要方式,是获得文章美感的主要途径。它把无声的文字变成有声的语言,入于眼,出于口,闻于耳,记于心。只有让学生用心用情地去读,才能达到渲染气氛,激发情感的目的。一切景语皆情语,学习写景的文章必然离不开体验情感。因此,读课文时,要在读的同时闪现出画面来。想得越多,读得就越投入,体会得就越深,从而真正做到读出形、读出美、读出情。

《乡下人家》教学片断:

师:你有什么感受?谁还喜欢这一段?你读了以后想到什么?

瓜藤图。

师:谁来读你画出的美的语句?(出示句子。)大家请看屏幕。①装饰是什么意思?②别有风趣的装饰指的是什么?③为什么说它是别有风趣的装饰呢?

师:同学们说得太好了。我们放松一下,闭上眼睛听老师读句子,边读边想象画面,你想到什么?

师:你的想象力太丰富了。再听,你有什么感受?给你什么感受?这就是城市与乡村的区别,用你的朗读,读出乡下人家的可爱来。(自由练读。)

师:谁想读?

师:真好,声音好听,又读得流利,表情也很好,可惜大家看不见。从他的朗读中,可以看出他喜欢这一段。谁还愿意读?你读得太好了,一个比一个好!谁能超过他?读得太棒了,我都不敢读了,谁还敢读?

师:你读得太好了,表情比声音更好!你把对乡下生活的喜爱都映在脸上,真好。

师:现在让我们都把对乡下生活的喜爱映在脸上,读!

竹笋图。

师:从大家的表情和声音中,老师真真切切感受到了美。谁感受到的美和他们不一样?

学生读句子,老师出示句子。

师:就是这句话,老师给大家读一遍,看同学们能听出些什么?(很多,成群,很多很快。)大家读这段话,要让人"听出"竹笋很多很快地长出来。

师:还是这句话,我再读读,你还听出了什么?

(鲜嫩、探出头来。)你想到什么?

师:再读一遍,要读出雨后春笋,争先恐后探出头来的生机勃勃的景象。

师:还有同学想读吗?其实你想怎么读就可以怎么读,只要读出自己的理解就行。谁来试一试?读出自己内心的感受?

师:好,就带着自己的想法再读读这句话。

在《乡下人家》教学片断中,学生通过有感情地朗读去感受乡村的自然之美。首先,教师让学生读自己圈出的觉得美的句子,这样学生就能对文中乡村的美有一个初步的感受。之后,教师问道:"怎样的景色是'别有风趣'呢?"从一次次的朗读中,学生去体会"别有风趣"的自然之美,以及房前顺着棚架爬上屋檐的碧绿的藤蔓,门前空地上依着时令开放的美丽的鲜花和屋后伴着春雨从土里探出头来的嫩笋……一幅幅自然质朴、亲切祥和的农家画面一遍遍地在脑海中自然呈现。后面的朗读,学生一个比一个读得好,甚至是在朗读中加入了表情、动作……这些都可以看出学生通过朗读感受到了自然之美。

2)在想象中欣赏自然之美

欣赏课文中的自然美和欣赏艺术美一样,也要有丰富的想象力。别林斯基说过:"在艺术中起着最积极作用的是想象。"没有想象,虽能看到美但却是有局限的。作家们将自然中的美留于文字之间,我们又怎样让学生把"山川河流""花鸟鱼虫"这些无形的文字变为有形,把抽象变为具体,把平面变为立体呢?这就需要学生用丰富的审美联想和审美想象将静态的文字符号变为动态的画面,使学生如身临其境,从而达到欣赏自然之美的效果。

《四季之美》教学片段:

师:走过春天的黎明,我们来到夏天的夜晚。自己读一读文章,想象文字当中的画面。你看到什么样的画面,能描述一下吗?

生1:看到在美丽的夜晚中,时常飞过几只美丽的萤火虫,给夜晚增添了一份乐趣。

师:她看到的是明亮的月夜,月色迷人。

生2：夏天最美的夜晚就是明月和萤火虫，在漆黑的夜晚显得十分幽静。

生3：我看到清朗的夜晚，天很黑，萤火虫给人一种幽静而快乐的感觉。

师：其实我们想着想着就会发现，作者其实写了三种不同的夜景。第一种夜景——明亮的月夜，第二种夜景——漆黑漆黑的暗夜，第三种夜景——蒙蒙细雨的夜晚。没错，这三种夜景中蕴含的画面非常丰富，但是作者写得却非常的简洁，明亮的月夜他只用了三个字："固然美"。后面几种，他也只用一两句话。为什么他要写得这么简洁？琢磨琢磨。

生1：我认为，他第一个写得比较简洁，因为我们都见过，比较普通。

生2：作者总的笔墨在后面，没有用过多的词语就写出了"动"态。

师：也就是说，这些画面作者没有放到你眼前，而是放到了你脑海里、心里。这种表达在文章中处处可见。我们来读一读这三种夜。（相机指导。）

师：同学们，我们可以发现有些词没有画面感，但是可以把这三种夜景连起来，一层一层、细腻地送到我们心里。

在以上教学片断中，老师让学生通过想象而看到了不同夏夜带给人们的不同的美。"明亮的月夜"是一幅怎样的景色呢？文中仅仅用"固然美"三个字来形容。这需要学生联系生活实践，想象"明亮的月夜"月明星稀的画面。后面写到"漆黑漆黑的暗夜"和"蒙蒙细雨的夜晚"，由于平时学生不会注意到它们的美，所以老师仍然让学生通过想象，抓住"翩翩飞舞""蒙蒙细雨""闪着""朦胧的微光"这些词语进一步丰富头脑中的画面，让这些画面一幅幅"出现"在眼前。不知不觉，寥寥数笔就变为动态的画面，最后让学生将课文的语言转化为自己的体验并表达出来，加深理解和体会，进而从内容中欣赏自然之美。

2. 探索科学奥秘，启迪智慧美

语文课文的内容美，美在知识的启迪。科学美是探索之美、严谨之美、拓展之美。教材中有关科学的小品文章，运用文学艺术的形式，介绍科学的内容，把丰富多彩的现代科学知识寄托在鲜明的文学形象里，对学生进行科学知识的教育，显示真理的力量。

在小学阶段，《太阳》《只有一个地球》《松鼠》……这样的科普性文章有很多。文章的内容涉及人类生活的方方面面，体现了文章本身实用性的特点，具有很强的现实意义。这些内容，对于学生来说，神奇而神秘，知识性和科学性极强，能够很好地满足孩子们的好奇心，为他们打开了一个崭新的和知识的世界去探求未知世界的窗口。学生阅读这些文章，仿佛体验了一次奇妙的科学之旅。

1）了解科学知识，感受科学奥秘之美

科普性文章在内容上具有科学美。丰富的科学知识不仅能让学生开阔视野、增长知识，也能起到开发智力、丰富情感、美化心灵的作用。科普性文章所反映的事物多姿多彩，天文地理，地球宇宙，风雨雷电，无不涉及。无论是文艺性的说明文，或是实用性的说明文，都有利于学生发现科学的美，进而爱上科学，以培养其勇于探索、坚持真理的精神。

太阳对我们来说并不陌生，但我们对它却是知之甚少。它的神秘让我们感到深不可测。部编五年级上册《太阳》一课，就从太阳"大""离地球远""热"等特点和太阳的作用这两方面给我们介绍太阳。在介绍太阳"大"的特点时，作者没有单用抽象的数字来说明，而是拿地球和太阳相比，指出"一百三十万个地球才能抵得上一个太阳"，太阳之大就可想而知了。这种对比，给读者的印象比之精确的数值更加让人深刻。课文在介绍太阳"热"的特点时，先用"大火球"作比喻，形象地反映出了太阳的形状及发光、发热的特点；接着指出太阳的表面温度有六千摄氏度。六千摄氏度该有多热？作者通过"钢铁碰到它，也会变成气体"加以说明。文章把这些专业性很强的科学知识深入浅出地介绍给读者，让学生一下就能了解这些科学知识，感受与别的文章不同的科学之美，从而激发他们想要探索科学奥秘的决心。这也正是科普性文章的魅力所在。

2）体会语言特色，感知科学严谨之美

准确、简明、平实、生动、严谨是科普性文章的语言特点。语言的准确无误首先体现在那些列举的数字之中，由此更能体现科普性文章的语言严谨。教学时，我们应当引导学生品味其丰富的、具有表现力的语言，让学生从文本之中体会到科学类文章的语言特色，从而感知它的严谨之美。

《只有一个地球》教学片断：

师：有人可能会说：既然地球那么容易破碎，地球上的资源又是那么有限，我们就到别的星球上去生活吧！可不可以呢？

生：不可以，这是因为，"科学家已经证明，至少在以地球为中心的40万亿千米的范围内，没有适合人类居住的第二个星球。"

师："至少"什么意思？

生：最少。

师：言外之意呢？

生：40万亿千米之外的情况还不能确定。

师：那么40万亿千米是一个什么概念呢？课前，我做了一个计算，就拿飞机以每小时1000千米左右的速度来计算。你们知道飞机需要多长时间才能到达？猜猜看。600万年！能到达吗？人类能指望在破坏了地球以后再移居到别的星球上去吗？

师：地球被破坏了以后，我们真的是别无去处。因为我们只有——

生齐答：一个地球！

在上面的教学片断中，老师提出"至少"一词。这个词极其普通，可在这里却对句子表达的准确性起到了至关重要的作用。教学时，老师让学生去掉"至少"，对比朗读，体会表达效果，从而知道科普性文章中用语的严谨性。也让学生明白，作者用它说明人类不能指望在破坏了地球之后再移居到别的星球上去，强调了地球对于人类的唯一性，呼应了课题"只有一个地球"。学生在对文本语言的揣摩中，领悟到了文本中用词的准确性，感受此类文章语言表达的严谨性特点，感知到了科普性文章语言的精妙。

3）巧妙仿写运用，深入科学拓展之美

语文课程是实践性很强的课程。科普性文章的写作目的，是给读者传递科学的知识，教给读者科学的方法。所以这类文章更要注重教材与生活的结合，课内与课外的结合，以课内带动课外，课外促进课内。在教学中，教师不能只教课本上的知识，还应注意知识的拓展。课外知识的拓展不仅能让学生增长知识，而且还能引起学生对课文学习的兴趣，激发学生探索科学美的欲望。同时，在讲解科普性文章的过程中，让学生用恰当的表达方法说一说、写一写，这样学生不仅能从课文中感知科学的美，还能将所学到的方法运用到写作之中，把感受到的美迁移到课文之外；同时也有助于提高学生运用语言文字的准确性、生动性和严谨性。因此，教师要善于激发学生的写作欲望，使学生能淋漓尽致地表达自己的情感。

《蝙蝠和雷达》教学片段：

①师：雷达的发明是科学家从蝙蝠身上得到的启示。这种从研究动物的特别功能后得到启发，发明出科学仪器、机械等，从而为人类服务的科学叫仿生学。请大家想想，平时，我们看到的哪些仪器、机械和动物的特有本领有密切的联系？（如：乌贼鱼——气垫船；响尾蛇——空对空导弹；鱼——潜水艇……）

②读写结合，仿写课文1、2、7、8自然段。

师：大家来当一回小作家。我们从课文中选择潜水艇这一发明，仿照课文1、2、7、8自然段的写法，也来写一篇仿生学的小短文。按照"提出问题—揭开秘密—发明创造"的写作顺序来写一写，写得好的就投稿到我们的校刊上。好吗？（学生练写。）

教师进行作业布置：

①阅读有关动、植物秘密的书籍。推荐课外书籍：《开心小博士——奇妙的仿生学》。

②查阅资料，仿照《蝙蝠和雷达》的写作顺序，小组合作来写一篇仿生学的小短文。

在这些教学片段中，教学的立足点在于让学生感性地"习得"。课后，学生通过自主查阅资料，在实践过程中活用说明方法，进而内化语言，迁移方法。这会让学生对科普性文章更感兴趣，并想要去探索更多的科学奥秘，感知科学之美。在教学中，教师还可以适当推荐一些科普作品；在课后，还可以举行阅读精彩片段和心得体会的交流会；为学生阅读科技文的能力培养与拓展搭建桥梁。只要我们深入钻研文本，灵活改变课堂教学方式，科普性文章的教学一定会变得和那些记叙性的文章一样，具有美的情趣和魅力。

3. 重温英雄事迹，追求信念美

语文课文的内容美，美在追求崇高的理想信念。《义务教育语文课程标准》指出，教材要注意继承与弘扬中华民族优秀文化和革命传统，有助于增强学生的民族自尊心和爱国主义感情。"立德树人"是统编教材的核心理念。教学中利用革命题材类课文讲好红色故事，在课堂上加强革命传统教育，让学生感受红色精神，树立崇高理想信念，把红色基因传承下去。

1）以多样化资源为纽带，丰盈认知，感受红色故事的美

中国革命年代在学生眼里是一段遥远的历史，他们分不清长征、抗日战争、解放战争、抗美援朝，不了解每个时期的背景和任务。教学时，教师要充分利用图片、视频、文字等资源，合理布局，以丰盈学生的认知，让学生更好地理解文本内容。例如，教师可以课前布置任务，让学生自主查找相关历史资料，课堂精准"投喂"，课后拓展阅读延伸，等等，以此来加深学生对课文内容的认知。

2）紧扣语文要素，挖掘语言要点，感受革命信念之美

讲解革命题材的课文时，首先，教师要从文化的视角去审视课文，读懂基

于革命文化背景下的人与事；其次，要从语文的角度去寻找语文要素和人文主题的结合点，并借助语文要素理解人文主题，达到文道统一①。教师可以抓准课文的"文眼"，层层"剥洋葱"式引导学生感受和品味文本内容。

例如《狼牙山五壮士》一文，题目中的"壮士"无疑是最关键的词语。抓住了"壮士"一词，这篇文章就可迎刃而解了。因而，可以从题目出发设计如下主问题："题目为什么用狼牙山'五壮士'而不用狼牙山'五战士'？"通过这一问题，带领学生厘清文章思路。

本文内容，对五位壮士的勇敢形象有非常细致的刻画。教师可以紧扣语文要素，挖掘关键词语，从中引导学生树立崇高的理想信念。例如文章对五壮士勇敢行为的刻画，集中于第2、4、6自然段，课文主要运用了行动和语言两种描写手段，从正反两个方面来表现。如正面刻画"痛击""一次又一次""打一枪就大吼一声…抢一个圈""斩钉截铁""第一个纵身跳下"等；反面衬托"始终不能前进一步""横七竖八""叽里呱啦""滚落深谷"等。教师引导学生挖掘课文内容中的这些语言要点，让学生了解并学习作者塑造五壮士的写作手法，最终深入理解五位战士的英雄风貌。

在充分感受了英雄形象后，教师可以继续引导，由此文本的内容向民族精神和爱国主义情感进行教育延伸。教师可以提问：是什么精神和力量促使五位战士英勇作战、不怕牺牲呢？是梁山好汉似的兄弟情义吗？是楚霸王项羽式的儿女私情吗？显然都不是。五壮士的情是超出了个人情感的心怀天下的博大情怀。具体说，是对"连队主力和转移的群众"生命安全的担忧，而宁肯牺牲自己的大无畏革命精神。这种精神是中华民族在面临异族入侵、危难当头时誓死捍卫尊严、坚强不屈的凛然正气。正是在这种精神的激励下，五位战士走上棋盘陀"斩钉截铁""热血沸腾"，完成任务时"露出胜利的喜悦"。跳悬崖时"像每一次冲锋一样""昂首挺胸"，英勇献身，"惊天动地，气壮山河"。此刻，"壮士"一词就鲜活起来了。学生也感受到心灵的震撼。

3）以生活体验为纽带，树立理想的崇高美

在语文教学中，教师要通过学生对文本内容的把握，品味语言形式的美妙，获得言语形式运用的规律及言语表达能力。著名教育家杜威说过，"教学必须从学习者已有的经验开始。"在课堂上，教师要引导学生联系自己的生活经验

---

① 张艳霞. 在统编初中语文教材使用中进行革命传统教育［J］. 教育实践与研究（B），2019（05）：14-16.

来思考：如果是你，你会怎么想？你会怎么做？教师要善于联系生活情景，唤醒学生的生活体验。

例如在讲解《青山处处埋忠骨》时，如何让学生体会毛主席在接到毛岸英牺牲的电报时内心的震惊和悲痛呢？学生能够抓住毛主席的动作、神态描写来感受毛主席的心情，但教学不应止于此，我们可以将目光聚焦于毛主席的回忆那部分的内容，通过补充心理活动，让学生在不断的反问中感受毛主席对长子牺牲的震惊和对长子的无限思念，从而理解毛主席作为一位普通父亲的深情。

再如在学习《军神》的"手术中"片段时，学生要能抓住动作、语言、神态描写去感受刘伯承的顽强意志。刘伯承不打麻药就进行手术，但在日常生活中，学生没有这样的体验，他们真的能感同身受吗？教师应调动学生的生活经验，让学生在对比中感受。如教师可以让学生联系在生活中受伤的经历，对比自己和刘伯承的处理方式，结合古代的"刮骨疗毒"，理解"摘眼剜肉"的意思，引导学生想象"在没有麻醉剂的情况下手术，刘伯承该有多痛"，让刘伯承的"军神"形象更加丰满。

4）换境移情，情感共鸣，传承红色基因的美

在语文教学中，教师要通过换境移情，引导学生产生情感共鸣，让学生在更深刻的情感体验中理解文本，提升教学效果。讲解中国革命题材的课文时，应通过个体及群像领悟主人公的高尚情操，发掘文章的立意。

《军神》教学片段：

教师引导1：从"初识"刘伯承，到"再识""终识"刘伯承，由外到内，由表及里。沃克医生终于发现刘伯承不是一个普通人，他是一位军人；但不只是一位军人，更是一位军神。教师此时介绍刘伯承：1926年，他正式加入中国共产党，新中国成立后被授予中华人民共和国元帅军衔，是中国人民解放军缔造者之一。

教师引导2：军人出军神，军神铸军魂。同学们，2011年是中国共产党建党100周年。在这100年中，我党不断涌现一批又一批的英雄儿女。（图片出示开国英雄们。）他们不畏狂风暴雨，穿越血雨腥风，生死之间，他们毫不畏惧；民族大义，他们共同担当。让我们向他们致敬！

教师引导3：有了他们，才有了新中国；有了他们，才有了美好的新时代。老师要求大家，全体起立，行少先队队礼。让我们再一次向英雄们致敬。

教师引导4：是啊，沧海桑田，中国再也不是那个积贫积弱、任人宰割的

中国了。今天的中国，经济繁荣，文化昌盛，国泰民安。习近平说，新时代是需要英雄并一定能够产生英雄的时代。身患绝症与新冠病毒周旋的人民英雄张定宇；崖畔的桂，雪中的梅，"我这辈子的价值，是我救了一代人！"的张桂梅；开办1元"抗癌厨房"，18年不打烊，温暖烟火人间的夫妻万佐成、熊庚香；用北斗照亮中国人的梦的谢军；用汗水和生命丈量祖国大地的国测一大队；……新的时代，我们更需要这样的英雄。我们需要红色精神，需要树立崇高理想信念，把红色基因传承。

对于革命题材的课文，教师要精心钻研文本内容，精心设计教案，在聚焦语文要素的同时，凸显人文主题，传承革命文化，落实"立德树人"的理念。

4. 品读经典名著，感受文化熏陶之美

语文课文的内容美，美在领略古典名著魅力，感受文化熏陶。中国古典名著是民族智慧的结晶，是中华灿烂文化的重要组成部分，具有永恒的艺术魅力。它以跌宕起伏的故事情节，个性鲜明的人物形象，细腻生动的语言描写，使读者获得思想的启迪，享受审美的快乐。在小学语文教材中，中国古典名著占有十分重要的地位，如《草船借箭》《景阳冈》《猴王出世》分别节选自中国古典名著《三国演义》《水浒传》《西游记》。它们让学生感受古典名著的魅力，激发学生阅读名著的兴趣，通过体会故事情节的生动曲折，人物形象的栩栩如生，让学生感受名著的魅力、激发阅读名著的兴趣。那么，如何引领学生触摸经典，感受经典的脉动，去接受民族文化的熏陶浸染呢？

1）以"人物个性"为依托，触摸经典形象之美

人物作为经典名著的灵魂，支撑着所有故事情节。每一部经典之作，都有各具特色的人物形象[①]。名著经典的熠熠生辉正是人物形象的永不熄灭的光芒。教师要做阅读的有心人，帮助学生构建全方位立体式的人物形象，让学生体会到名著的魅力，感悟经典的人物形象美。

《将相和》重点刻画的人物形象是蔺相如和廉颇。讲解此文时，要引导学生弄清"完璧归赵""渑池会""负荆请罪"三个小故事之间的内在联系，梳理"将相和"这个故事的来龙去脉。分析"蔺相如"人物形象时，应引导学生，以使他们在读、议、辩的过程中，能感受到蔺相如是一位勇敢机智、不畏强暴，以国家利益为重，顾大局、识大体的人；而"廉颇"虽用墨不多，但其特点也

---

① 刘士香，张学玺.论阅读古典名著在小学语文教学中的作用[J].中国校外教育(上旬刊)，2017(4)：82，126.

极为鲜明,他威震朝野、耿直畅快、勇于改过。

《草船借箭》重点刻画的人物形象是诸葛亮和周瑜。学习《草船借箭》,引导学生通过不同形式的阅读,由粗到精,先弄清故事的前因后果,再感受人物形象。诸葛亮是作者着力赞美的人物,他神机妙算,知天时、懂地理、识人心,考虑周全,安排巧妙。通过这些去引导学生使之感受到,诸葛亮虽知周瑜陷害,却将计就计,与其斗智。真正让学生感受到,作为刘备的谋士,诸葛亮有胆有识、足智多谋、神机妙算、才智超群;而周瑜同诸葛亮形成鲜明对比,他妒贤嫉能、心胸狭窄。

《景阳冈》重点刻画的人物形象是武松。"武松"可谓妇孺皆知的打虎英雄。学生虽然有学习兴趣,但是要准确把握武松的人物特点,感受其豪放倔强、勇敢机智的英雄性格,就需要教师的引导与点拨。基于这些,教师应引导学生朗读、朗读再朗读,想象、想象再想象,交流、交流再交流,抓住武松的语言、动作、神态、心理活动,感受其豪放、勇武而又机敏的英雄形象。其中的"店家语言"和"老虎的凶猛"虽不是重点,却也很精彩,起到了衬托武松性格特点的作用。

《猴王出世》重点刻画的人物形象是猴王孙悟空。"孙悟空"是孩子们喜爱的猴、神、人三者为一体的神话形象。教师引导学生围绕"石猴是怎样出世的?又是怎样成为猴王的?"这些问题去读去议,让学生感知其"野性、机灵、顽皮"特点的同时,感受其"机警、聪明、勇敢及心想他人"的形象特征,从而领悟到其"活泼可爱、敢作敢为"的性格特点。

总之,通过抓住人物的特点,不仅能引导学生感受人物形象,而且可以使我们的学生产生"柳暗花明又一村"的感觉,获得"顿悟"的乐趣,感受到经典的形象美。

2)抓住"悬念"[①],感受精彩的情节美

小学语文课本中选编的古典文学名著片段皆为精彩华章,故事情节引人入胜。例如《草船借箭》,因为是长篇小说节选,前后勾连,课文中会出现很多难点,教学中如果能抓住这些悬念,激发学生自主探究的欲望,进而进行整本书的拓展阅读。在讲授《草船借箭》一课时,教师可以鼓励学生从文本中发现疑问,有效地激发学生阅读名著的兴趣:①曹操到底是个怎样的人?②诸葛亮和周瑜到底谁聪明?③周瑜为什么嫉妒诸葛亮的才干?这些疑惑困扰着学生,使他们有强烈的解开疑团的欲望。教师可以趁热打铁,进行拓展,向学生介绍

---

① 连忠友.小学名著阅读指导的"三大"策略[J].现代中小学教育,2017,33(12):35-37.

《三国演义》的精彩章节,比如,曹操如何挟天子以令诸侯,让学生认识曹操"治世之能臣,乱世之奸雄"的形象。其他如赤壁之战、水淹七军、三气周瑜、六出祁山、七擒孟获等,跌宕起伏的人物命运都会牵动学生的心灵。这样不仅调动了学生阅读整部名著的兴趣,还让学生在解开层层谜团和悬念中感受经典名著情节一波三折、跌宕起伏的魅力。

3)拓展阅读,领略古典文化美[①]

从古典名著中节选或者改编的文本尽管能够独立成篇,但对整部名著来说又是不完整的。如课文《将相和》改写自《史记·廉颇蔺相如列传》中几个独立而完整的小故事,这些故事与《史记》中的其他章节没有多大的联系。又如,课文《猴王出世》和《景阳冈》虽然都节选自两部长篇小说,但故事本身也具有一定的独立性。如果只停留在单篇阅读上而不关注整本书的阅读,学生的阅读能力难以提高,不能算真正学会了阅读。

因此,教师要通过这些课文的教学,引出对古典名著的全面介绍,使学生知道所学的课文分别出自哪部名著,这些名著大致讲了什么内容,作者是谁,有哪些大家很熟悉的故事出自这些名著,这些名著的地位和价值如何,等等。如《将相和》[②]最后写道:廉颇和蔺相如"他俩成了好朋友,同心协力保卫赵国"。根据史书记载,公元前221年秦国统一了六国,赵国也包括在内。后来赵国为什么逃脱不了被灭亡的命运呢?由无疑处生疑,使学生带着疑问走向更广阔的阅读视野。教师还应该让学生了解名著中的相关内容,使学生明白故事发生的前因后果,帮助他们更好地理解课文内容。以《草船借箭》[③]这篇课文的学习来说,周瑜"请"诸葛亮商议军事,要他负责造箭十万,诸葛亮知不知道这是周瑜的"阴谋"?如果知道为什么不当面揭穿他,反而主动立下军令状?这样的问题就必须联系当时的历史背景来谈。当时曹操率军南下,企图攻打东吴,之后再攻打刘备,以便一统天下。孙权和刘备看清了曹操的阴谋,因此才会联合起来抗击曹操。正是基于这个原因,诸葛亮才没有揭穿周瑜的"阴谋",怕的是伤了和气,孙刘联合战线会破裂,导致被曹军各个击破的危险。因此,在课前,老师布置学生去看看根据《三国演义》改编的故事图书、电视剧、戏曲影像、白话小说,或者老师做相关的介绍,这对学习这篇课文是十分必要的。

总之,引领学生触摸经典,感受经典的脉动,去接受民族文化的熏陶浸染,

[①][②][③] 连忠友.小学名著阅读指导的"三大"策略[J].现代中小学教育,2017,33(12):35-37.

相信这些古典名著会成为学生们一道丰盛味美的"心灵鸡汤"。

5. 传承中华传统，感受传统文化之美

语文课文的内容美，美在有丰富的底蕴。中华民族五千年的文明历史孕育了中华文化，积淀着中华民族最深沉的精神追求，凝聚着中华民族特有的精神特质，是中华民族的根和魂。中华优秀传统文化是中华文化的精髓和精神命脉，为中华民族的发展壮大提供了丰厚的滋养。语文教材是语文教学的主要依据，是渗透传统文化的重要媒介，语文教材中的传统文化内容，能很好地培养学生优秀的道德品质，激发学生传承中华传统，感受丰富的底蕴美。

《义务教育语文课程标准》指出，要"吸收古今中外优秀传统文化，提高思想文化修养，促进自身精神成长"。在语文课程内容设置上，如何以教材为依托引导学生继承和发扬中国优秀文化传统，深入挖掘传统文化内容，从而认识中华文化的丰厚博大，汲取民族文化智慧？可以从以下几个方面来挖掘传统文化内容并引导学生，使之感受到祖国传统文化底蕴之深厚。

1）从语言文字入手，发掘汉语言文字的文化底蕴美

汉语言文字是中华民族思想文化的载体，承续着中华民族五千多年的文明历史。在部编小学语文教材的识字课文中，教师可以结合古人的造字法"六书"中的象形、会意、形声来指导学生识字写字。例如一年级上册识字第9课《日月明》，这是一篇根据会意字构字规律编排的识字课文，"日月明，田力男，大小尖，小土尘，……"。文章通过朗朗上口的短句，揭示了会意字的构字特点，学生在诵读中可以感受古人构字的智慧，进而激发识字兴趣。在教学中教师可以结合成语、歇后语背后的小故事，帮助学生理解内容，在听故事中感受传统文化的魅力，激发他们学习的兴趣，感受汉语言文字的文化底蕴美。

2）从传统文学作品入手，挖掘传统文化精神的底蕴美

文学作品通常能够反映历史和时代特点，同时时代背景也影响着文学作品的创作。在传统文学作品的教学中，如果教师能带领学生挖掘作品的创作背景，引导学生了解各个时代的特征，那么就能帮助学生更好地走进作品，与作者进行对话。例如，唐代诗人杜甫前后期作品的创作手法和风格有很大的差异[1]。前期的作品热情豪迈，气势蓬勃，如《望岳》中的"会当凌绝顶，一览众山小"；但安史之乱后，看到战火四起，百姓流离失所，作品也愈显深沉悲悯，如《春望》中的"烽火连三月，家书抵万金"、《茅屋为秋风所破歌》中的"安得广

---

[1] 甘国芳.初探杜甫在安史之乱前后二十年的诗歌创作［A］.黑河学刊，2013（08）.

厦千万间，大庇天下寒士俱欢颜"。教师在教学中可以将杜甫前后期的作品相比较进行讲解，引导学生了解安史之乱及作者生平，这样能帮助学生对作品进行更深层次的理解，进而激发学生的爱国情感，引导学生感受传统文化精神的底蕴美。

3）从传统故事入手，挖掘中华传统美德的底蕴美

中华民族自古就有含蓄内敛的性格特点，影响着人们的思想、言语、行动等方方面面，因此许多传统故事，如寓言故事、神话传说、民间故事等总是借此物言彼物，通过创作一个故事来说明一个道理，用以进行道德教育。因此，教师在教学中需要挖掘其中蕴含的中华传统美德。例如，教材中的传统故事描写了勇于献身的盘古、坚韧执着的精卫、甘于奉献的女娲、破除迷信为民除害的西门豹、知错就改的廉颇等，这些人物身上的美好品德有助于学生树立正确的人生观。教师不仅要在教学中帮助学生进行理解，还需要在生活中渗透。学生耳濡目染，方能知行合一。

4）从传统民俗入手，挖掘中华民族文化的底蕴美

在悠久的文明历史中，中华民族塑造了丰富多样的民俗文化，这些民俗文化是各民族最重要的智慧展现和精神闪光。加强民俗文化的教育有助于小学生继承和发扬中华民族文化，因此，教师要充分利用小学语文教材中有关民俗文化的内容，让学生了解民俗文化的内涵，提升学生的文化素养[1]。例如，小学语文教材六年级下册第4课《藏戏》，由于学生对藏戏比较陌生，在教学中，教师可以根据情况补充藏戏的知识或者让学生观看相关视频，使学生对藏戏有初步的了解，便于理解课文中的藏族文化，了解我国民族文化之丰富，进而爱上民族传统文化。

5）从传统艺术入手，挖掘中华艺术的底蕴美

中国古代艺术以鲜明的民族特色立身于世界艺术之林，历史悠久。如小学语文教材六年级上册第七单元，以"艺术之美"为主题安排了《伯牙鼓琴》《戴嵩画牛》《京剧趣谈》等课文，从音乐、绘画、戏曲等不同的角度折射出中国古代艺术的魅力。本单元的语文要素是借助语言文字展开想象，体会艺术之美。教师要引导学生借助语言文字从不同的角度展开想象，进入课文的情境，感受艺术的魅力。

总之，语文课文里蕴含着的美学因素很多，从不同侧面蕴含并显示着自然

---

[1] 李晔晖.语文教学应充分利用好民俗文化资源[J].新课程研究旬刊，2014（8）：25-28.

之美、科学之美、经典之美、形象之美、智慧之美……。语文教师应在语文教学中引导学生去发现美、感受美、创造美，使语文课像春风化雨，去滋润学生的心田，去温暖儿童的心灵，唤醒学生沉睡的潜能。以教者的才情，使语文教学具有美的风范，让审美真正成为语文教学中一道靓丽的风景。

参考文献：

1. 周晓梅．浅谈小学语文古典名著教学［J］．读与写教育教学版，2018（04）．
2. 杜梅．小学语文中渗透传统文化的教学策略［J］．甘肃教育，2018（04）．
3. 鲁燕．语文课本中文章的内容美和语言美［J］．天津市经理学院学报，2012（6）．
4. 陈雪雅．挖掘美育资源开启美丽之旅［J］．福建教育学院学报，2018（06）．
5. 陈艳．善于挖掘文本蕴含的"美"［J］．读与写（下旬），2022（1）．
6. 何琳娜．浅谈说明文的美［J］．中学教学参考，2017（16）．

三、情感之美

苏霍姆林斯基说过："只有当情感的血液在知识这个活的机体中欢腾流动的时候，知识才能触及人的精神世界。"从这句话中我们不难认识到，"情感"像催化剂一样催化着人们的发展过程。语文教学过程是全面提高学生语文素养的过程。其中要紧的一点是，应重视提高学生的品德修养和审美情趣，使他们逐步形成良好的个性和健全的人格。由此可见，要想发挥学生的主体性潜能，情感起着至关重要的作用。

（一）什么是情感之美

情感，是指"客体事物在人们心理和态度上出现的反应"。情感经常用来描述具有稳定而深刻的社会含义的高级感情。它是一种主观体验，属于人的心理范畴，存在于人的思想意识中，支配着人的实践活动。

情感之美是一种健康高尚的肯定性情感的反映。情感是人们对于客观事物能否满足主观需要所产生的一种肯定性或否定性的情绪体验。情感之美摆脱了各种狭隘的生理需求和实用需求，作为一种人类高级的情感状态，它是在快感与实用感的基础上升华而形成的。

在个人与国家的关系上，情感之美表现为热爱祖国、建设祖国、保卫祖国，为了祖国的繁荣富强不惜牺牲个人生命崇高的社会责任感。

在日常工作中，情感之美表现在严肃认真、兢兢业业、踏踏实实、一丝不苟的工作态度。

在人际关系中，情感之美表现为把爱心献给社会，关心献给他人，团结友爱，乐于助人，谦虚谨慎，豁达大方。

在物质利益上，先人后己，先公后私，清正廉洁。在对待困难上，以坚强的毅力去克服、去战胜。

这些表现形式，显示了人与人之间在共同的事业中亲密无间、相互帮助、相互支援的和谐关系。

语文学科是一门情感丰富的学科。情感也是语文教学的目标、手段之一，是语文教学的灵魂。学生在学习过程中只有表现出积极的情感、极大的热情，才会产生高涨的学习情绪，积极地投入学习中来。在学习过程中主动参与，懂得倾听，乐于交往，积极探索，勇于发表不同见解……由此可见，情感是学生进入最佳学习状态的通行证。

美的情感的形成，需要社会实践的锻炼和一定的个人修养。美的情感可以升华为美德，给人以深沉的美感。我们要陶冶美的情感，就要加强道德修养，提高审美能力，丰富科学文化知识，以形成健康、高尚的情感美。

（二）为什么要在教学中渗透情感之美

首先，情感教育是小学语文教学的核心内容。

《义务教育语文课程标准》明确指出，要"培养热爱祖国语言文字的情感，增强学习语文的自信心"。由此可见，情感教育是小学语文教学的核心内容。俗话说："感人心者，莫乎于情。"所以，教师在课堂上应以"情"打动学生、感染学生、感动学生。在小学语文教学中，教师的一言一行都在潜移默化地陶冶着学生的情操，教师自己的精神与人格也在感染着学生。因此，语文教师的示范作用与语文课堂教学的有效结合，是我们义不容辞的责任。[1]

其次，一切语言的表达都是建立在情感体验之上的。

语文教学，不仅要重视字词句段的基础知识，还应加强情感教学。然而在当前的语文教学中，不少教师在一定程度上将教学过程和教学方式中的情感目标忽略了，重文轻情的现象突出。殊不知，情感教育在语文教学中占有很重要

---

[1] 毛刘虹.品出韵味 读出精彩[J].小学生作文辅导（教师适用），2012（008）.

的地位，学生只有对所学知识产生情感，才会以极大的热情投身学习。再者，情感又是语文学习中理解和表达的心理基础。有了情感体验，才能细致地表达自己的思想感情，写出情文并茂的文章来。

最后，饱含情感的语言文字，才能打动人心。

心理学家认为，情感之美是指人的情感的纯洁、真挚、美好等审美属性，是一种健康高尚的肯定性情感属性。教材中有不少课文感情真挚、纯洁、高尚，以情动心，以情感人。学习中，这些课文令学生时而开心，时而忧郁，时而悲愤，提升了学生对情感的感受力、分辨力以及敏感度。阅读活动中，作为审美客体的文章"情"与作为审美主体的学生"情"，是完全可以沟通、互动和共鸣的。作为语文教师，只有充分认识到这一点，才能达到理想的教学境界。没有情感体验的教育是空洞的，没有生机与活力的。我们在教学中应注重激发学生的情感，不断地丰富学生的情感世界，使他们的审美观得到健康的发展。

（三）怎样在语文教学中渗透情感之美

1. 情境创设——体验情感之美

根据心理学家分析，小学生的情感是很简单的，他们的表情就像是"晴雨表"，课本中的故事情节与人物形象往往感染着、支配着他们，营造适宜的情感气氛，可以使他们的情感世界活跃起来。因此，在语文教学中开展情感教育首先应当从创设情境入手。教学情境的创设有利于在语文教学中营造融洽的教学氛围，在教学中，经常用优美、形象、生动的激情语言，可以很好地激发学生的学习兴趣；或者，用形象具体的画面（电脑图像、实物观摩等）把学生带入学习的氛围之中，以助于激发学生的情思。当然，情境的创设还有很多方法：课本剧表演，小品表演，角色扮演，等等。这些都是营造情境体验的好方式。

在教学案例《高粱情》中，教师通过创设情境来引导学生体会作者要表达的情感之美。课前，教师精心设计导语、过渡语、总结语，如在学生了解了高粱"根"的特点后，创设情境说："作者的情就在根里。根长期与泥土接触，浑身灰褐，没有花朵那般娇嫩、鲜艳，植物生长缺少不了它。有位作家曾这样赞美植物的根，他说：'地下同地上一样，有生命，有一群懂得爱和憎的生物'。"教师将浑身灰褐色的"根"，与娇艳的花做对比，学生的脑海里也浮现了花的画面，内心的情感也油然而生。通过情境的创设之后，默默无闻，被泥土掩埋的"根"是懂得爱和憎的生物。在老师的引导下，课文想表达的情感就更容易理解和消化了。在引导学生体会高粱为什么会具有这样的特点时，教师继续引导说："为了生存，为了争取阳光和空间，高粱不择地势，随时随地顽强生长。狂风吹不倒它，洪水淹不了它，严寒冻不死它，干旱也旱不坏它。在恶劣的自然环境中，它炼就了强悍有力的气根，铸造了坚忍不拔的品性。"学生的敬佩之情油然而生。临到下课之时，教师饱含激情地将这句话作为结束语："同学们，愿你们像一株株小高粱那样，在风雨中磨炼、成长。"教师富有感情的语言会将孩子们带入新的情境之中，使孩子们更能体会到高粱的拼搏及其顽强的生命力。此时，孩子们也很想成为高粱的根，努力深入泥土，扎根土地。

2.多位展示——领悟情感之美

教学活动是培育生命的一种精神活动。《义务教育语文课程标准》指出："感受语言文字的美，感悟作品的思想内涵和艺术价值，能结合自己的经验，理解、欣赏和初步评价语言文学作品，丰富自己的情感体验和精神世界。"在教学中，只有当学生的情感升华为一种审美体验时，才能使学生领悟难以言传的意义。因此，教师要善于运用电影、绘画、音乐、舞蹈、朗诵等艺术手段，创设一个自然和谐、有利于身心开放的"心理场"，以情"激"情，以情传情，以情动人，激发并保护学生的想象力，激活学生的创造精神，使学生进入"妙悟"的自由状态，产生愉悦的审美体验。①

以《高粱情》这篇课文为例。课文主要介绍了高粱的根，高粱的根集中体现了高粱的品格，这是需要学生深入理解的。可让学生思考：高粱的根有哪些特点？把最能概括高粱"根"的特点的词句圈出来。

1）品读+观看实物，认识根的特点

①高粱的根坚韧有力——高粱秆下端的气根，"用手摸摸，是那么坚韧，像鹰爪一样，它们强有力地抓住土地，仿佛擒拿住一个庞大的活物。"作者把高粱的根比作擒拿住活物的鹰爪，赋静以动，使人强烈感受到高粱根的强悍的力量。这里可调动学生的已有知识，让他们通过想象理解这个生动的比喻，从而对高粱根坚韧有力的特点获得真切的体验。

②高粱的根深扎土里——高粱不可缺少它的气根，"夏天暴风雨来临之前，

---

① 冯莉.培养课外阅读能力之我见[J].新课程学习（上），2011（07）.

它就迅速地生出气根，深深地扎进土里。"高粱有了这样的气根，"风暴无法撼动它，就像一个摔跤手，脚跟稳稳地定在地上，等着对手向它扑来。"这里教师可以用语言描绘并创设乌云滚滚、天昏地暗的暴风雨来临之后的情境，让学生展开想象，体会气根的尽职及高粱的品格。

③高粱的根苦——"高粱的根最苦，所有的虫子都不敢咬它。"……这里可用减词法，让学生通过"最""所有的"等词语及作者"啊呀"一声的惊叫，感受高粱根的苦劲儿。

④高粱的根很难拔出——"麦子、豆秧能用手连根拔起，但是再有力气的庄稼人也很难拔出高粱。"这里也可以用减词法，让学生用"再有力气"这个词语了解高粱的根不但扎得深而且扎得牢。

在《高粱情》这篇课文中，学生一开始只知道高粱是粮食中的一种，但对于城市里长大的孩子们来说，会对高粱的形态、特点感到陌生。为了拉近学生与高粱的距离，教师找到了高粱实物。学生看到高粱时，教室便沸腾了，大家都争着去看、去触摸，不时发出赞叹："它的根好硬呀！"教师机敏地抓住时机，因势利导，说："这样坚固而有韧性，就叫——坚韧。"由此，词语教学也落实了，不仅调动了学生的认知积极性，还调动了学生的情感。

2）品读+展示生存环境，形成完整的审美形象

当学生对高粱的根的特点有强烈的感受后，出示以下思考题，再引导学生回顾前文，把高粱的根及高粱整体放在特定的环境里。

①有着"正直的秆子"，能长出"硕大而血红的穗头"的高粱生长在怎样的环境里呢？

②高粱的根和"正直的秆子""硕大而血红的穗头"有怎样的联系？

"我的家乡在雁门关脚下，土地灰茫茫的，十分贫瘠，能够种麦子的地极少，只有耐得住大自然折磨的强悍的高粱好种。"指点学生联系这一句话深入思考，使他们认识到：自然环境选择了高粱，高粱也在恶劣的环境里显示出它卓越的品性。让学生把高粱的根的特点和环境结合起来思考，也就更能认识高粱的根的作用。高粱的根扎得深，就能吸收营养，提供给秆子和穗头，把盐碱等苦的东西留给自己；高粱的根扎得牢，就能抵御风暴，支撑秆子，保护穗头。

至此，学生对高粱的品性感受就丰富了，他们心中也树立起了生动的审美形象。敢于跟恶劣环境抗争，有着挺拔而精壮的种子和硕大而血红的穗头的高粱的形象，跃然纸上，刻在脑中。

3）配乐朗诵+情感升华，体悟作者完整的情感内涵

作者的"高粱情"就是作者对高粱的感激和赞美之情。此处可以设计这样的思考题：高粱对这一块土地上的人有怎样的作用与影响？在这块贫瘠的土地上，只有高粱这种庄稼可种，所以高粱是父老乡亲祖祖辈辈的生命之源。"我是吃高粱长大的"——作者自然充满感激之情。作者之所以对高粱充满感激之情，不但因为它塑造了"我"的身躯，而且因为伯伯的有言之教和高粱的无言之教，陶冶了"我"的"顽强"的品格。由此，怎能不使作者怀有深深的"高粱情"呢？

在学生充满感情地朗读时，轻缓而又凝重的民乐旋律在教室里回荡着。运用音乐的渲染，在体味节奏美、曲乐美、意境美时，学生领悟到：高粱养育了作者，养育了黄土地上祖祖辈辈的人们；高粱是作者的生命之根，信念之根。语意丰富的表达加上旋律优美的伴奏，凸现出一个立体的情感世界，学生沉醉其中，更容易体验出作者的丰富情感。

再如学习《春江花月夜》时，组织大家配乐朗诵这首诗。当《春江花月夜》乐声响起，同学们一面聆听朗诵，一面随音乐诵读，感受着那美妙幽深的意境，身心沉浸在迷蒙的月色中，仿佛走进醉人的早春三月的江南水乡，勾起了深切而浓郁的思念之情，此情如花一样鲜艳，像露一样清新。学生们在动听的朗诵中得到了诗情画意的情感体验。①

3.咬文嚼字——品味情感美

语文是充满人性美和人情味的学科。现实中我们的语文课，往往不乏精辟，缺乏的是激情，是感染。因此，语文教师要准确抓住教材的情感点和学生的情感点，并在二者之间架设一座桥梁，使学生在激荡的情感中，受到感染、熏陶和激励；使学生在高昂的情绪中，激发想象和顿悟，从而产生和谐共情的"增力效应"，取得最佳的教学效果。这座桥梁往往由文本中看似不起眼的几个字词来构建；"观文者，批文以入情。"引导学生品味字词，引导学生抠词抠句，去体会词语中蕴含的意思和情感，这样才能进入作者的情感世界，深刻体会语文的情感之美。

《高粱情》教学片段：

师：让我们来看"伯伯"说的这句话，联系刚才所学的想一想，教我摔跤的伯伯为什么要我站得像高粱一样？

---

① 陆双善.语文教学要注意情感教育[J].南宁师范高等专科学校学报，2003（03）.

生：摔跤时只有站得像高粱一样稳，才不会被别人摔到地上。

师："伯伯"是在教导我，只有根基扎实才能站稳脚跟，才不会轻易被对手打倒啊。这句话又该怎样读呢？大家试读一下，看看能不能把这种根从脚脖子上生出来的感觉读出来。

生：（练读，交流读。）

师：难道伯伯的话仅仅教会了我怎样摔跤吗？请同学们在下一句话中找找答案。读这句话，看看读完后能不能联系自己的生活实际简单谈谈自己对这句话的理解。

生：以前我是班长，有一次和同学打架被老师免了职，当时心里很不是滋味，不过现在我想每个人都会犯错误，只要我今后尽力把每件事做好，老师同学还是会像从前那样信任我的。

生：这句话告诉我们，每个人都要做生活的强者。

师：生活中既有风风雨雨，也有坎坎坷坷。正因为如此，人们要把这样艰难地行走于人生之路上的过程叫"跋涉"。作者一生经历坎坷，曾有一段时间他的精神遭受到重大打击，差一点丧失了活下去的勇气。值得庆幸的是，他不仅顽强地活了下来，还用作家饱含激情的笔墨，写出了一首首激励人们奋发向上的诗篇。你们知道是什么给予了他自信和力量吗？

生：高粱。

师：老师愿意用这句话与大家共勉。

"站得像高粱一样，要有它那抓地的根，要练到根从脚脖子上生出来。""我虽然练不出高粱的鹰爪般的脚，但它那坚忍不拔的品格却始终激励我顽强地生活着，跋涉着。"（范读，齐读。）

作者匠心独运，例如用"无法撼动"一词表现了高粱在风暴中紧抓土地、坚忍不拔的品格。教师引导学生用比较分析的方法，将"撼动"与"吹动"、"定在地上"与"站在地上"进行比较。学生在比较之后，既领悟到了作者遣词造句的奥妙，又生发了对高粱的敬佩之情。还如，在品析重点句子时，文中有的句子含有丰富的信息，表达深刻的情感，具有牵一发而动全身的作用。《高粱情》中有两个意义深刻的句子："我小时练摔跤时，教我的伯伯说：'站得像高粱一样，要有它那抓地的根，要练到根从脚脖子上生出来。'""我虽然练不出高粱的鹰爪般的脚，但它那坚忍不拔的品格却始终激励我顽强地生活着，跋涉着。"我们可以这样来抓住重点句子进行教学，先引导学生联系刚才所学的思考"伯伯"为什么要我站得像高粱一样？接着让学生试着联系自己的生活实际，简单谈谈自己对这句话的理解。通过对重点词句的感悟与理解，学生便能体会到高粱坚韧不拔的精神品质和作者对高粱深深的敬佩之情。

苏霍姆林斯基说："我一千次的确信，没有一条富有诗意的情感和美的清泉，就不能有学生的全面智力的发展。"品味字词，让学生感受文字里的情感的芬芳，用语文情感的魅力吸引学生，就会有学生语文素养的提升。教师应该引导学生凭借自己的阅历和文化积淀，去体味、感悟作品，产生对文本的音韵美、情感美和表达美的认同与赞赏，培养学生的语感和美感，触发学生的灵感，丰富学生的精神世界，并产生强烈的阅读欲、创作欲。久而久之，学生身上洋溢着浓郁的语文味，学生的语文能力、语文素养和文化品味得到提升，进而重树学生的人格，使其拥有获取人生幸福——特别是精神幸福的能力和素养。①

4. 想象补白——升华情感美

在教学中，以情境创设的方法把学生带入作品的特定情境，在情感上产生"移情"和共鸣，让学生感悟其中的哲理美和悲壮美，从而使性情得到陶冶。树立正确的人生观、价值观，获得哲理美感是至关重要的一步。

1）知人论世，从背景描述中悟情感

评论作品要知人论世，领悟情感同样需要知人论世。文如其人，考察作者的身世、经历、性格、志趣以及创作动机，联系作品考察作者所生活的社会环境，对阅读理解散文作品极为重要。惟其如此，才能真正地领悟作者的思想感情。比如讲解《搭石》时，教师先让学生了解作者刘章爷爷是一位农民诗人，他从事过造田垒坝、剪树锄禾、山野牧羊，也曾担任过生产队队长、生产大队副大队长。正是这些农村生活的体验使他有取之不尽、用之不竭的创作源泉，形成了他独特的艺术风格，授课时补充并分享作者刘章写《搭石》一文的写作背景，让孩子们体会到，搭石不仅连接着河流两岸，连接故乡小路，还连接着乡亲们美好的情感。家乡淳朴的民风、和谐美好的生活画面让作者念念不忘，作者写《搭石》就是为了赞美乡亲们无私奉献的美好品质。②

再如在《慈母情深》教学中，重难点是通过对母亲外貌、动作、言语描写的重点句段，体会母亲的养育儿女之苦及慈祥善良，以及"我"对母亲的感激、挚爱之情。但对于现在物质充裕的孩子们来说，一元多钱是毫不起眼的，更不

---

① 王远祝.如何在小学语文教学中培养学生的竞争意识[J].东方青年·教师，2011（08）.
② 杨永侠.语文教育要润物无声[J]，2012（1）.

能说是"巨款"了。文中写道,"母亲还从来没有一次给过我这么多钱","我也从来没有向母亲一次要过这么多钱"。从这些地方可看出,这一元多钱对于"我"家来说是一笔"巨款"。在作者小时候,"一元多钱"究竟有多大的价值呢?教师出示梁晓声作品《母亲》片段。

（课外资料出示：20世纪60年代，大多数老百姓家境都不太好。那个时候，"我"的父亲远在外地，三年才回来一次；母亲是临时工，在一个街道小厂上班。母亲每天不吃早饭，带上半饭盒生高粱米或大饼子，悄无声息地离开家，回到家里的时间总在晚上七点左右。吃过晚饭，往往九点了。孩子们上床睡，母亲则在床角凑着昏暗的灯光为我们缝补衣裤。有时"我"醒夜，仍见灯光亮着，仍见母亲一针一针、一线一线地缝补。母亲加班，孩子们就一连几天，甚至十天半月见不着母亲的面孔，就为了那每月二十七元的工资。一元五角钱，相当于有的家庭几天的生活费。要买本一元五角钱的书就是最大的奢侈了。即使是这样，每次"我"要钱买书，母亲都很大方，从不让"我"难堪！至今"我"都珍藏着"我"的第一本课外书《青年近卫军》。）

这"一元多钱"在当时是一家人几天的生活费。真的是一笔"巨款"！由此让学生体会到母亲的辛苦。接着教师深情述说"同学们，你们看文中的母亲每月的工资才27元，这一元五角对母亲来说就是她一天多的劳动，要工作十几个小时才能换来的血汗钱呀！此时，母亲却不舍得吃、不舍得用，把拼死拼活赚来的钱掏给了'我'"。"这就是母亲，作家用他的妙笔让我们感受到来自母亲的那份爱。"从而让学生切身体会到母亲生活的不易，工作的辛苦，以及对"我"深深的爱。

2）抓住关键，透过文眼悟情感

许多散文都有一句确定全文基调的关键语句，通常我们称其为文眼。透过文眼可以比较正确地掌握作者的思想脉络，深切地感悟作者的真实情感。朱自清的《荷塘月色》是脍炙人口的名篇。文章以"这几天心里颇不宁静"开头，抒写的是淡淡的喜悦和淡淡的哀愁。在写景中，委婉而曲折地表达了作者不满现实、幻想超脱现实而又无法超脱的苦闷心理。阅读中应引导学生体会作者想"超然"而又想"挣扎"的真实心迹，透过"这几天心里颇不宁静"这一关键语句，用情去感悟"难得偷来片刻逍遥"的喜悦中所夹杂的淡淡哀愁。只有这样，我们才能真正理解当时朱自清的心情。

语文教材《搭石》这篇课文中有这样一句话："搭石，构成了家乡的一道风景。"这一关键语句,也是这篇散文的文眼。我们一起看看教师是如何引导学生透过文眼,质疑、品读、感悟平凡中所蕴含的美的。

《搭石》教学片段:

师:作者用文字表达情感,我们在阅读时就要带上思考,细细品读才能在字里行间品出意味,悟出情理。看,课文中有这样一句话:搭石,构成了家乡的一道风景。搭石就是连接家乡两岸的一条条小路,为什么在作者眼里是一道风景呢?请大家默读课文。透过文字你看到了怎样的画面?请简单批注。哪个画面在你脑海中印象最深刻?可以多读读,以便准确把握。

(生默读。)

生:给我印象最深的是摆搭石的画面。

师:请你把相关语句读给我们听听。

生:上了点儿年岁的人,无论怎样急着赶路,只要发现哪块搭石不平稳,一定会放下带的东西,找来合适的石头搭上,再在上边踏上几个来回,直到满意了才肯离去。

师:嗯,能说说你脑海中的画面吗?

生:我脑海中的画面是这样的:有个人本来是急着赶路的,可是走到这儿时,发现有块搭石不稳,于是就回到岸边去找合适的搭石,摆在这里。摆好后他还不放心,还要来回踏着试试,直到完全平稳了才继续赶路。

师:赶路人摆搭石的画面,给你留下了深刻的印象。大家想象一下,他摆搭石的时候会想些什么呢?

生:搭石摆稳了,走的人才不会打湿鞋袜。

生:如果摆放不平稳,路过的人还有可能脚一滑,掉到河里。

师:赶路的人忘记了赶路,想的是其他路过此处的人。哪些人会在搭石上来来往往呢?

(生思考。)

师:请同学们快速看课文,如果对课文比较熟悉,可直接阅读对应的段落。这样也能提高阅读速度。

生:人们出工、收工、赶集、访友等都要路过搭石。

师:设想一下,如果此处没有搭石呢?

生:如果没有搭石,人们出工、收工、赶集、访友等就得蹚过河或者绕行很远,会很不方便。

师：搭石摆好了呢？

生：搭石摆好了，出工、收工的人路过这里就能够很快地走过去。

生：搭石放稳了，赶集、访友的人路过这里就不会把鞋袜打湿。

生：上学、放学的小孩子走在平稳的搭石上也更加安全。

师：来来往往的人多了，搭石被踩松动了，一位上了点儿年岁的人走到这里发现后，我们就看到了刚才的画面。来，我们一起读读。

（生齐读。）

作者刘章的《搭石》是一篇语言优美、情真意切的散文，作者围绕搭石写了"话搭石""摆搭石""走搭石""赞搭石"。其中，作者选取"摆搭石"和"走搭石"这样的典型事例，细致描绘出淳朴的乡情和民风。作者用文字表达情感，我们在阅读时就要深入思考、细细品读，才能在字里行间品出意味，悟出情理。看，课文中有这样一句话："搭石，构成了家乡的一道风景。"搭石就是连接家乡两岸的一条条小路，为什么在作者眼里是一道风景呢？这是一道怎样的风景？文中也写到了几幅画面来展现农村生活中的自然美、人情美。作者对两个典型事例在描写时又各有侧重："摆搭石"通过"放""找""搭""踏"一系列动作细节描写来突出人物特点，而"走搭石"则是抓住"一群人走搭石"和"两个人走搭石"的生活画面，文章以"一排排搭石，任人走，任人踏，它们联结着故乡的小路，还联结着乡亲们美好的情感"为文眼结尾，赞美了农村生活中的自然美、人情美。

5. 激情朗读——唤醒情感美

叶圣陶把朗读称为美读。他在谈到美读时说："所谓美读，就是把作者的感情在读的时候传达出来，这无非如孟子所说的'以意逆志'，设身处地，激昂处还他个激昂，委婉处还他个委婉，诸如此类。美读的方法，所读的若是白话文，就如戏剧演员读台词的那个样子。所读的是文言，就用各地读文言的传统读法，务期尽情发挥作者当时的情感。美读，若能得其法，不但了解作者说些什么，而且与作者的心灵相感通了，无论兴味方面，或受用方面都有莫大的收获。"叶先生对美读所提出的具体要求，改变了"有口无心"式的阅读，提出要做到出于口、闻于耳、记于心，调动人自身所有的感官，达到读者与作者的情感沟通，这对于语文教学来说是非常有益的。[1]

在《高粱情》的教学中，教师采用多种教学方法，让学生充分地读，读出

---

[1] 赵昌均.浅析朗读在语文教学中的重要性[J].课程教育研究：外文学法教法研究，2018（018）.

意,读出形,读出情,读出味,读出神。通过读,获得感悟,受到情感熏陶并在不知不觉中积累了语言。一是教师范读引路。教师在备课时,根据表情达意的需要,在朗读上对课文作了适当的艺术处理,有目的、有针对性地做了范读准备。课堂上,通过声情并茂的范读,使学生受到潜移默化的感染,情感得到熏陶。二是自读传情。教师的范读旨在用激情感染学生。在教学中,可采用自由读、指名读、引读、齐读等多种方式,甚至还可以根据兴趣自主地去选择读,为学生创造更多的时间和空间去参与读书实践活动。最后是配上中国民乐,轻缓而又凝重的旋律在教室里回荡着。运用音乐的渲染,在体味节奏美、音乐美、意境美时,学生会领悟到高粱养育了作者,养育了黄土地上祖祖辈辈的人们,高粱是作者的生命之根,信念之根。同时,也因为激情饱满的朗读,进而唤起学生的学习热情。

朗读是培养学生创造性阅读能力、有创意的表达能力的最佳途径,也是实现语文教学改革的主要途径之一。通过朗读,将无声的文字变成有声的语言,可以帮助学生理解课文、积累语言素材、陶冶情操。反复朗读,读一遍、二遍、三遍……,对语言文字的感觉也就会渐渐明晰,直至最终达到对语言文字的理解。

刘勰在《文心雕龙》中写道:"情者文之经。""夫缀文者情动而辞发,观文者披文以入情。"凡是感人的作品都渗透着作者强烈的思想感情,那些脍炙人口的名篇之所以能使人爱读或流传不衰,不仅因为其语言文字美,更重要的是文中渗透着作者炽热的情感。语文教材选取的课文都是文质兼美的精品:或以高尚的情感净化人的灵魂,或以完美的人格陶冶人的情操,或以其哲理启发人的思考。列宁说:"没有人的情感,就从来没有,也不可能有人对真理的追求。"这话道出了情感教育的真谛。教师要在教育教学中塑造学生的灵魂,净化学生的情感,深入挖掘教材中相应的情感因素,运用饱含情感的语言,去激起学生相应的情感体验,即:把教材的"此情此景",变成学生的"我情我景"。这样,不仅使学生学到了应学的知识,提高了感受事物的能力和体会语言文字的能力,而且陶冶了学生爱祖国、爱大自然的美好情操,加深了学生对人生意义的体验和感受。为此,需要教师在课前精心设计导语、过渡语、总结语。在具体的教学过程中,教师再将音乐、美术和语言完美结合起来:以悦耳的乐声和美丽的画面牵动学生对情感的体验;用感情丰富的语言感染学生,使其进入文章的情感意境中。总之,利用情感教育调动学生的情绪,是语文教学的独特魅力所在。

语文是最富有人性美和人情味的学科。现实中的语文课,往往不乏精彩,缺乏的是激情,是感染。因此,语文教师要准确抓住教材的情感点和学生的情感点,并在二者之间架设一座桥梁,使学生在激荡的情感中,受到感染、熏陶和激励;使他们在高昂的情绪中,产生想象和顿悟,从而产生和谐共振的"增力效应"。[①] 心灵之悟,至美至深。引导学生用心,用情去解读、感悟,让语文课的认知活动变成审美欣赏,语文课上的情感活动变成愉悦心灵的审美体验。

四、语言之美

众所周知,语言是由语音、词汇和语法构成一定的系统,分为书面语言和口头语言,是人类所特有的用来表达意思、交流思想的工具。语言在运用过程中所显示的音、形、意的美,即语言美。各民族的语言皆有其独特魅力,而由中国汉字组成的书面语言是中华文化的瑰宝,它记载着五千年的中华文明,彰显着中华文化博大精深的魅力,具有独特的美感。

(一)什么是语言之美

语言之美,美在思想。深刻的思想需要生动的语言才能充分加以表达。读者品味语言之美,就如同一位隐形的串门人去作者的世界,观他所观,听他所听,感他所感,与作者的心灵沟通,进行灵魂的对话。

语言之美,美在规范。作者写文时遣词造句、简明精确,不同词语表达不同的意思,在不同语用场合用词则不相同。"我"是水,当小水滴聚在一起变成雨时是"落"下来,变成小冰雹这样的硬球时是"打"下来,变成小雪花时则是"飘"下来。水变成不同形态,重量不一样,从空中落下来的形式当然也不一样。引导学生逐句品味,则不仅可以感受到作者用心观察、精准用词,还能体会到中国语言文字虽千变万化却又具有准确表情达意的魅力,着实耐人寻味。

语言之美,美在情感。语言文字述说着亲情、家国情或是对万事万物的各种微妙复杂的情感,情真意切,感染力强。

语言之美,美在艺术。语言具有音乐美、绘画美、结构美等。作者通过语言文字来状物、描景、写人、叙事,给读者呈现一幅幅视觉丰富的画卷;诗歌

---

① 李莉.让语文味香溢课堂[J].读书文摘,2016(026).

注重韵律的节奏、音调的和谐，读起来朗朗上口，各类拟声词藏匿于语言文字中，不乏音律美；语言所描摹出来的或高山寺院，或江南小镇，都一一显现出独特的建筑之美，而整篇文章的构造也如同建房一般谋篇布局，再施以辞藻装饰，无不给人以美的享受。

（二）为何要探寻语言之美

前文也提到了，语言表达形式不一，不同的文体表达方式也不一样。有的绵延舒展，有的言简意赅，有的辞藻丰富，有的朴实无华……但语言作为载体，承载了作者的思想，清楚明了、恰到好处的表述能使读者理解作者的意图，优美丰富的语言能促进情感的升华。正如董仲蠡的演讲《教育的意义》中所提到的，当看到天边飞鸟时，语言匮乏的你只会说"哇，好多鸟！"，而王勃会说，"落霞与孤鹜齐飞，秋水共长天一色。"同样是失意，你只会喊伤心难过，而纳兰容若却低吟出"人生若只如初见，何事秋风悲画扇"。这就是优美语言的魅力，美的语言给人以美的感受。这种表情达意的能力，不是与生俱来的，必须系统地培养。为此，语文学科教育承担了极其重要的责任。

语言文字是人类最重要的交际工具和信息载体，是人类文化的重要组成部分。语文课程应致力于培养学生的语言文字运用能力，提升学生的综合素养，为学好其他课程打下基础；为学生形成正确的世界观、人生观、价值观，形成良好个性和健全人格打下基础；为学生的全面发展和终身发展打下基础。语文课程应激发和培育学生热爱祖国语文的思想感情，引导学生丰富语言积累，培养语感，发展思维，初步掌握学习语文的基本方法，养成良好的学习习惯，具有适应实际生活需要的识字写字能力、阅读能力、写作能力、口语交际能力，正确运用祖国语言文字。当下，语文课程已提炼出适应时代发展需要的学科核心素养，包括语言建构与运用、思维发展与提升、审美鉴赏与创造、文化传承与理解，简单地说就是语言、思维、审美、文化四个方面的素养。语文教学发挥语文学科作为母语教育的人文功能，不仅要教授给学生语言和文学知识，让学生获得运用语文知识的能力，而且要塑造学生美好的灵魂，形成一定的审美能力，从而养成健康高尚的生活情趣。[①]语文教材中的课文文质兼美，文章选自各大家名篇，语言堪称典范，又适宜教学，以期能给学生起示范作用，从而使学生学会阅读，学会表达，全面提高语文素养。

---

① 陈祥锋.语文教育有大美[J].文学教育，2019（8）.

（三）怎样引导学生感悟语言之美

崔峦老师在第六届全国青年教师阅读教学观摩活动闭幕式上的发言中提到了"语文味"，鼓励老师们把语文课上得更有语文味儿，提高教学的实效性。"语文味"就是要在指导学生正确理解语言文字的基础上，丰富和积累语言材料，发展学生的思维，促进学生语文素养的形成。[①] 教师要引导学生立足文本感悟语言之美，引领学生进入特定文本情境，通过多读多写多思，咬文嚼字，品味语言文字的韵律美、色彩美、意境美，体会作者的思想感情，丰富学生的情感体验，让课堂充溢着浓厚的"语文味"。这样不仅能培养和发展学生的语言能力，还能促使学生的审美能力、思维能力等得到进一步发展和提高，从中感悟中华文化的美感和魅力。

以下结合《美丽的小兴安岭》《草原》《卖火柴的小女孩》课例来具体阐述。

1. 创设情境，引领沉浸式体验

课堂教学中，根据教学内容，落实教学目标，充分发挥学生的主体作用，使学生产生积极的情感反应，主动积极地参与具有学习情境的学习活动。语文教学时，教师充分了解分析文本特点及儿童心理现状，根据具体内容用不同的形式创设相应情境，如用多媒体播放相关图片、音乐、视频，或是用语言描述等，巧妙地创设文本学习的语境、营造静心思考的情绪氛围，使学生得到沉浸式体验，以利于激发他们的学习兴趣，从而加深他们对语言的理解及体会作者想要表达的思想感情。

《美丽的小兴安岭》教学片段：

师：同学们，学习了《富饶的西沙群岛》，我们感受到祖国南方的风光美如画。那祖国的北方怎么样呢？在祖国的东北有许多高大的群山，其中有一座山，名字叫"小兴安岭"。那里可美了，像个大花园。今天，老师就带同学们到美丽的小兴安岭去走一走、看一看。

小兴安岭对于大多数学生来说是陌生的、新鲜的，执讲者在开课时先用几句简短的话语，让学生对东北众多高大群山中的小兴安岭产生兴趣，那么多高山，唯独写小兴安岭，说明此山有其独特之处。开篇设疑，巧妙地激起了学生对课文探究的欲望；再借助小兴安岭的图片，给学生呈现四季不同的美景，进一步验证小兴安岭的独特性。执讲者给学生创设了情境氛围，有效地激发了学

---

① 刘雪璠."语文味"课堂：指向核心素养的四个维度［J］.福建基础教育研究，2020（06）：43-45.

生学习文本的兴趣，为引领学生沉浸式感知小兴安岭一年四季片段描写中的语言美做了极好的铺垫。

《草原》教学片段：

师：今年暑假，老师到过一个美丽的地方，还带回了两张照片，你们看！（演示老师在草原照的照片。）大家一起说说，这是哪里呀？

生：（齐）草原。

师：今天我们要学习的是老舍先生的《草原》。四十多年前，老舍先生到草原参观访问，记下了沿途的所见所闻所感。今天就让我们与老舍先生共同走进"草原"。

执讲者在阅读教学中，重视了对学生兴趣的激发。老舍于学生，是陌生的。但老师于学生，本身关系就比较微妙，执讲者不同于往常情境创设方式，而是另辟蹊径，以自己在草原游乐的真实照片为先导，学生一听这节课要随作者感受的地方是自己最亲爱的老师曾游玩过的，一下就拉近了草原与学生的距离，让学生更愿意去探寻，为后面学生能沉浸式体验文本的语言之美创设情境，极大地提高学生的学习兴趣，同时促使学生去自主发现草原之美。

2. 抓"新鲜感"，尊重阅读体验

小学语文教材三年级上册第一单元提到的语文要素是："阅读时，关注有新鲜感的词语和句子。"什么是有新鲜感的句子和词语呢？我们认为文章中那些优美、富有表达特色的语言所构造的世界让人耳目一新，极具新鲜体验。有时是语言所描述的画面，有时是语言的构造方式，等等。比如"银杏叶在枝头没站稳，一不小心摔下来"，我们不能简单地说，这就是某一类修辞，但学生阅读时明显会有"新鲜感"，因为银杏叶太可爱了。这是学生阅读的个性体验，要珍视及引导学生体会。

《美丽的小兴安岭》教学片段：

师：小兴安岭春天生机勃勃，夏天葱葱茏茏，秋天和冬天也各具特色呢，请同学们自读下面的自然段，圈出描写秋天和冬天特点的句子，一会儿和同学们交流交流，好吗？

学生读、画，教师巡视指导。（学生汇报，教师相机出示课件。）

秋天，白桦和栎树的叶子变黄了，松柏显得更苍翠了。秋风吹来，落叶在林间飞舞。

冬天，雪花在空中飞舞，树上积满了白雪。地上的雪厚厚的，又松又软，常常没过膝盖。

师：秋天让你感受到_____（生交流，师相机板书：松柏苍翠，落叶飞舞。）

师：这里为什么用"飞舞"而不用"飘落"呢？（"飘落"只表示树叶往下落的动态，"飞舞"则表现了落叶随着秋风悠悠飘落的情景，生动形象。）

师：落叶飞舞让你联想到什么？（彩蝶纷飞。）

师：你能读出这种感受吗？（生读。）

师：你知道吗，同一个"飞舞"在课文中还出现了呢？请读："冬天……"

师：从这两句中你感受到了什么？

生：感觉很有新鲜感。又松又软是像什么样子呢？

生：没过膝盖是种什么体验呀？一定很有趣吧？我生活在南方，从来没有去过小兴安岭，也没有见过这么大的雪，感觉太新鲜了。没过膝盖那一定是很厚很厚的雪，太漂亮了！

师：雪下得可真厚呀！来，我们一起用读来感受这"雪花飞舞、厚雪没膝"的情景吧！

（师生齐读：冬天……没过膝盖。）

执讲者珍视了学生独特的感受、体验和理解，小兴安岭的四季美景对学生来说都是非常新鲜的，而读冬天的美景描写时，新鲜感尤为明显。冬天大雪纷飞，又大又厚甚至没过膝盖的大雪对于南方的孩子真的是太罕见了，更是激发了孩子们的兴趣。执讲者加强了对学生阅读的指导、引领和点拨，没有以教师的分析来代替学生的阅读实践，更没有以模式化的解读来代替学生的体验和思考。[1] 由于学生关注课文中自己感兴趣的有新鲜感的词句，因而激发了学生学习的主动性，学生在"新鲜感"中感知品味优美语言所描绘的画面，逐渐养成乐于交流阅读感受和主动积累优美词句的习惯。

《草原》教学片段：

《草原》一文中，作者借助简练朴实、流畅生动的语言文字，为我们呈现了一幅一碧千里却并不茫茫的草原图，执讲者通过组织学生静静地默读文本，边读边想草原的美景，画出感受最深的句子，促使学生走进文本，去欣赏草原景色的美。学生找到两处：

---

[1] 徐莉莉.关注"新鲜感"夯实语文要素——统编版语文三年级上册第一单元要素解读[J].小学教学研究，2020（04）：27-29.

在天底下，一碧千里，而并不茫茫。四面都有小丘，平地是绿的，小丘也是绿的。

那些小丘的线条是那么柔美，就像只用绿色渲染，不用墨线勾勒的中国画那样，到处翠色欲流，轻轻流入云际。

这两处语言极美，又隐含矛盾冲突，是学生理解的重点也是难点。

师：谁愿意把自己感受最深的句子读给大家听？

生：我喜欢这句话，我来读一读："在天底下，一碧千里，而并不茫茫。"

师：（板书："一碧千里""并不茫茫"。）能不能说说"一碧千里"在你脑海中是一幅怎样的画面？

生：在我眼前是绿色，远一点的是绿色，再远一点的也还是绿色！草原非常辽阔，放眼望去，草原如同一张巨幅的绿色绒毯，一直铺到天地相接的地方。

师：我们都要像他这样读书，一边读书一边想象画面。

师："茫茫"是什么意思？

生：视线模糊不清。

师：还记得这首北朝民歌吗？"敕勒川，阴山下，天似穹庐，笼盖四野。天苍苍，野茫茫，风吹草低见牛羊。"同是写草原，为什么一个说"天苍苍，野茫茫"，老舍先生却说"一碧千里，而并不茫茫"呢？好，先不着急回答，看看能不能在接下来读书的过程中有新的发现。来，接着读你喜欢的句子！

学生第一次朗读文本时，这两处给学生留下了深刻印象，语言所呈现的草原之美及所存在的冲突，都让学生既欢喜又疑惑。这种特殊的情感体验，让学生读起来很新奇。诗文中"茫茫"指的是草原无边无际，老舍也说了是"一碧千里"，说明草原极其辽阔。可转而又说并不茫茫，着实令学生费解。可见"茫茫"在此并不是无边无际的意思。本书笔者认为，教师珍视学生新鲜感的体验，不直接告知，而是巧用冲突，引导学生去发现语言文字在不同语境中所表达的意思不一样之处，继续让学生自己读后面的文本，自主发现其中的奥秘。

3. 咬文嚼字，品味语言精当

语文课不仅应致力于培养学生的语言文字运用能力，还应提升学生的思维能力、审美能力。教师应该站在文化的高度上，树立大语文观，以更广阔的视野进行教学活动。通过引导学生咬文嚼字，细品语言之味，感悟语言的精妙。

《草原》教学片段：

生：我喜欢这句话："这次，我看到了草原……我满心的愉快。"（学生读书，将"清鲜"读成了"新鲜"。）

师：你读书的声音真好听！就有一个小地方读错了，大家发现了吗？

师："清鲜"和"新鲜"区别在哪里？

生："清鲜"和"新鲜"都有新鲜的意思，但是"清鲜"比"新鲜"更多了一层"干净"的意思。草原的空气和城市的空气不一样，因为没有污染，所以更干净。

师：是呀，记得暑假里，当老师一踏进草原，顿时感到全身每一个毛孔都张开了，都在贪婪地呼吸这清鲜的空气。虽然我的歌唱得不好，当时我也禁不住唱了起来，（唱）"蓝蓝的天上白云飘，白云下面马儿跑……"来，同学们，我们把这种"高歌一曲"的喜悦读出来。（学生齐读。）

师：草原的天空是那样明朗，它让景色变得更清晰。难怪老舍先生说"在天底下，一碧千里，而并不茫茫"。

前文提到，作者初到草原，认为这"在天底下，一碧千里，而并不茫茫"貌似冲突，学生疑惑不已。但经教师这样一引导，学生才恍然大悟，原来草原一碧千里、极其辽阔，而草原空气清鲜明朗，使得视线非常清晰，草原的边界看得清楚，真不是苍茫一片的样子。而"清鲜"和"新鲜"的区别经过一品味，作者语用的准确性就跃然纸上。这样一点拨，学生在积累背诵时，一定会牢牢记住"清鲜"，草原蓝天白云绿草，非常空旷，因而空气非常清鲜。也正由于清鲜，所以这儿的草显得那么的绿，有一碧千里之感，也为下文的"翠色欲流，轻轻流入云际"做了铺垫。这篇文章的语言多么精妙啊！教师依托语言文字本身，准确把握了"咬"字的精髓，引导学生自主研读文本，嚼出了语言富含的意蕴，品味到了散文语言的规范美及表情达意的思想美。学生自主的成功体验使其获得了成就感，思维也得到了训练，不仅调动了学习兴趣，也激发了学生尝试运用这种美的语言文字的自主实践。

《草原》教学片段：

生：我喜欢这一句："那些小丘的线条是那么柔美，就像只用绿色渲染不用墨线勾勒的中国画那样，到处翠色欲流，轻轻流入云际。"

师：老师也很喜欢这一句，就是有一个问题不太明白。翠色"欲"流，流了没有？为什么后面又说"轻轻流入云际"，这不是很矛盾吗？来，和前后左右的同学讨论讨论。

生：就好像是一杯水，倒满了就会流出来一样。草原就像一杯水，绿得像要流出来一样。

生："翠"字让人感觉特别通透，相比之下，"绿"显得死板。

师：嗯，有点感觉了。《翠鸟》这篇课文还记得吗？联系这篇课文，老师也比较了"翠"和"绿"，感觉"翠绿"比一般的绿更鲜亮，更有光泽，绿得更丰富更饱满，绿得好像都快要流淌下来。（做流淌的手势。）班上有学过国画的同学吗？能给同学们解释一下什么是"用绿色渲染"吗？

生：当我画国画时，用颜料在纸上渲染的时候，我发现颜料在纸上向周围慢慢扩散……

师：什么纸？

生：宣纸。

师：接着说。当你在宣纸上用绿色渲染的时候，你会发现什么？

生：我会发现绿色慢慢地向周围渗透。

师：向周围扩散、渗透、流动，请你们轻声再读"轻轻流入云际"这句话，看看这"翠色欲流，轻轻流入云际"表现的是一幅怎样的画面？

（学生轻声自由读。）

生：在我的想象当中，草原和天空像是融合在一起。草原是那样的鲜亮，充满生机。

生：我觉得那些草原就像波浪一样连绵起伏。

师：你的朗读让老师想起了古诗："孤帆远影碧空尽，唯见长江天际流。"真是碧草与蓝天一色呀！老师也想读一读！

师：谢谢大家的鼓励。是呀，这哪里是绿色在流动，这分明是生命的泉水在流淌。（指板书。）难怪老舍先生说"一碧千里，而并不茫茫"。我们读书就要这样去读，不仅要读懂文字表面的意思，还要用心去感悟，用情去体验，用想象去补充，读出文字背后蕴含着的意思。

这又是本课的重点，也是理解的难点。教师认真研读了文本，体会到了老舍写这句话时的心理感悟。前文提到"清鲜"，所以视野并不模糊，草原一碧千里并不茫茫。但是，草原仍然极其辽阔，极目远眺，那草原边际处必不是如国画中勾勒的那样清晰明了，与云相接的地方隐隐约约看到草原的边际。此时用渲染更加贴切，翠色欲留，作者远远望去，觉得隐隐约约已流入云际。所以这并不矛盾，作者用语言文字精准地表达了自己的主观感受。教师引导学生鉴赏"翠""绿"之间和"渲染""勾勒"之间的区别，发现"翠"与"渲染"

之间的联系，感受语言文字的表达之美。有的学生还结合自己学国画的生活经历，体会作者语言描述的精髓所在，从而感受作者笔下的这些语言文字被其背后一根看不见的线牵引着，借助观察顺序，从空中到草原，由远及近再由近及远，抓住空气的清鲜、草原的绿，融入自己的真情实感，让我们真真切切地感受作者第一次来到草原时的心情和情绪转变，从而感受作者用词的精妙，体会"形散而神不散"的文体韵味。

以上两个教学片段呈现了教师如何引导学生理解文本的语言之美。说明教师要树立大美语文观，建立文本意识、生本位意识。首先得自己研透文本，通过"煮书"的方式把文章读熟、读透，拎出文章的精髓所在。自己都理解不了的，学生更理解不了。此外，再结合学生的认知发展水平、语言能力水平现状，设计学生易懂又能自主品味的阅读教学环节。在引导学生品读课文语言时，牢牢把握文章的感情基调，让学生感受语言大师所想表达的思想感情，从而陶冶学生的情操，在潜移默化中，使他们从小树立正确的审美观。

4. 渗透写法，积累促进表达

语言之美，也体现在文章结构及写作手法上。以教材为基础开展语文教学时，为了让学生获得有效的语言训练，教师应以教材内容为凭借，引导学生对文章的写作手法进行学习、感悟，使之更加全面深入地掌握文章的表现形式和结构特点，以便于提升学生的语言运用能力，帮助学生积累更多可应用的语言经验。

《草原》教学片段：

师："我们访问的是陈巴尔虎旗。汽车走了一百五十里才到达目的地。一百五十里全是草原，再走一百五十里，也还是草原。""走了许久，远远地望见了一条迂回的明如玻璃的带子——河！牛羊多了起来，也看到了马群，隐隐有鞭子的轻响。"听！（课件播放《赛马》。）

师：说说你仿佛看到了什么？

生：我仿佛看到蒙古族同胞骑着骏马在草原上奔驰，迎接客人。

师：老舍先生又是怎样写见面后的动人场面的呢？请大家读2～5自然段，用你的朗读再现你所想象到的情景。

（学生自由读。）

师：谁能用最简单的语言说说看，这一部分主要写了哪几个场面？

（板书："远迎""相见""款待""话别"。）

师：谁愿意为我们大家读"远迎"这一部分？（指名读。）"飞"字读得特别好，你们从中体会到什么？

生：马的速度很快。

生：蒙古族同胞热情。

师：为什么说"像一条彩虹"向我们飞过来？

生：衣服漂亮。

生：可以看出前来迎接的人很多。

师：蒙古族同胞穿着节日的盛装，来到几十里外欢迎远客，多么热情呀！老舍先生一个"飞"字，为我们描绘了富有诗情的画面，更让我们感到蒙古族同胞那种扑面而来的热情。

（全班齐读。）

教师从细节描写入手，引导学生体会作者写作手法的真谛。先写草原美景，再写草原上热情好客的人民。如何突出热情？教师通过引导学生品味语言，明白了作者在表现草原人民热情时的写法上是精心构思的。作者并未全面铺开、处处都写，而是紧紧抓住一个"飞"字。草原人民骑着马飞奔而来，那么远、那么快，就如同飞一般。那么多的人，盛装出行，远远望去可不就像一条彩虹飞来？这个段落中所有描写场景的句子都是围绕这一"飞"字来写，从而让学生进一步理解我们所强调的"围绕中心写"的写作要领。作者围绕中心，抓住重点，生动再现了草原人民热情好客的场景，抒发真挚而质朴的感情。这样，学生既抓住了写作精髓，也明确了写作要领。

5. 品读语言，感悟情真意切

文以情动人。语文是一门交流情感的人文学科，学生从文章中感悟各种各样的情感，这些情感有助于激发学生的学习兴趣，端正学习态度。[1]对于情感饱满、文辞优美的文章，要牢牢把握语文教学的本质，避免烦琐的分析和零碎的讲解，始终立足于文本，指导学生通过有感情地朗读品味语言，积累语言经验，以读传情，感受语言的魅力，体会作者的情感。

《卖火柴的小女孩》教学片段：

饱含激情地朗读，同时播放音乐《沉思曲》。

师：同学们，为什么小女孩死的时候，手里还紧紧捏着一把烧过了的火柴

---

[1] 徐冬菊.情辞相生的语文教学——以统编版二年级下册的教学为例[J].新教师，2021（05）：37-38.

梗?

生：手里捏着的是对未来的憧憬、向往，新年的阳光是温暖的、无私的，但不属于小女孩。

师：如果你是安徒生，看到这样一个长着金色的长发和本应有着金色童年的小女孩冻死街头，会作何感想呢？让我们伴着沉重的音乐，去体会安徒生当时的心情吧！

（配乐，生齐读。）

师：安徒生怀着对小女孩深深的同情写下了这篇不朽的童话。（板书："同情"。）

教学中，教师引导学生品味语言文字，陪伴学生沉浸于作者营造的悲惨世界中，激起学生对小女孩的同情。同时又伴随着阅读感受作者强烈且富于变化的情感，再配合哀婉的音乐来朗读，营造出催人泪下的情感气氛。当情感融入语言之中，沁入学生的心灵，凄美的语言让学生对小女孩悲惨命运的同情得到进一步激发。孩子们感受得越深，对文章中的凄美语言就理解得越深，同时与作者的情感也产生了共鸣。

6. 语言牵引，做好示范作用

语文课堂的语言之美，除了品味文本，教师的语言之美也尤为重要。要善于在课堂教学中运用规范而又优美的语言，尤其是小学语文教师，利用形象、生动的语言开展教学活动，或使教学环节衔接更自然，或对文本进行总结，或对学生答问予以点拨性评价等。教师做好口语交际示范，不仅能够让学生学习掌握良好的表达方式，增强学生学习的自信心，更能巧妙地引导学生自主思考，促进学生语文学习能力的不断提升。

《草原》教学片段：

生：我喜欢的句子是："四面都有小丘……绿毯绣上了白色的大花。"

师：绿色和白色的搭配，这是多么清新明丽、自然和谐的图画呀！

师：（出示课件。）这是一幅多么美丽的草原画卷啊！天空赋予了草原以明丽，小丘勾勒了草原柔美的线条，牛羊更是赋予了草原以生命的活力，难怪老舍先生说"在天底下，一碧千里，而并不茫茫"。置身于此情此景，老舍先生不由得发出这样的感慨——（全班齐读句子："这种境界，既使人惊叹，又叫人舒服，既愿久立四望，又想坐下低吟一首奇丽的小诗。在这境界里，连骏马和大牛都有时候静立不动，好像回味着草原的无限乐趣。"）

"复述课文"是书面语言向口头语言的转换，有助于培养学生理解课文的能力和口头表达的能力。教师边出示草原美景图，边用自己优美生动的教学语言对文章进行梳理和总结，让前后教学环节贯通，如用一根红线将各个片段串在一起。教师倾注感情的总结让学生沉浸在草原的美景之中，也为学生创造性地复述课文做了生动的示范。

《卖火柴的小女孩》教学片段：

师：从刚才的朗读中大家体会到什么？

生：看到圣诞树，说明生活中缺少快乐，她面对的是痛苦、悲惨的生活。

师：小女孩是我们的同龄人，她多么希望自己家里也有一棵又大又美的圣诞树呀。可随着火光的熄灭，她又一次跌入了无底的深渊。为了留住圣诞树，她第4次擦燃了手中的火柴，在火柴的火光中，她看到了自己的奶奶。为什么看到的不是别人呢？

生：从星星想到奶奶，奶奶是唯一疼她的亲人。

师：你很会联系上下文去学习思考。

师：作者为什么让奶奶在幻境中这么高大、美丽呢？

生：这样写更衬托出小女孩的孤独、寂寞，非常想得到奶奶的疼爱。

师：为了留住奶奶，她擦亮了一把火柴，难道这个时候，她就不怕爸爸骂她了吗？

生：她担心奶奶会像火炉、烤鹅、圣诞树一样消失了。

教师在带领学生品味文本的语言之美时，语言优美，深情款款，气氛和谐，教学环节衔接自然，给予了学生示范性的引导。同时，教师在教学中对学生回答的问题予以点拨性评价，学生从而知道，品味、理解文本时要联系上下文，这样不仅让学生提高了自主思考的能力，还在无形间增强了学生学习语文的自信心。

7. 品"语文味"，提升自我语用力

于永正指出，教师应被"定"在"组织者和引导者"的位置上，课堂是学生的舞台。课堂中的语言之美表现在学生参与语言实践活动中。正因为有了前面教师的点拨引领，创设了一个心情愉悦的氛围，促使学生自己在交流时尝试用清晰、规范乃至生动的语言表达自己的理解。如，学生在回答对"流"字的理解时说，"就好像是一杯水，倒满了就会流出来一样。草原就像一杯水，绿得像要流出来一样。"又如，比较"翠"和"绿"的区别时学生说，"翠"字让人感觉特别通透，相比之下，"绿"显得呆板一些。这不就是语言之美在课堂上的实践运用吗？

综上所述，大美语文，依托于语言。在小学语文教学中，教师应树立大美语文观，立足文本，以伙伴的视角引导学生品读文本，咬文嚼字、切磋琢磨，于细节处感悟语言之美，帮助学生正确理解语言文字并进行有效积累，让课堂具有浓厚的"语文味"，语文课堂也必然会呈现出一种美的境界。

五、思辨之美

北宋思想家张载在《经学理窟》中说："在可疑而不疑者，不曾学；学则须疑。"他主张"学则须疑"，"学问"就是要既"学"且"问"。"问"从何来？要从疑而来。只有多疑、善疑、探疑，才能获得渊博的知识。可见，要增长知识，寻找真理，必须要有怀疑精神，进而善于思辨，敢于思辨，享受思辨之美。

（一）什么是思辨之美

思辨之美，贵在质疑。质疑是人类思维发展的助推器，是推动社会前进的动力。古人云："为学患无疑，疑则进也。"课堂上学生提问远胜过答问。为此，教师要倡导提问，不盲从，不轻信，鼓励自主释疑。此外，质疑还是创新的起点。学生发现问题，引发探究的欲望，萌生创新的冲动。所以说，创新是质疑的归宿。

思辨之美，贵在严谨。思辨时运用概念形成判断，运用判断进行合理推理，由简单推理再到较复杂的推理。统编语文教材在关于"预测"的一组课文中，就是让学生学习简单的推理，即根据现状推理出可能发生的事情。为此，要秉持"慎终如始"的生活态度，审视细节，研判过程，严谨有序，逻辑分明，展现严谨之美。

思辨之美，贵在辩证。时代风云，波诡云谲；社会现象，复杂纷纭。通过语文学习，让学生学习用辩证的观点看问题，看待问题既能一分为二，又能合二而一。对于统编教材中选编历史故事、寓言童话、科学小品等课文，教师要在教学中结合课文并联系实际，深入浅出，相机渗透事物发展变化、对立统一的观点，量变到质变、否定之否定的规律，体现辩证之美。

思辨之美，体现在阅读上。在思辨中阅读，在阅读中思辨。透过作者的语言看到文章背后的潜在意义和内在情感,从而有效提升学生的阅读效率和阅读水平。这样,不仅活跃了课堂气氛,有效促进了学生的创新思维,在一定程度上还推动了学生的全面发展,造就了更锐利的眼睛和更睿智的头脑,使学生感受文字与表达的魅力,实现阅读与思维能力的提升。

思辨之美,贯穿在实践中。俗话说得好:实践出真知。盲目实践而不知思辨,会处处碰壁;将思辨与实践融为一体,才能创造奇迹。因为实践,我们体会到了大自然的美及其所带来的愉悦和震撼,从而提高了对于美的感受力;因为实践,我们的头脑变得深邃,从而对于美有更深层次的理解,对理想有更多的憧憬。

(二)为什么要体验思辨之美

《礼记·中庸》第二十章有云:"博学之,审问之,慎思之,明辨之,笃行之。"人们常说的"慎思明辨"即由此而来。思辨就是慎思明辨。青少年时期是人们思维发展的"黄金时期",而这一时期如果没有注意思辨能力的培养,思维能力的发展就会受到制约,进而影响其创造性思维能力的发展,甚至影响学生的终身全面发展。

《义务教育语文新课程标准》明确指出:"义务教育语文课程培养的核心素养,是学生在积极的语文实践活动中积累、建构并在真实的语言运用情境中表现出来的,是文化自信和语言运用、思维能力、审美创造的综合体现。"也指出了"思维具有一定的敏捷性、灵活性、深刻性、独创性、批判性。有好奇心、求知欲,崇尚真知,勇于探索创新,养成积极思考的习惯。"没有思辨,如何培养学生的思维能力?叶圣陶曾说:"多年来我一直认为:语文课的主要任务是训练思维、训练语言,而思维能力和语言能力在儿童时期打下的基础极为重要。"在《义务教育语文课程标准》"总目标"里提到:"6. 积极观察、感知生活,发展联想和想象,激发创造潜能,丰富语言经验,培养语言直觉,提高语言表现力和创造力,提高形象思维能力。7. 乐于探索,勤于思考,初步掌握比较、分析、概括、推理等思维方法,辨证地思考问题,有理有据、负责任地表达自己的观点,养成实事求是、崇尚真知的态度。"这些都是培育学生语文素养的主要内容,如果学生的思辨能力得不到培养和提升,那么审美能力、思维能力、创新能力等也就无从谈起,并直接影响人文素养的培育效果。

学会体验思辨之美,在语文教学中让学生学会发现和反思,培养独立思考和批判精神并不稀奇。小学生有"叛逆"心理，其实就是思辨的开始；而学会体验思辨之美则有助于将"叛逆"中任性的成分剔除，培养理性严谨的思维习惯和批判性思考的能力。比如，摒弃纷繁错杂的信息，从崇拜明星到崇拜科学家、崇拜英雄，审慎地对待各种结论……青少年时期是形成三观的关键时期，这个时期接受的思辨教育尤为重要。

学会体验思辨之美，让学生拥有一颗强大的内心。我们所面对的世界是一个五彩缤纷、变幻莫测的世界，是一个纷繁复杂、千头万绪的社会。具有思辨能力的人就会有自己的思想、自己的思维方式，不会被别人牵着鼻子走，而且知道自己应该找怎样的队友、团队等。

学会体验思辨之美，提高学生的综合素质。康德说："人生所有的实践和阅历，都不过是在训练自己的判断力。"那么，学会思辨，体验思辨之美，其实就是在享受其带来的成果。思辨中，让学生学会谦逊谨慎、条理清晰、逻辑严谨，明白了要善于倾听和理解他人的道理，懂得志存高远、努力奋斗、积极向上、乐观自信。

因此，我们让学生体验思辨之美，借助各种形式和方法启发学生思维，使学生学会运用辨证思维方法解决现实中的问题，不断提高思辨能力，最终成为一个具有创造性思维的人。

（三）怎样引导学生体验思辨之美、培养思辨能力

语文教学中，语言和思维互促共进，密不可分，因而要非常注重对学生思维的培养。《叶圣陶语文教育论集》中提到："语文以口头为'语'，书面为'文'，是'口头语言'和'书面语言'的合称。"如何有效提高学生的阅读能力、习作能力、口语交际的能力？这就需要老师运用思辨之美去引导学生发展语文逻辑思维，从本质上提高语文素养。如果学生具备一定的思辨能力、独立阅读的能力、学会倾听的能力、表达与交流的能力等，则标志着学生语文素养的提高。这就要求教师在语文教学中，既要注重学生的情感体验，发展感受和理解的能力，又要注意训练学生用辩证观点去分析问题、解决问题的思辨能力。

1. 星火燎原：思辨智慧之美

领略思辨智慧之美，必须学会运用发散性思维。"发散"，即从材料出发，联想开去，或由此及彼，或由表及里，不断推演，不断探究。特级教师董琼在

讲《将相和》一课时，通过"词语快读"游戏导入新课，通过出示几组词句选取学生（孩子们）较熟悉的话题，从而引起孩子们思考的兴趣，发散了思维，燃起了思辨的积极性，不同观点碰撞出智慧的火花。此外，执讲老师还帮助孩子们梳理了经典著作《史记》里的内容及人物，让孩子们对名著有了大致了解，引发学习的兴趣。下面我们一起来看看这段课堂实录。

（出示第一组词语：二十四，三千，五十二万，一百三十。）

生：二十四，三千，五十二万，一百三十。

师：答对了，掌声送给他。请看第二组词语——

（出示第二组词语：西门豹，司马相如，项羽，刘邦，韩信。）

生：西门豹，司马相如，项羽，刘邦，韩信。

师：这一组人名记得又快又准，了不起。第三组词语来了——

（出示第三组词语：《史记》，《汉书》，《后汉书》，《三国志》。）

生：《史记》，《汉书》，《后汉书》，《三国志》。

三组词语出示完之后，老师又出示了三组句子，师生一起看。

（出示第一组句子：

《史记》被称为"二十四史之首"，记载了上至黄帝时代，下至汉武帝太初四年共三千多年的历史，计一百三十篇，五十二万余字。）

师：谁来说？

生：《史记》被称为"二十四史之首"，记载了三千多年的历史，共五十二万余字，一百三十篇。

师：老师忍不住想问问你，这么长的一句话，你是怎样记住的？

生：我半句话半句话地读，读的时候遇到不懂的词语我没有停下来，也没有回读。我还发现这句话里的四个数值和刚才的第一组词语一样，这也可以帮助我记住句子。

师：说得真好。当我们用较快的速度默读时，可以运用学习《搭石》时习得的方法，集中注意力，遇到不懂的词语不要停下来，不回读，还可以尽量连词成句地读，不要一个字一个字地读。下面的两个句子，大家也可以试着用这样的方法快速默读。

（出示第二组句子。）

师：谁来说说你看清的内容？

生：《史记》中记载了几百个历史人物的故事，西门豹、司马相如、项羽、刘邦、韩信等，他们都被刻画得栩栩如生。

师：说得好。一起看最后一句，看谁能抓住这个机会。

（出示第三组句子：《史记》《汉书》《后汉书》《三国志》合称"前四史"。）

生：《史记》《汉书》《后汉书》《三国志》合称"前四史"。

师：看来大家都可以运用学习《搭石》时学到的默读方法，记住一些关键信息。通过默读这三个句子，我们了解了一部奇书，它就是司马迁创作的《史记》……

再如陈丹老师在五年级下学期《形形色色的人》习作课上以"头脑风暴法"导入，破冰热场的同时，让学生能抓住关键字词展开想象，自由表达。以下是《形形色色的人》习作课上的教学片段实录。

师：由"甜"字你想到哪些内容？

（APP出示"甜"。）

生（1）：甜点。

生（2）：我想到了蜂蜜，想到了蜜蜂，还想到了蜜蜂的忙碌。

师：哦！你顺着联想了这么多。还有呢？

生（3）：得到表扬感觉甜。

生（4）：考试得满分感觉甜甜的。

师：（APP出示。）"笑"呢？

生（5）：苦笑。

生（6）：皮笑肉不笑。

生（7）：讥笑。

生（8）：嘲笑。

生（9）：微笑。

师：（APP出示。）"心"呢？

生（10）：关心。

生（11）：父母对我的爱心。

生（12）：同学好心帮助我。

生（13）：好心情。

生（14）：心脏。

师：孩子们，你发现了吗？只要我们抓住题目中的关键字词，展开想象，就能将思维的触角伸得越来越远。

在教师的引导下，学生在最短的时间里，产生和表达出许多想法，并且能够很快地适应，进而激发新的想法，从各个层面、各个方向来进行思维扩展，呈现出极为丰富的多样性与多面性，也为后面习作的思维构建做好铺垫。这一环节如"星火燎原"，闪现思辨智慧之美。

2. 众里寻他：思辨清晰之美

思辨燃起思维的火花。每一个人在不同的思维发散过程中，做出与众不同的新的反应，这就是个体思维逐步明晰形成独特性的体现，独特性是发散思维的基本特征。即：将发散思维所得来筛选定向，提纲挈领，聚焦于一点。我们的思辨不能仅仅立足于某一方面，它应该是立体的、综合的思维体系。写作时应该有意识地向多个角度进行辐射，使文章拥有更丰富的内蕴，同时要注意将多个角度进行适度的融合。

例如《将相和》一课，董琼老师在学生初步了解故事情节和人物形象的基础上，提出如下重要问题：蔺相如和廉颇的关系为什么会是这样的呢？这三个故事之间有什么联系？由此，让学生去思考、去辨析。对于一些十一二岁的孩子来说，他们的认知还很简单、幼稚，认识事物还不能够客观、全面。董琼老师适时提醒学生默读课文，同桌之间轻声交流，给学生提供自学自悟的空间。通过思辨，大家知道了"完璧归赵"是故事的起因，"渑池之会"是故事的发展，"负荆请罪"是故事的结果。经过"完璧归赵"和"渑池之会"两件事，蔺相如官职位于廉颇之上，引起廉颇不满，后来廉颇认识到自己心胸狭隘，向蔺相如"负荆请罪"。学生们就是借助这些关键信息，让人物形象明晰起来。

再如陈丹老师讲《形形色色的人》，这一课的重点是让学生明确文章主旨，找准人物身上的特色，再围绕此特色选材。开课时，陈丹老师带领学生回忆名著单元里大家最喜欢的人物，比如神通广大的孙悟空、神机妙算的诸葛亮、多愁善感的林黛玉等。让学生初步感知，这些人物因各自鲜明的特点而深受读者喜爱。之后，陈丹老师让学生回忆生活中这样有特点的人，并提示学生把特点和具体的人结合起来说，要求语言简洁明了。学生边交流，边听教师点拨，同时归纳总结学生所描述的人物特点，为后面的习作深耕沃土，打下良好的基础。不仅如此，陈丹老师顺着学生的话语拓展开去，让学生不仅可以关注身边熟悉的人，还可以把目光放在社会上其他职业的人身上。比如忠于职守的任警官，和善勤劳的李师傅。如果学生说的只是某种职业而不能突出人物特点，则教师继续追问"具体指的哪一个人呢？"，让学生心中的写作对象更加具体，人物特点更加鲜明。这样，选材才能有的放矢，避免泛泛而谈。

"众里寻他千百度，蓦然回首，那人却在灯火阑珊处。"[①] 学生先是打开思路，回忆社会上形形色色的人，然后聚焦到某一个人，并从这个人身上发掘最突出的特点，从发散到聚焦，凸显思辨清晰之美。

3. 青出于蓝：思辨精妙之美

培养学生的思辨能力，有利于孩子辩证地看待问题。《形形色色的人》一课中，学生关注社会和生活，确定人物及其特点后，就要广泛选材了。要想让人物的特点立起来，就要求学生从多层面、多角度地分析问题，在任务单上围绕人物特点选择丰富的事例。他们理清思维脉络的过程就是语文逻辑思维的提升过程，也是这节课的难点。首先，陈丹老师用书上《叔叔记忆力超群》举例，让学生筛选最能表现叔叔记忆力超群的典型事例。在此基础上，陈丹老师再次让学生在小组内交流，修改习作任务单，展示修改过程，从而感受思辨的精妙之处。以下是教学片段实录。

第一小组展示花朵状思维导图内容。

生1：我选取的题目是《快嘴向》。我原先选取了三个事例来表现同学热心、好学的特点。

①两位同学闹矛盾，老师了解情况，见同学不开口就滔滔不绝讲起来。

②老师刚提出问题，他就举手抢答，听到同学们的笑声，才知道自己看错题了。

③六年级一位身强力壮的男生欺负我班一个弱小的同学，他上前护住弱小的同学，替弱小的同学讨回公道。

我们小组同学说，①和③这两个事例都是表现人物热心快肠的事例，可以合并在一起。我觉得他们说得有道理。

老师相机板书，写下"合并"。

第二小组展示鱼骨状思维导图内容。

网购成"瘾"的妈妈（节俭爱家）：

①在唯品会上买化妆品。

②过节给爷爷奶奶买礼物。

③在淘宝上一次给家人买了打折的十多双鞋子。

④我网课时间到了，妈妈误以为抢购时间到了，闹出了笑话。

---

① （南宋）辛弃疾：《青玉案·元夕》。

生2：我们小组交流的题目是《网购成"瘾"的妈妈》，我选取了四个事例。在唯品会上买化妆品；过节给爷爷奶奶买礼物；在淘宝上一次给家人买了打折的十多双鞋子；我网课时间到了，妈妈误以为抢购时间到了，闹出了笑话。

生3：事例①"在唯品会上买化妆品"，事例②"过节给爷爷奶奶买礼物"，它们都属于常态购物，不足以表现老妈购物成"瘾"这个特点，我们小组同学建议将这两个事例舍去。

老师小结：你们的建议太合理了，相同或相似的事例咱们可以舍去。相机板书："舍去"。

第三小组展示树状思维导图。

"爱管闲事"的志愿者（富有爱心无私奉献）：

事例一，小区大妈们跳广场舞影响了住户们的生活，志愿者王奶奶通过选择场地、制定跳舞时间、降低音量等办法解决了难题，化解了矛盾。

事例二，小区哪家晾晒的被子忘记收了，哪家小狗随地大小便了，哪家孩子生病了，……这样的大小事王奶奶都要过问、帮助。

生4：我们小组推荐的是我的《"爱管闲事"的志愿者》，王奶奶是我们小区里一位年过半百的志愿者，围绕她富有爱心、无私奉献的品质，我选出了事例一和事例二来写。

生5：你选取的这些事例由小到大地突出了人物特点，非常好，但还不足以表现人物富有爱心、无私奉献的特点。于是，我们小组增加了事例三和事例四这样更能突出人物特点的典型材料：事例三，楼上住户浇花淋湿了楼下晒的棉被，两家因此结下怨气，王奶奶得知后登门劝说和解；事例四，疫情期间，王奶奶带着志愿者挨家挨户做宣传、发口罩、提供日用品，成为那些儿女不在身边的老人们的主心骨。

生6：在这些事例中，我认为事例一和事例三要重点写。

生7：志愿者无私奉献的精神值得我们学习，也是我们敬佩的人，但毕竟不是朝夕相处那般熟悉。

生8：是啊，写志愿者就很容易写得空洞，建议选取温暖人心、感动人心的小事来写。

老师：你觉得同学们的建议怎么样？

生4：我觉得大家的建议很合理，我会按照大家说的补充一些更好的小事，修改我的任务单。谢谢大家！

老师：你真是个善于总结的孩子！集体的智慧是无穷的，在这么多热心组员的帮助下，相信你一定会出色地完成你的稿件。是啊！补充事例也能更好体现人物特点。（相机板书："补充"。）

此时黑板上呈现的板书是：

典型事例
合并　舍去　补充

4.百花齐放：思辨迥异之美

思辨迥异之美，就是在语文教学过程中，善于激发学生的求异性思维，形成观点各异、百花齐放的局面，让学生通过不同观点的交流碰撞，体会交汇融通的美感，获得豁然开朗、耳目一新的学习体验。这样，不仅能激发学生语文学习的兴趣，提高学习效率，还能培养学生的创新思维。

要实现思辨迥异之美，就要善于运用同中求异的思维方式。通常，对同一主题或现象，因个人经历、环境影响等多方面的差异，看法会有所不同。在同一主题或现象中，观点或看法有不同是正常的。老师在语文教学中就要善于围绕某一主题或现象，提出迥然不同的问题，引导学生从多种角度进行辨析，形成多种观点或看法。

例如，在《形形色色的人》一课中，陈丹老师在指导学生如何将典型事例写具体的过程中，以《暴躁的妈妈》一文为例，让学生在交流中体会神态、动作、语言、动作描写等可以呈现人物的动态情景。如果到此为止，学生的思想感情就会局限在以上不多的几个方面，全班的习作就容易千篇一律。

《作文教学的求异思维训练》中说，"文章最忌随人后"。写文章要另辟蹊径，不落俗套，体现时代精神，这就要求学生挣脱惯性思维的束缚，善于转换角度，变更思路。为此，陈丹老师补充一个问题："这些都从正面去呈现妈妈的'暴躁'，除此之外，还有没有其他方式让读者感受到妈妈的'暴躁'？"一石激起千层浪，学生思辨之火就此点燃，有的说小狗看到妈妈发脾气都会夹着尾巴躲起来；有的说妹妹会被吓得哇哇大哭；有的说爸爸会默不作声地马上拿起拖把拖地；还有的说姥爷会拿起一本书躲进厕所半天不出来……同学们的发言让人忍俊不禁。在教师的追问下，同学们明白了可以通过描写周围人的反应，间接写出人物特点。由于前期铺垫引导到位，学生思维活跃，写作使用了正面描写、侧面描写、环境描写，甚至还用上了对比手法，真可谓是百花齐放，思辨的迥异之美也大放异彩。

因此，在语文教学中，要善于抓住教学内容的关键点，提出不同的问题，引导学生绽放各具异彩的思辨之花，从而多角度、全立体激发学生的想象力，产生丰富多彩的语言，大幅度地提高学生的学习效益和创新思维能力，充分感受思辨迥异之美。

5. 繁中求简：思辨凝炼之美

语文教学中，既要激发学生丰富的想象力，产生丰富多彩的思想和语言之花，又要引导学生依靠思辨能力从纷繁的事物中找出其内在的逻辑关系，从而把握事物的本质，繁中求简，体验思辨凝练之美。

小学生的思维能力尚处于直观形象思维向抽象思维过渡的阶段，学生思维的广度和深度都在发展中，如何围绕中心选材尤为重要。如何在众多繁杂的题材中选择最恰当的典型事例，才能突出文章中心？这就需要老师通过任务单让学生厘清思路，化繁为简，精准地掌握教学内容。此外，也可以让学生用写作提纲的形式展现自己的思辨性思维，使其成为完成习作所必须具备的思维能力。请看陈丹老师的作文课"围绕中心意思写"的教学片段：

师：我看到好多同学都想说，拿出我们的笔，选取自己感受最深的字词，从不同方面选取典型事例，列出提纲。注意在典型事例后打上"☆"记号，还要点明中心。按要求完成任务单上的任务一。

（学生写提纲。）

（生上台展示。）

生1：出示任务单。我围绕"变"字从交通方式的"变"、支付方式的"变"、通信方式的"变"三个方面来写，重点介绍交通方式的"变"，想点明的中心是说明中国正在不断发展、进步。

生2：我想选"甜"字，一方面写"摘桃子"勇敢面对困难，另一方面写学习压力大时，从吃千层蛋糕中悟出，困难也如同千层蛋糕一样，我们可以一个个耐心地解决，我想点明的中心是凡事要积极、勇敢地面对。

生3：我选"望"字，我想写回望父亲昔日与我玩耍时的情景，望见父亲因工作离去的背影，想到父亲为我操劳担心，为家里付出很多，我也希望自己能够快点长大，分担父亲的重任。

师：你从不同方面选择的这些事例，最想表达怎样的心声？

生4：我们在成长中都有一个瞬间突然领悟到，自己长大了，要分担父亲的压力。

师：你想为父亲分忧，真是个懂事的孩子。看来你们都学会了围绕中心从不同方面选取典型事例列提纲，表达自己的情感，诉说自己的心声。

思辨性思维是建立在非经验性思辨和方法论基础上的非经验性思辨。思维内容的非经验性，思维形式的超逻辑性以及思维程序由一般到个别的特点，都是思辨性思维的重要特征。思辨性思维以理性思考为基础，有效运用逻辑手段，从抽象原则出发按照一定的逻辑思考问题，寻求对事物本质规律的认识。[①]因此，需要学生能够从纷繁复杂的事物中抓住关键因素，依靠思辨能力理清头绪，条分缕析，化繁为简，凝练成反映事物本质特点的思辨结论，感受思辨凝练之美。

6.相得益彰：思辨共鸣之美

思辨是语文教学的思想放飞，学生以不同的方式展开思辨，找寻思辨依据，进行逻辑思考，最终殊途同归，各种观点相得益彰，"英雄所见略同"，从而体验思辨共鸣之美。

学生的形象思维、分析思维、变异思维、整合思维、创造性思维等训练固然重要，但多元思维训练则可以让学生接触到更多的知识，学会观察生活，提高分析问题、解决问题的能力，激活他们的创造力。学习同一篇文章，可以从不同的视角、用不同的方式表达自己的观点，最后海纳百川，形成统一的结论。这虽然要求较高，仍宜从易到难，逐步提高思辨水平。

现将董琼老师《将相和》一课的教学片段呈上。

师：关注一下说这段话前的描写提示语，你又发现了什么？

生1：这段话是蔺相如想了一会儿才说出来的，他的胸有成竹建立在思考的基础之上。

师：说得好，就在这"一会儿"的时间里，蔺相如已经研判形势，成竹在胸。谁能用朗读的形式来表现出一个思虑周全、胸有成竹的蔺相如？

生2：请看第7自然段。蔺相如看这情形，知道秦王没有拿城换璧的诚意，就上前一步，说："这块璧有点儿小毛病，让我指给您看。"蔺相如发现秦王没有拿城换璧的诚意，他答应赵王，如果秦王不肯交出十五座城，就要把璧完好无缺地送回去。现在璧已经在秦王手上了，只有用这样的方法才能不动声色地将璧拿回自己手里。

师：好一个"不动声色"。蔺相如是怎样发现秦王没有拿城换璧的诚意的？

生3：因为蔺相如发现"秦王双手捧住璧，一边看一边称赞，绝口不提

---

① 【法】皮埃尔·裴居.思考的魅力［M］.南宁：广西科学技术出版社，2015.

十五座城的事",就判断出秦王没有拿城换璧的诚意。

师:好一个察言观色、随机应变的蔺相如。谁来读这句话?语气诚恳,态度恭敬,的确让秦王毫无防备。还有吗?

生4:我找到的句子也在第7自然段。蔺相如捧着璧,往后退了几步,靠着柱子站定。他怒发冲冠,说:"我看您并不想交付十五座城。现在璧在我手里,您要是强逼我,我的脑袋就和璧一起撞碎在这柱子上!"说着,他举起和氏璧就要向柱子上撞。我从蔺相如的言语"您要是强逼我,我的脑袋就和璧一起撞碎在这柱子上!"感受到他已经做好了死的准备,也不打算让秦王得到和氏璧。

师:你读出了蔺相如以命相拼、舍生忘死的决心。他的这份决心又是怎样让秦王感受到的呢?再读读这部分课文,说说你的发现。

生5:我是从"蔺相如捧着璧,往后退了几步,靠着柱子站定"读出来的,蔺相如有意让自己离柱子很近,为自己以死相逼创造了条件。

师:你是从蔺相如的动作中感受到这份决心的。

生6:我是从"他怒发冲冠"读出来的,"怒发冲冠"的意思是因为愤怒而头发直竖,把帽子都顶起来了,说明愤怒到了极点。

师:你关注到了蔺相如的神态。他为什么敢在秦国的大殿上如此愤怒?

生7:因为秦王身为一国之君言而无信,理亏在先;还因为蔺相如看出秦王爱璧心切,一定舍不得和氏璧被撞碎。

师:正因为自己有理在先,又揣摩透了对方的心理,才会这样怒发冲冠。那这段话该怎样读,才能让秦王察觉到他的愤怒和决心呢?

师:"我的脑袋就和璧一起撞碎在这柱子上"被你读得字字铿锵,从你的朗读中我真的感受到他触柱而亡的决心。

生8:我是从"说着,他举起和氏璧就要向柱子上撞"读出蔺相如是一边说、一边做的,从"撞"可以感受到用力之猛、速度之快。

师:这也是对蔺相如动作的描写。就这么一退一怒一撞,以及蔺相如字字铿锵的话语,让秦王看到了一个置生死于不顾的蔺相如,让我们看到了一个料敌如神、知己知彼的蔺相如。我们一起来读一下这段话。

师:还有吗?

生9:我找到了两句话,一句是第7自然段"蔺相如说和氏璧是无价之宝,要举行个隆重的典礼,他才能交出来",我感受到蔺相如是想采取缓兵之计,争取更多时间。另一句是第 9 自然段"蔺相如知道秦王丝毫没有拿城换璧的诚意,一回到宾馆,就叫手下人化了装,带着和氏璧抄小路先回赵国去了"。我从"一……就……"感受到蔺相如非常果断,"化了装""抄小路"是为了不让秦王发现,由此,我们感受到了他的机智。

师:真可谓当机立断、随机应变。

……

董琼老师在处理这些教学环节时,以提出问题的方式、赞赏的方式与学生共同探讨,以最佳的状态融汇在教学流程之中。学生积极思考,认真辨析,丰富的表达和情感的共鸣相得益彰,达到了水乳交融的效果。

总之,思辨性思维是学习者必须具备的学习品质之一,培养多元解读和多角度思考问题的能力是语文教育的重要内容之一。在教学过程中,教师注重对学生思维过程和思维方法的引导,注意发展学生的辩证思维和批判性思维,注重培养学生的逻辑思维十分必要。老师用智慧滋养课堂,让学生的思路更宽阔一些,思维更深刻一些,思辨能力更高一点,这样,就可以使我们的学生最大限度地得到思维锻炼,让思辨之花结下语言硕果。

参考文献:

1. 李月凤.语文教学中训练的必要性[J].承德民族师专学报,2002(2).
2. 任青青.思辨性思维在高考作文中的考察探究[J].读与写·中旬刊,2019(10).
3. 邢以群.管理学[M].杭州:浙江大学出版社,2001.
4. 曾仕强.管理思维[M].北京:北京联合出版公司,2014.

六、气势之美

气势,是中国文学作品中一个很重要的审美追求。以"气"论文,是绵延几千年的中国文学传统。文本中的"气势"多来自对现象世界相对动态的物象的感发,既是艺术家一定状态下相对强烈的情感和情绪的产物,也是艺术家将情感对象化为相对动态的流程。如果说文本"意境"给欣赏者以"味"、以精神的愉悦,那么文本"气势"则给欣赏者以"力"、以情绪的振奋。[1]

在小学语文教学中进行审美教育,一方面有助于提高小学语文的整体教育质量,另一方面也能够培养学生的审美能力和良好的道德品质。小学语文教学

---

[1] 叶太平.论气势[J].文学遗产,1990(1):36—40.

中，教师以形象化的教育素材感染学生，以趣味性的教学手段吸引学生，并引导学生学会发现身边的美，欣赏美的事物，并尝试在生活中创造美，以增添生活情趣。这样，学生不仅能够掌握知识技能，同时也能树立正确的情感态度。

（一）什么是气势之美

"气"，本训为"云气"，用之于文，实是"假譬物以为喻"，指文中的思想与情感，一如人的生命体内的气息与血脉。随着对"气"的精微考察，正如山有山形，水有水态。"气"由于它的流动性、弥散性、趋向性，也就有"势"可言。"气"为"势"之体，"势"为"气"之态。从作品本身看，"气势"是开与合、收与纵、起与伏、扬与抑的结构统一，是在和谐之中求得对立与冲突。[1]

文气就是流淌于字里行间的作者的情韵，弥漫在词句虚实中的某种情绪，以及结构篇章的逻辑脉络。具体来看，文气应包含以下形式：

（1）音韵节律。"言之短长与声之高下"应能表现文气，所以，感受音韵、体会节奏是探寻文气的重要方面。

（2）作者情绪。语言是表情达意的工具，作家自然会将自己的丰富情感寄寓于字里行间，若能从关键处发现作者的情感变化，必能更好地把握情绪氛围，从而体会文气。

（3）文章脉络。文章因素是连接词句与文化的纽带之一，尤其是文章的章法结构。

（4）语言风格。作品的风格反映作品的整个风貌和格调的基本特点，是作家"在思想和形式密切融会中安上自己的个性和精神独特性的印记"（别林斯基语）。因此，感受和把握文章的整体风格就能体会文章之气势。

气势，是充溢文章的感人力量，它的本质是作者在作品中表现的一种奔放的情感力量，是笼罩整个意象和艺术世界的情感基调，是作品感染力的主要因素，表现出总体的审美态度。在语言（语义和语音）的参差错落的变化之中，在"那一气到底而又缠绵往复的旋律之中气也就带动起强烈起伏的情感振动波"，"有着欣欣向荣的情绪"（闻一多评骆宾王诗），这就形成了语言的气势之美。[2]

（二）为什么要品味气势之美

美育，是全面发展教育的重要组成部分。在小学语文教学中贯穿美育是促

---

[1] 林怡.气势美与文藻美的统一[J].语文教学与研究，2007（17）：60.
[2] 励芒伟，李会昌，周保华.文以气为主[J].语文学习（沪），2009（2）：35-38.

进学生身心和谐发展的需要，是培育新时代人才的需要。

引导学生学习品味语言文字是阅读教学的重要内容。小学生的审美情趣尚处在萌芽时期，需要教师给予保护和培养。由于语文课程丰富的人文内涵对学生精神领域的影响深广，因此，应该重视语文的熏陶感染作用，培养学生高尚的道德情操和健康的审美情趣，形成正确的价值观和积极的人生态度。在阅读教学中，教师应充分引导学生钻研文本，在主动积极的思维和情感活动中，加深理解和体验，有所感悟和思考，受到情感熏陶，获得思想启迪，享受审美乐趣。

1. 引导学生感受文本的气势之美

在语文教学中，教师引导学生在品词析句中感受文本的气势之美，能帮助学生获得审美体验、培养审美情趣。

教学中，教师引导学生品味文本的气势之美，引领学生进行审美鉴赏，能激发学生的审美情感。当前，小学语文教学改革进入了一个新阶段，语文是最重要的交际工具，是人类文化的重要组成部分。小学语文教学的目的是培养学生热爱祖国语言文字和中华优秀文化的思想感情，指导学生正确地理解和运用祖国语言，丰富语言的积累，使他们具有初步的听说读写能力，养成良好的学习习惯。

教学过程中，要使学生受到爱国主义教育、社会主义思想品德教育和科学思想方法的启蒙教育，培养学生的创造力和爱美的情趣，发展健康的个性，养成良好的意志品格。"培养爱美的情趣"是小学语文教学的重要任务之一，在小学语文教学过程中始终贯穿美育，是培育新时代人才的需要。①

比如在《安塞腰鼓》这篇礼赞陕北人生命活力与黄土地昂扬精神的课文中，作者为了体现安塞腰鼓的"力"之美，在文章的结构谋划上采用了短句成段，长短兼用的句式，短句间于长句中，具有音乐的节奏感，如同一曲生命的交响乐，把安塞腰鼓中蕴含的生命激情奏响出来了。整篇文章长短结合，错落有致，干净利落，气韵贯通全文，表现出生命的奔腾升华，读后让人感到一股激情充溢于心中。

2. 引导学生品味文本的气势之美

语文教学中，教师在传授知识、培养能力的同时引导学生品味文本的气势之美，能激发学生的审美情感，提高学生的审美鉴赏能力。

在小学语文教学中，高年级学生虽已初步具备了一定的审美能力，但还只

---

① 庞绍敏.欣赏课文的内在美［J］.中国教育研究论丛，2006（00）：389-390.

是一种简单的审美直觉，缺乏理性的分析、提炼与融合。教师应引导学生钻研文本，在主动积极的思维和情感活动中，加深理解和体验，有所感悟和思考，受到情感熏陶，获得思想启迪，享受审美乐趣。语文注重人文性，渗透美育，可以让学生受到美育的熏陶，情感上产生共鸣，达到陶冶情操的目的。在语文教学中，教师指导学生探寻文章语言的气势之美，就是在引领学生借助文本欣赏美、感受美，在学生心中播种美的种子，浇灌美的花朵。

课文《安塞腰鼓》的教学中，在师生被安塞腰鼓骤雨旋风般的激情震撼的同时，也被作者驾驭语言的艺术深深折服。课文作者为了淋漓尽致地展现出安塞腰鼓的气质与神韵，不惜笔墨，运用排比和反复的修辞手法来渲染气氛，增强文章气势，表露出了作者对安塞腰鼓由衷的赞美之情，同时也如同一条红线贯穿全文，加强了文章的气势美和韵律感，表达作者对黄土高原的热爱和对陕北人民的赞誉。由于时空距离较大，小学生理解时会有一定困难。这就要求教师在教学中引导学生进行审美欣赏，以激发学生的审美情感，提高学生的审美鉴赏能力。特级教师董琼老师所讲的《安塞腰鼓》一课遵循《义务教育语文课程标准》中教学目标的要求，通过读书把美感的形象性、和谐性、新颖性、愉悦性等引进课堂，展现教师课堂教学艺术的魅力，从而使学生对语文学习产生更大的兴趣。[①]

美，是人类永恒的追求，小学语文教材中的一些文章独具语言气势之美，这些美文为孩子们准备了一场场其味无穷的盛宴，在课堂教学中教师引导学生品评、鉴赏，能为学生（孩子们）擦亮审美的眼睛，引导他们由发现美到欣赏美，最终能够创造美。

（三）怎样引导学生品味气势之美？

小学语文教学中的审美教育有赖于丰富多彩、充满美感的语言文字材料。一篇篇美文，就像一颗颗多面体的宝石，从不同侧面折射出五颜六色的光芒，让学生不仅从中获得阅读乐趣，还能在教师的引领下借助文本学习并体会作者遣词造句、谋篇布局、气贯全文的气势之美。

1. 在字里行间挖掘文本的气势之美

语文教材选编的课文，大都是文质兼美的名篇。不仅其优美的语言文字值得学生学习积累，而且作品所蕴含的浓厚的爱国主义情感、深厚的民族传统优

---

① 席艳. 从语文课程标准谈小学语文阅读教学［J］. 新课程，2014（30）：82-86.

秀文化、深刻的人文精神等，都可以是培养学生审美能力的重要内容。通过阅读文本，学生受到的是一种润物无声的审美教育。这些思想感情，需要教师在文本解读时加以挖掘。在教学时，教师要先让学生感受文本字里行间所蕴含的丰富的审美内容，体会文本语言的气势之美；再结合班级学情，顺势引导学生理解和感悟美的世界，让他们徜徉在文本气势之美的世界中。

《安塞腰鼓》教学片段：

师：我们读书，就要像这样——抓住关键词，前后照应着读；联系自己的生活，想象着读。来，用老师教的方法读后面几行文字。

生：（轻声自由读。）

师：后面几行中你印象最深的是什么？来，读一读，说一说。

生：我喜欢"旋风一样，是飞扬的流苏"。我查了字典，知道流苏是指的一种穗状饰物，在这里我想它是指鼓上的大红色绸子。因为前面说后生们打鼓是"发狠了，忘情了，没命了"，我想象中这大红绸子也会随着后生们的动作在空中旋转、舞动。

师：来，读出流苏的飞扬。

生：（感情朗读。）

生：我喜欢"乱蛙一样，是蹦跳的脚步"。我觉得这个"乱"字用得太好了。我理解这个"乱"不是指打鼓的动作不一致，而是表现出一种自由，一种不加修饰，就是想怎么打就怎么打，把内心的一种活力完全释放出来了。

师：我记得白居易曾写过这样的诗句，"乱花渐欲迷人眼"，一个乱字写出了春天繁花似锦，让人眼花缭乱、目不暇接的感受。理解到这样深，你就一定能读出这种蹦跳的火热。

生：（感情朗读。）

生：我喜欢"火花一样，是闪射的瞳仁"。我仿佛看见了表演腰鼓的后生们他们眼神中迸发出的一种激情，似乎可以让观众燃烧。我想来读一读。（生读句子。）

《安塞腰鼓》是人教版语文七年级下册第四单元中的一篇精读课文，是作家刘成章先生撰写的散文。它以凝练而又富有动感的语言，谱写了一曲慷慨激荡、气壮山河的时代之歌，展现了中华民族生生不息、激越澎湃的活力，传达出勃发的生命激情，是对中华民族的诗意礼赞。《义务教育语文课程标准》明确要求学生品味并积累优美的词句，所以，教师在教学时要着重引导学生品味语言，感受恢宏气势。引领学生通过朗读和品词析句，细细品味，感悟文意，挖掘文本语言的气势之美。

教师重点抓住课文中的重点语段"骤雨一样，是急促的鼓点；旋风一样，是飞扬的流苏；乱蛙一样，是蹦跳的脚步；火花一样，是闪射的瞳仁；斗虎一样，是强健的风姿。"这一组排比句，善用暗喻，让学生品味语言的精妙，体会安塞腰鼓的壮阔、豪放、热烈。同时要理解，关键词"骤雨""急促的鼓点"，是通过联系生活实际、展开想象的方式进行的。总体上，教师采用"质疑问难—想象描述—感情朗读"的方法体会文本遣词造句的精妙。发挥学生的主体作用，培养学生的想象力和语言表达力，在此基础上适时总结学法，引导学生举一反三，品读后文。

这一组排比句，句式整齐，气势恢宏，节奏明快，渲染了后生们打鼓时的火热状态，也只有运用这样的句式才能写出安塞腰鼓的壮美。同时，这组比喻句在小学阶段是不常见的，读到此句真是让人耳目一新，同时也更加强调安塞腰鼓给人们带来的震撼。教师摒弃了详细的分析和讲解，引导学生进行自读感悟与自主探究，展现本文优美的句式段落和人文精髓。[1]

语文教学的目的，不仅是学懂课文，更重要的是培养能力，发展智力，实现语文能力的提高。教师在教学中应充分引导学生，发挥其主观能动性，运用多种方法理解关键词句，品读重点语段，感受文本语言的气势之美。

2. 在创设情境中感受文本的气势之美

在阅读中，如果学生被文本所描述的内容征服，很兴奋，也很激动，那么学生就会感受到震撼美。通常情况下，仅让学生沉潜于文本的语言，虽然也能体味其中震撼的力量，但难免缺少一种真切的感受。如果教师能够根据文本语言的表达特点，创设情境，梳理境脉，让学生身临其境，产生强烈的情感共鸣，那么学生就能体会到一种震撼美。

《观潮》教学片段：

创设情境，感知自然美。

（1）同学们，你们到过海边看潮起潮落吗？下面就跟随这段视频，了解一下涨潮时的壮美景象吧。

（2）播放大海潮起潮落的视频。要求学生：仔细看，用心去感受海潮的壮美。

---

[1] 王建军.浅谈小学语文教学中审美教育的实践策略[J].语文教学与研究，2020（3）：100-104.

（3）大自然就像个魔术师，他的杰作常常令人惊叹与震撼。刚才我们看到的只是海边常见的涨潮景象，今天将要学习的《观潮》这一课向我们展示了世界上最壮美的潮水——被称为"天下奇观"的钱塘江大潮。请大家先读一遍课文，想象一下钱塘江大潮的壮美景象，说说钱塘江大潮有哪些特别之处。

《观潮》这篇文章是部编小学语文四年级上册的课文。作者描绘了浙江省海宁盐官镇钱塘江大潮的壮观景象。课文结构严谨有序，语言生动形象。作者按照潮来前、潮来时、潮过后的顺序和大潮声形由远及近的变化，介绍了钱塘江大潮气势磅礴的景象，使人读后不禁发出"钱塘江大潮不愧为天下奇观"的感叹。

许多学生没有到过钱塘江，更无从目睹大潮之景观，这不仅给理解课文带来障碍，也给展开想象造成困难。在教学中，适当地补充画面，创设情境，有利于激发学生的阅读欲望。教师创设情境导入新课，通过视频让学生直观地感受到大潮涌动时的壮观气势，有助于学生对课文内容的把握。同时，图文声情并茂，让学生身临其境，调动学生的情绪和兴趣，激发学生阅读的情感，使其产生对美好情境向往的热情。

在语文课堂上，教师应该熟练运用多媒体进行情境设计，展示最真实的情境。让语文教材内容转变成生动活泼的视觉画面。这样，学生才能在轻松愉快的氛围中主动学习，直观地感受文本的气势之美，充分理解文章的内容，了解作者的写作思路，促进学生的思维发展。

3. 在质疑思考中探究文本的气势之美

探索发现会给人无尽的美感体验。语文课的发现更多地表现在质疑思考之中，既可以是对不同的观点提出质疑，也可以是对新事物的发现和探索。在课堂教学中，教师要引导学生关注文章叙述的层次，让学生自己去发现问题、提出问题、探究问题并最终解决问题。在品读文段的过程中，学生要从文本中看似无疑处产生疑问，并抓住问题开展深度学习，应尽可能结合自己的经验、知识来思考、感悟，抓住细节，破译文本表达的密码。这样，品味、鉴赏文章语言的过程就成为学生美妙的学习之旅。

《安塞腰鼓》教学片段：

师：读着读着，你对课文中哪些地方产生疑问？请大胆提出来。

生：我不懂什么叫"后生"、什么叫"元气淋漓"。

师：有谁知道？

生：后生是指年轻力壮的男子。

师：你预习得很充分。那"元气淋漓"呢？

生：元气淋漓是指……我也不知道。

师：没关系。"知之为知之，不知为不知，是知也。"还有不懂的吗？

生：我的问题在第9、10段。我不太理解："山崖"怎么会"蓦然变成牛皮鼓面了"？还有，"观众的心"怎么也会"变成牛皮鼓面了"？

生：我不太理解第7段的句子。为什么说腰鼓会"使冰冷的空气立即变得燥热了，使恬静的阳光立即变得飞溅了，使困倦的世界立即变得亢奋了"？

生：我对文章结尾的那一句有疑问。为什么要写"耳畔是一片渺远的鸡啼"？

……

师：大家提的问题很有水平。看看在后面的学习过程中，这些问题能否得到解决。接下来，请同学们自由地、放声地朗读你圈出的句子、段落，读出你的感受。一会儿读给大家听。

（生自由朗读。）

阅读是搜集处理信息、认识世界、发展思维、获得审美体验的重要途径，它是学生的个性化行为。在《安塞腰鼓》的教学中，教师没有以自己的分析来代替学生的阅读实践，而是让学生在积极主动的思维和情感活动中，去把握课文内容，加深理解和体验，有所感悟和思考。"读着读着，你对课文中哪些地方产生疑问？"教师通过提问的方式引导学生在阅读中进行质疑，重点关注自己不理解的词句，如"山崖蓦然变成牛皮鼓面了""观众的心也蓦然变成牛皮鼓面了""这腰鼓，使冰冷的空气立即变得燥热了，使恬静的阳光立即变得飞溅了，使困倦的世界立即变得亢奋了"。学生带着疑问再读文本，在阅读中自悟、自得，感受文本语言的气势之美。

在质疑中引导学生进行个性化阅读，体会语言的精妙，能够活跃学生的思维。在课堂教学中，教师应当鼓励学生去质疑，有了疑问，学生就有了阅读的动力。无论学生是质疑作者观点、文本内容，还是质疑教师解读，教师都应该鼓励，这说明学生进行了独立的思考。教师给学生创造一个生动活泼的学习环境，让学生在积极愉悦的学习活动中丰富体验，活跃思维，滋润情感。长期坚持，不断完善，最大限度地发挥个性化阅读的价值，培养学生的思维能力和创新能力。学生在质疑中获得愉悦的学习体验，在揣摩感悟文本的过程中，尽情地享受思考之美。

4. 在留白补白中领略文本的气势之美

意境，是创作者的审美体验跟作者提炼、加工后的生活图景融为一体而形成的一种审美境界。古诗语言讲究精辟、跳跃、含蓄、隽永，给读者留下很多的"空白地带"，或谓"艺术的空白"。因此，教师需要启发引导学生在"空白"中做丰富的想象，进而领悟诗句的语言之美、气势之美。如讲解《望庐山瀑布》中的"飞流直下三千尺，疑是银河落九天"一句时，教师引导学生读准字音、读通诗句、借助注释和插图知晓古诗大意后，紧扣"飞""三千尺""落九天"几个词语，让学生从眼前的奇景想到离奇的神话，进而想象是一条银河从天而降，突出了流速之急、水势之猛、源流之高、气魄之大，真是撼人心魄、令人神往。通过启发，学生发挥想象，进入意境，领悟了庐山瀑布"飞流直下三千尺"的雄伟气势，从而获得美的享受。

还有一些课文，因为表达的需要，常常是有所言又有所不言。那些字面没有表达的内容，就成了文本的留白。这些留白在文本中虽然没有写出来，但读者在阅读文本时却时时能够感受到留白处不同寻常的意味，诱发读者展开想象。教师要抓住这一智慧生长点，或引导学生想象，或提供资料补充，将学生带入文本的深处，让学生在自主体悟中把握文本表达的独特内涵，使语言文字更有魅力。

又如五年级上册的《鸟的天堂》一文，作者写了自己两次到鸟的天堂的所见所闻，真切地发出"鸟的天堂"真的是鸟的天堂的感叹。在这两次描写中，第一次是在傍晚，作者和朋友只看见生命力极其旺盛的大榕树，但在号称"鸟的天堂"里，"我"仿佛听见几只鸟扑翅的声音，"扑翅"的声音似乎有鸟，而"不见一只鸟的影子"。这无疑会引发读者的猜想：作为"鸟的天堂"应该是怎样的鸟的世界呢？鸟儿在哪儿呢？为什么不见"一只鸟的影子"呢？

教师教学时，先让学生想象此刻鸟儿都在干什么、作者为什么看不见"一只鸟的影子"。对此，学生想象出鸟儿此刻都进入了梦乡，正享受着大榕树带来的美好安宁。接着，教师要求学生继续想象："这些鸟儿是怎么回到大榕树上的？"这一问题，或多或少会让学生感到茫然。于是，教师适时播放夕阳西下的归鸟视频，让学生在观察之后运用自己的语言描绘鸟儿归林的情景。最后，教师让学生思考："鸟儿从四面八方汇聚到大榕树上，说明了什么？当大榕树下有陌生人时，鸟儿为什么一点也不受到惊扰？"经过讨论，学生明白了文章的真正含义：鸟儿是把这儿当成了自己的家，无论白天飞出去多远，都会赶在夕阳西下前飞回来；鸟儿在这里从来没有发生过危险，更不要说受到惊吓和伤害。所以对来到大榕树下的人，它们不用担惊受怕，可以安然入睡，真正达到一种"人来鸟不惊"的迷人境地。这才是被称为"鸟的天堂"的原因。可见，此处留白给读者带来的想象空间更丰富，正所谓"言有尽而意无穷"。懂得了文本留白处的内涵，也就懂得了文章补白留白处的美感。

5. 在感情朗读中再现文本的气势之美

汉字，凝聚着我们中华民族的智慧和精神，蕴涵着中华民族独特的审美意趣，沉淀着中华五千年的古老文明。作为学习母语的语文教学就应引领学生走进其中，在朗读中去品味、去领悟、去熏陶、去沉醉。教学中，教师运用多种方法指导学生借助文本进行有感情地朗读，既能帮助学生体验文本中蕴含的丰富情感，品味语言之美，又能感受字里行间蕴含的气势，产生心灵的震撼。

《安塞腰鼓》教学片段：

师：请大家快速浏览课文，看看哪些段落是写打腰鼓的？

生：课文第6~17段是写打腰鼓的。

师：下面请大家默读课文6~17段。有句话说得好，"读书的时候要特别珍视自己的第一感觉。"请同学们边读边圈出让你印象很深的句子、段落。别忘了，在不懂的地方做上记号。

生：（默读。）

师：来，谁愿意第一个读给大家听？

（"百十个腰鼓发出的沉重响声，碰撞在四野长着酸枣树的山崖上，山崖蓦然变成牛皮鼓面了，只听见隆隆，隆隆，隆隆。百十个腰鼓发出的沉重响声，碰撞在观众的心上，观众的心也蓦然变成牛皮鼓面了，也是隆隆，隆隆，隆隆。好一个安塞腰鼓！"）

生：（读句子。）

师：能简单说一说吗？

生：我在读这几个"隆隆"的时候，感受到了安塞腰鼓的气势。如果我是现场的观众，听着听着，也会渐渐融入这鼓声中。

师：同学们注意到了吗？这一部分都是在写鼓的什么呀？

生：声音。

师：来，全班齐读这三段，读出腰鼓的气势。

生：（齐读。）

（"骤雨一样，是急促的鼓点；旋风一样，是飞扬的流苏；乱蛙一样，是蹦跳的脚步；火花一样，是闪射的瞳仁；斗虎一样，是强健的风姿。"）

生：（读句子。）我喜欢这一句，是因为我觉得这一句读起来很有气势。

生：我为他补充一点，作者还运用了比喻的修辞手法。虽然我们从来没看见过安塞腰鼓，但是通过这些比喻，我觉得很形象了。

师：正如大家所说的，作者用整齐的排比、贴切的比喻、铿锵的短句，把打腰鼓的情景写得活灵活现。来，全班齐读这一句。

生：（全班齐读。）

师：你们读得很有气势，但老师总感觉缺点什么。"骤雨"和"雨"，有什么区别？

生：骤雨是很大的雨。

师：回忆生活中下大雨的情景，你耳边仿佛听见了什么？

生：打雷的声音。

师：还有呢？

生：雨点落在大地上噼里啪啦的声音。

师：是呀，一瞬间天昏地暗，茫茫雨幕中什么都看不太清，只听见噼里啪啦的雨声，多么急促！来，谁能读出"急促的鼓点"？

生：（指名读。）

在"感动腰鼓"和"情动腰鼓"这两个环节的教学中，教师引导学生通过圈出语句，体会意蕴，赏读文章中印象深刻的词语以引发学生情感，品味语言文字的气势之美。教学中，教师利用关键词，前后照应着读；联系自己的生活，想象着读；等等。由此，通过多种朗读方法去引导学生融情入文，赏读品味，感知语言的精彩，以及语言背后的深意，感受语言的魅力。学生读出了气势，读出了语感。多种形式的读，不同语调的读，在琅琅书声之中，呈现语文教学的丰富性，读出了安塞腰鼓舞动起来时的"热烈奔放、轰轰烈烈、雄健、野气"。学生一步步走进文本，感受语言文字的气势之美，从而受到情感的熏陶、心灵的震撼。

在小学语文教学中，教师要改变以往"灌输式"的教学模式，把语文课堂的主动权交给学生。要重点关注学习过程，让朗朗读书声回归课堂，让学生充分感受文章中的情感美与语言美，从而提升学生的审美情趣。

6.巧用媒体呈现文本的气势之美

传统课堂常常是教师滔滔不绝地讲，学生坐得端端正正地听，把学生当成被灌注的容器。教育家陶行知提出，把学习的基本自由还给学生，解放学生的创造力。作为教师,应搭建一个让学生充分展示自我、发展自我的平台。如在《安塞腰鼓》一课的教学中,教师借助多媒体让学生欣赏黄土高原的画面。借助于媒体画面将黄河、黄土地及在黄土地上生活的人生动地展现在学生眼前,学生完全被眼前的事物感染了,更容易体会出文章的气势之美。

《安塞腰鼓》教学片段:

("愈捶愈烈!痛苦和欢乐,现实和梦幻,摆脱和追求,都在舞姿和鼓点中,交织!旋转!凝聚!升华!")

师:你们听,鼓声愈捶愈烈!(师范读。)联系前面所学的内容,能说一说你对这句话的理解吗?

生:(动情地。)对于他们来说,现实是痛苦的,但是他们没有被压垮,一直都在试图摆脱这种痛苦,追求属于自己的梦想和欢乐。他们用舞姿和鼓点来寄托自己的希望和追求……

师:你被震撼了么?

生:震撼了!

师:对于我们这些衣食无忧的人来讲,这舞姿和鼓点,或许能给我们一点人生的启示。

(播放动态画面。)

你们看,如黄河之水绵绵不绝,高原人民用舞姿寄寓着情感,用鼓点表达着心声,用生命在这黄土地上挥洒浪漫与自由呀!鼓槌敲碎的是痛苦,似乎也敲出了这样一句话:"既然来到这世界,就不白活一回。"(全班齐读。)大到一个民族,小到一个生命个体,我们无法摆脱的是现实的痛苦,但我们永远不能放弃的是对梦想、对欢乐的不懈追求。(读第12段:"后生们的……")孩子们,请你们记住:只要心中有梦,舞台就在你脚下。只要生命还在,我们就不能停止"搏击"。让我们敲响生命的鼓点,迸发生命的激情。在无所畏惧的搏击之中,人——是有希望的;命——是有希望的;我们脚踏的那一片土地,也是有希望的!(生齐读第16段。)

在此教学环节中,教师通过多媒体画面呈现西北劳动人民在贫瘠的黄土地上无怨无悔地辛勤劳作、繁衍生息的场景。多媒体画面触发了学生的情感,让他们更深切地体会到生活在黄土地上的人民虽然面对恶劣的生存环境,但他们绝不丧失希望。多媒体画面和文本语言文字所表现出的正是这片贫瘠的土地造就的这些不屈不挠的、顶天立地的人。黄土高原人民日出而作,日落而息,面朝黄土背朝天。他们住土窑洞，穿粗布衣，吞糠咽菜，挑水打井，用坚韧与顽强与命运搏击；劳作之余，他们打起安塞鼓，唱起信天游，用乐观向上的精神在这片土地上搏击。在教学中巧用媒体能极大丰富文本内涵，让语言的气势之美更加精彩。

作为一名语文教师，应发挥语文学科的特点，充分挖掘学生的审美潜力，塑造美好的心灵，在教学实践中应把握文本的美感特征，教会学生欣赏文本语言的"气势之美"，激发学生的审美情感。

特级教师董琼所讲的这几节课遵循新课程标准的教学目标，运用科学的教学方法，把文本语言美感的形象性、新颖性、独特性、生动性，以及耳濡目染的愉悦性引进课堂教学，使得课堂教学产生了更多的吸引力，更强烈的感召力和诱导力，让学生欲罢不能，从而使学生对语文学习产生浓厚的兴趣，促进学生语文综合素质的提高。

总而言之，在语文教学中引领学生借助文本品味语言文字气势之美的路径和方法有很多，需要教师根据课文的实际采取不同的策略。只有把培养学生的审美能力与立德树人紧密结合起来，与语言运用统一于教学活动之中，才能切实全面提高学生的语文核心素养。教师在教学过程中应充分挖掘文本中的美的因素，整合各种教学资源，培养学生感知、欣赏、创造美的能力，以此提升学生的审美素养。让孩子们在学习语文的过程中找到快乐，在快乐中满载收获。这正是我们追求的教学高境界。[①]

第二节　文体之美

一、散文之美

好的散文有"美文"之称。散文除了有气韵之生动、优美的意境外，还有

---

① 王惠芳. 基于审美能力培养的阅读教学路径探微［J］. 小学教学参考，2007（3）.

清新隽永、质朴无华的文采。在我国的文学宝库中，有许多的散文珍品，这些散文不但能开阔人们的视野，启迪人们的思想，更能给人以美的享受。经常读一些好的散文，不仅可以丰富知识、开阔眼界，培养高尚的思想情操，还可以从中学习选材立意、谋篇布局和遣词造句的技巧，提高自己的语言表达能力。

（一）什么是散文之美

散文表达的是自由的神思，是内心深处的独白。不受格律的束缚，有清水出芙蓉，天然去雕饰的意趣。散文，从历史的隧道中走来，更从人间世相中走来，有别于诗歌、小说的追求。长久以来，人们就像读诗读小说一样欣赏散文、热爱散文，这就足以说明散文的风采与魅力。散文中有着无比丰富的"美"的因素，因此被称为"美文"。

散文之美，美在语言。所谓语言美，就是指散文的语言清新明丽（也美丽），生动活泼，富于音乐感。行文如涓涓流水，叮咚有声；行文如娓娓而谈，情真意切。同时，散文的语言还很凝练，往往简洁质朴，自然流畅，寥寥数语就可以描绘出生动的形象，勾勒出动人的场景，显示出深远的意境。散文力求写景如在眼前，写情沁人心脾。

散文之美，美在意境。"意"是作品的思想感悟，"境"是形象思维构织的图景，两者交融和谐，构成了意境美。意境是主观与客观的美妙统一，委婉含蓄地抒写思想情感的艺术境界。作家巴马斯托夫斯基指出："真正的散文是充满诗意的，就像苹果包含着果汁一样。"一篇好的散文，给人以美好的意境，盎然的情趣，诗情画意跃然纸上。[①]

散文之美，美在情感。散文的特点是随意自由，如日常闲话般率性真诚，自然流露。在表达人的细致复杂的内心情感上，散文是最好的抒情载体，它往往成为作者内心情感最自然最熨帖的寄托。学者佘树森在《散文创作艺术》中甚至将散文称为"'情种'的艺术"，认为在一切文学艺术中"其情之最真、最痴、最自然者，莫过于散文之'情'。读一篇好散文，总给人以'开缄论心'之感，仿佛走进了作者那敞开的心灵，听他倾诉衷情，那么纯真如痴，朴素自然"。说散文中的"情"在所有文学艺术中"最真""最痴""最自然"，不无商榷之处，因为情的真、痴、自然，应该是所有优秀文学艺术作品共有的品质，但这里特别强调散文的抒情性还是可以接受的。在不同的文学样式中，散文特

---

① 余传宁. 浅谈散文之美[J]. 科学大众·科学教育, 2008 (12): 54.

别是抒情散文，与诗最接近。在抒情散文中，作者往往将自己的情感寄寓于叙写的对象当中，借助写景叙事，随事兴感，因景写情，在诗情的抒发中将人带入诗的境界，使散文具有诗一般的情感美。①

散文之美，美在构思。文章的结构不仅是艺术形式的体现，也是对其作品表达感情的凝铸和外化，它关系着艺术概括和提炼的深度与力度，生动地体现着作家的创作意图和感情基调，关系着整个作品的得失成败。散文的结构是各式各样的，既可以人物为主题，也可以事物为中心，并没有特定的结构法则，这要看每一篇散文的思路转折和结构变化。②

散文之美，美在哲理。散文可以在有限的篇幅中容纳纵深宽广的内容。在大自然中，从一朵浪花看到奔腾呼啸的大海，从一枝秋叶领悟层林尽染的秋色，从一场春雨或数片飞雪中勾起人们无限的遐思……在社会生活的海洋中，觅取最美的生活浪花，从中发现意想不到的耐人寻味的生活哲理。散文的深度追求是其哲理美的体现，主要表现对社会生活的深刻体验和对宇宙万物的深度关怀，是作者真实情感的表现，是对生活的独特理解，是对充满个性色彩的人格风范的表露。在引起深刻反思的历史之美中，寻求重大历史命题的深度意蕴，实现审美探究也意味着对大千世界的探索。

散文之美，美在体式。"形散神聚"是散文体式特点，"形散"既指题材广泛、写法多样，又指结构自由、不拘一格。可以叙述事件的发展，可以描写人物形象，可以托物抒情，可以发表议论。而且作者还可以根据内容需要自由调整、随意变化。"神聚"既指中心集中，又指有贯穿全文的线索，即散文所要表达的主题必须明确而集中，无论散文的内容多么广泛，表现手法多么灵活，都是为更好地表达主题服务。散文写人写事都只是表面现象，从根本上说写的是情感体验。情感体验就是"不散的神"，而人与事则是"散"得可有可无、可多可少的"形"。

（二）为何要探寻散文之美

散文以"文美情真"而著称，许多人都喜欢读散文，觉得它意境深邃、语言优美、感情真挚，能陶冶心灵、丰富情感。小学生的阅读要能够区分写实作品与虚构作品，了解诗歌、散文、小说、戏剧等文学样式。欣赏文学作品，有自己的情感体验，初步领悟作品的内涵，从中获得对自然、社会、人生的有益

---

① 冯永朝.散文之美及其欣赏之道[J].文教资料，2017（29）：10-11.
② 徐江涛.文学写作中的散文教学：学会欣赏散文之美[J].教育教学论坛，2017（11）：125-127.

启示。对作品中感人的情境和形象，能说出自己的体验，品味作品中富于表现力的语言。

学会赏析散文之美，在语言文字里品读，学习欣赏。

高尔基说过："作为一种感人的力量，语言真正的美，源于言辞的准确、明晰和动听。"散文的语言明晰，凝练，充满诗意，富有哲理，有强烈的艺术感染力：有的像格局别致的雕栏画栋，给人以"山重水复疑无路，柳暗花明又一村"的艺术感受；有的博大精深，妙语连珠，如波澜壮阔的海洋；有的像黎明露珠、青山流泉，像春风中飘来的音乐，滋润着人们的心田。散文的语言能把生活中美的事物，有感染力地再现出来，给人以丰富的美感。

学会赏析散文之美，在深沉意境中徜徉，陶冶情操。

谈到意境，大多认为这是诗歌的专利，是属于诗歌审美范畴的论题。其实，散文作者和诗人一样，追求一种情和景、意与象的艺术融合与统一，期望创造一种主观情感与客观物境交织渗透而构成的艺术境界。散文家杨朔曾说："好的散文就是一首诗"，"我在写每篇文章时，总是拿着当诗一样写"，"寻求诗的意境"。所以，有无意境，意境的深浅厚薄，是决定散文品味俗雅的重要因素。换句话说就是，散文也追求一种意境美。从某种意义上说，散文尤其是那些写景状物类的散文，是靠清新、深远、独特的意境感染读者的。①

学会赏析散文之美，在情感交融中感悟，获得启迪。

作者借助想象与联想，由此及彼，由浅入深，由实而虚地依次写来，可以融情于景、寄情于事、寓情于物、托物言志，表达作者的真情实感，实现物我的统一，蕴含更深远的思想，使读者领会更深的道理。长久以来，散文以纪实为本、以史学为伴，在这个种根之上，才繁衍出了作者各具特征的情思。散文写作，题材广泛。所谓宇宙之大、沙粒之微，皆可入文，而文中又多蕴藏着作者对于人生世相的关注、思索和探索。从写作实际来看，多数名篇都具有"即小见大"的特点。郁达夫说："一粒沙里见世界，半瓣花上说人情，就是现代散文的特征之一。"其中，郁达夫借引了两句西方谚语。"一粒沙""半瓣花"，确实很小，但写了这"小"，却能从中"见世界""说人情"，看出"大"来。这不就是一种深刻的哲思吗？因此我们可以说，散文是体验历程的产物，是纯正思考的结晶。散文之"神"，散文之"魂"就是作者对人生世相的思考，对

---

① 冯永朝.散文之美及其欣赏之道[J].文教资料，2017（29）：10-11.

生存之理的探索，这就是渗透于散文形象中的哲思。①

（三）如何引导学生欣赏散文之美

散文，是一种最直接、最真实、最彻底地展示作者心灵，凸显作者情感，折射作者人格的文体。它是多种文体中最为"自由"的一种，人事景物也好，情理意趣也罢，皆可由作者涉笔成文，涉笔成趣。它具有语言优美、形式灵活、意境悠长等特点，可以说是一种"精致的艺术"。怎样教会学生品鉴散文之美，让散文真正走进学生的心灵，唤起情感共鸣，是散文教学中最为重要也最为不易的一个核心问题。②下面将结合《我爱你，中国的汉字》《匆匆》《大青树下的小学》的教学课例，来进行具体的阐述。

1. 巧设情境：触摸散文之美

巧设情境。以优美而动人的语言，生动有趣的图片，绘声绘色的演绎，创设一个充满散文意境的情境，往往是一节好的散文课的开始，它能充分地吸引学生的注意力，激发学生对散文学习的兴趣。散文的文体，决定了它对学生来说有一定的难度，但巧设情境，往往能降低学习的"门槛"，让学生在美的氛围里触摸散文之美。

《我爱你，中国的汉字》教学片段：

师：同学们，你们知道吗？汉字历史悠久，源远流长。与其他文字相比，最大的不同之处，是汉字具有丰富的内涵。世界上，只有中国的汉字书写形成了独特的书法艺术。

（出示书法大家的书法作品。）

有一位叫刘湛秋的作家，对祖国的汉字饱含深情，他用充满激情的语言写下了这篇文章，谁来读课题！（生读课题。）

《匆匆》教学片段：

师：同学们，今天有这么多老师在我们课堂里，你们怕不怕？有没有信心学好这节课？

生：有！

师：非常好。大家都是勇敢的好学生，这节课之后老师要好好地奖励你们！今天老师给大家带来了我的几张照片，大家有兴趣看看吗？

---

① 叶丹.以《荷塘月色》为例探究散文之美[J].中学课程辅导·教学研究，2019（04）：52.
② 叶丹.以《荷塘月色》为例探究散文之美[J].中学课程辅导·教学研究，2019（04）：52.

(教师出示并介绍不同时期的照片。)

师：这是我儿时的照片，多么天真！（出示照片1。）这是我读大学时的照片，灿烂的笑容如花般绽放着。（出示照片2。）这是我工作之后的照片，不过此时我已不是儿时天真的小孩子了，长大了，多了几分成熟。（出示照片3。）

师：照片拍到现在就没有了。大家想想，再过几年、十几年、几十年后，老师的样子会发生什么变化呢？

（生交流。）

师：是啊！皱纹将会爬上我的额头、眼角，时间会无情地在我的脸上刻下沧桑。那时我是多么想抓住时间的脚步，留住青春岁月啊！可这个愿望是永远不会实现的。于是，朱自清的散文《匆匆》引起了我的共鸣。今天，我们就一起来学习他的这篇散文《匆匆》。

师：世界上最快而又最慢、最长而又最短、最平凡而又最珍贵、最容易被忽视而又最令人后悔的就是时间。时间的步伐有三种：未来姗姗来迟，现在像箭一样飞逝，过去永远静立不动。朱自清匆匆的一生只走过了50年，现在就让我们走进他的这篇《匆匆》，感受时光给予他的触动。

老师用动人的语言文字带领学生进入美的学习氛围，在书法作品中感受汉字之美。巧设情境，将学生带入学习散文的状态之中，触摸散文之美。

2.字里行间：品鉴散文之美

语文教学要注重语言的积累、感悟和运用。散文的语言灵活多样，富于变化，散中见整，清新自然，力求写景如在眼前，写情沁人心脾。在优秀的散文作品中都能体会出作者各具特色的语言风格。在语文教学中，老师要有意识地引导学生品味散文语言，品评文中所用的精彩的字词句，多角度去赏析语言，从而提高学生的语言表达能力。

在《我爱你，中国的汉字》中，解读散文的语言美，首先要通过联想和想象，领悟语言的表达效果。老师的引导往往能让学生更加深切地感受到文字的魅力，从而产生共情，引发共鸣。

《我爱你，中国的汉字》教学片段：

"真的，它们可不是僵硬的符号，而是有着独特性格的精灵。"

师：作者把汉字比作了性格独特的精灵，可见他是多么的喜爱啊！那你还从哪里也读出了这样的感受呢？

师（引导）：这段文字中的"精灵"，在你的印象中精灵是什么样的？（在各种传说之中,精灵族的特质可以归纳为以下几点:长寿、高贵、优雅、聪明、美丽,有一定程度的洁癖,和大自然几乎融为一体,擅长使用魔法和弓箭,居住在森林中,彼此之间平等友好。精灵长着翅膀,总是飞来飞去帮助别人;精灵会魔法,《小飞侠》《睡美人》中的小精灵都能施魔法;精灵都是很机灵、很可爱的……)

生:作者把汉字的丰富多彩比作"活泼可爱的孩子",比作"美丽多姿的鲜花",比作"有着独特性格的精灵";不仅通俗易懂,而且生动形象,富有文学意蕴和感情色彩。把汉字比作了性格独特的精灵,可见他是多么的喜爱汉字啊!

文章中作者对汉字进行了一系列生动形象的比喻,从字里行间里流露出了对汉字的喜爱之情。这些比喻是贴切而合理的,是优美动人的,是朗朗上口的。

在《匆匆》一文中,作者诗意化地描绘出季节更替的景物,表明大自然的荣枯是时间飞逝的痕迹,从而使内心情意表现更集中、丰富、强烈。用拟人化的手法把光阴写得活灵活现,就像性格活泼的少年,来去轻悄、匆匆。

《匆匆》教学片段1:

师:从文中的"匆匆,伶伶俐俐,跨,飞,溜,闪"这些字词中你们读出了什么?

生:一天的时间过得很快。

师:时间是抽象的,但作者却把它写得形象可感。说说作者采用什么方式来描述日子去来的匆匆的?从哪些句子可以看出?

生:"洗手的时候,日子从水盆里过去;吃饭的时候,日子从饭碗里过去;默默时,便从凝然的双眼前过去。"这句话运用了排比的修辞方法,既增强了文章的气势,又形象地写出了时间的匆匆流逝。

生:"天黑时,我躺在床上,他便伶俐地从我脚边飞去了。等我和太阳说再见,这又算溜走了一日。"这句话运用了拟人的修辞方法,把时间的匆匆流逝写得有形有声,可见可闻,非常形象。

师:作者意识到时间匆匆了吗?他的表现又如何?请快速阅读课文找出文中语句。

生:"我掩着面叹息。"

师:作者具体描述日子去来的匆匆,你能仿照这样的写法,再写上几句吗?

于是,_____的时候,日子从_____过去……

生：聊天时，日子从嘴边过去；玩耍时，日子从手里过去；看电视时，日子从屏幕上过去；晒太阳时，日子从身边一闪而过。

生：我喝水时，日子从我的水杯里过去；我发呆时，日子从我失神的双目前过去；我睡觉时，日子从我的枕边过去。

生：冬天时，我坐在暖暖的阳光下嗑瓜子，日子便从我的身边一溜而过。

生：当我在操场溜达时，日子又像风一样呼啸而过。

师：同学们，通过学习这段文字你们想到了什么？有什么收获？

生：时间一去不复返，应抓紧时间，有所作为。

生：时间在不知不觉中悄悄溜走，要有效利用时间。

生：不能虚度年华，活着要有价值。

《匆匆》教学片段2：

师：同学们，微风轻抚、桃红柳绿、燕子呢喃，好一派迷人的春色啊！年轻的朱自清先生望着这充满生机的春景，感慨万千，写下了这样富有诗意的句子——（课件显示。燕子去了，有再来的时候；杨柳枯了，有再青的时候；桃花谢了，有再开的时候。但是，聪明的，你告诉我，我们的日子为什么一去不复返呢？）

师：请你们伴着优美的轻音乐，自由朗读这两句话，体会作者描写的巧妙。

生：（读后。）我觉得第一句写得特别优美，作者抓住燕子、杨柳和桃花这三样景物，写出了春天的美丽与充满生机，让人不由得产生喜爱之情。

生：我还发现了这句话中用了三组反义词，分别是"去—来""枯—青""谢—开"，可见作者遣词造句十分讲究。

师：作者为什么把春天的景物写得这么美呢？

生：是为了拿燕子、杨柳和桃花这三样景物与时间进行对比，体现时间的一去不复返。

叠词的应用。"匆匆""默默""斜斜""白白""茫茫然""赤裸裸""轻轻悄悄"，这些词细致入微地刻画时间的踪迹，引导学生从中领悟到作者的无奈之情。"燕子去了，有再来的时候；杨柳枯了，有再青的时候；桃花谢了，有再开的时候"，写出了时间的流逝；"时间能'跨'能'飞'"，读起来让人倍感亲切。说过去的日子"如轻烟""如薄雾""像针尖上的一滴水，滴在大海里"，这是用了比喻的手法，借此写出时光匆匆，引导学生体会作者无奈惋惜以及要珍惜时间的心态。

3. 激发想象：感知散文之美

想象是借助表象的重组获得新形象的心理过程。想象能够使枯燥的课文变得丰富多彩，想象能够使平面的文字变得有立体感，想象能够使无生命的文字变得充满活力、富有生机。总之，想象使人们的大脑显得生机盎然。如果没有想象，我们的语文课堂将会变成一潭死水，而如果有了想象，那么散文的学习就会变得更加充实和精彩。

《我爱你，中国的汉字》教学片段1：

"每个字都有不同的风韵。"

（1）太阳——热和力，月亮——清丽的光辉。

师：想象此时阳光照在哪儿？

生：鲜花、草地、大树、高山、孩子。阳光让万物充满了蓬勃的生命力！

师：你想象一下月亮闪着清丽的光辉，会是一副怎样的画面？

生：宁静的小村庄，泛着银光的湖面。

师：这不正是一幅有影无形的图画吗？请体会朗读。

（2）轻——飘浮感，重——望而沉坠。

师："轻"会让你想到什么东西？"重"呢？

生：羽毛、雪花、落叶。巨石。

师：汉字瞬间就走入了我们的想象！请体会朗读。

《我爱你，中国的汉字》教学片段2：

师：每个字都有不同的风韵，好一群小精灵，让我们也如此动情！此时此刻，还有哪些字能够瞬间走进你们的想象？谁能说一说？（出示课件。）

生：一个个方块字细细地看是一幅有影无形的图画，慢慢地品好似一则意蕴深远的故事，静静地欣赏仿佛走进了多彩的历史画卷。让我们和作者一同赞叹吧！

《我爱你，中国的汉字》教学片段3：

"在书法家的笔下，它们有着无穷无尽的变化。"

师：在书法家的笔下汉字又是什么样的呢？读读这段话，想想你对精灵有什么新的认识。

点拨：边读边想象，你眼前浮现出了怎样的一幅画面？

欣赏：相机出示各种字体的书法作品。（课件演示。）

师旁白："在书法家的笔下，它们更能生发无穷无尽的变化，或挺拔如峰，或蜿蜒如溪,或浩瀚如海,或凝滑如脂……"

（生体会朗读。）

师：让我们共同进入这想象的空间，尽情飞翔吧！

评价：你分明读出了一幅幅的画！

那"像这样""如"的词还有哪些？

（生回答。）

引导学生发挥想象，能让他们在理解散文所表达的情感时，有更深厚的感触并引起共鸣，这样才能更加深切地感受到在表达上的散文之美——既凝练又生动。

4. 启发质疑：感受散文之美

"学起于思，思源于疑"这句话道出了质疑的重要性。因为学生的任何思维活动都是从"疑"开始，又在"疑"中得以发展。小学生对于文本的理解能力有限，如果得不到老师的正确引导，往往对文章一知半解，这对于提高小学生的阅读能力和语言文字的运用是有妨碍的。要解决这一问题，老师首先要明白如何"授之以渔"。学生只有掌握了学习文章的方法，才能更好地提高语文水平。

《我爱你，中国的汉字》教学片段：

师：刚才大家初读了课文，那么，作者从哪些方面表达了对中国汉字的喜爱？（生自由谈。）

教师相机板书

☆ 独特性格的精灵

☆ 诗的灵性

☆ 交响乐队的总指挥

☆ 自己存在的价值

师：是啊！在作者的眼中，汉字是有着独特性格的精灵，带给人诗的灵性；汉字是交响乐队的总指挥，证实了自己存在的价值，难怪会如此受人喜爱！作者写着写着，常常会为这一个个方块字而动情！（课件出示第一自然段。）

在课堂上我们看到了老师抓住一个关键词——"精灵"，作为第一课时教学的立足点，设计这样的问题——"将汉字比喻成精灵，合适吗？"这是一个具有开放性的问题，让学生通过自读自悟去发现去思考。在主问题抛出之后，教师抽丝剥茧，层层深入，引导学生有侧重地去选读、精读，不断领悟文本精髓、要害，让学生经历从独特的精灵到可爱的精灵这一认识和情感的变化过程。

《我爱你，中国的汉字》教学片段：

（1）笑——令人欢快，哭——一看就想流泪。

师：汉字为什么一看就让人欢快、让人流泪呢？

师：汉字真是越看越有趣啊！是可爱的小精灵！请大家体会朗读。

（2）冷霜——散发寒气，幽深——似乎进入森林或宁静的院落。

师：作者为什么会有这样的感受呢？

师：这些汉字给我们留下了无穷的回味！请大家体会朗读。

（3）人——不禁肃然起敬，天和地——赞叹不已。

点拨

①生写"人"并谈谈自己的感受。②一撇一捺相互支撑就是一个"人"字，我们人与人之间不也要相互支持、相互关爱、和睦相处吗？书上有一个词道出了我们此刻最真切的感受。（肃然起敬。）③"天"和"地"的创造。谁还能根据你自己对汉字的了解来说说？（仓颉造字的故事。汉字的创造列举：形声、会意、指事等。）

在教学重点句中，在如"笑""哭"等词语认读的基础上，出示"酷暑""寒冬""喜""悲""火焰""燃烧"这些词语，让学生谈感受。我认为这个环节设计较好。因为从汉字文化学的角度来说，汉字的结构独特，不仅需要读写的基本功，还有观察、联想等多种功能。教师就是抓住了汉字这一独特之处，借助于思维，通过联想、想象，让学生感悟汉字的独特魅力。

《匆匆》教学片段：

师：文章的开篇和结尾相互照应。请你提出一个令作者困惑的问题。

生：我们的日子为什么一去不复返呢？

师：（板书："一去不复返"。）这样的追问除了开头和结尾照应以外，还存在于其他文字间。

生：第三自然段中有一个问句——"去的尽管去了，来的尽管来着；去来的中间，又怎样地匆匆呢？"（板书："怎样匆匆？"）

生：还有的问题集中在第四自然段。

师：全文总共才600多字，竟然有11个问题，其中有6个问题集中在第四自然段里。（板书："不断追问"。）课文就是这样以发问的句式为纽带来连接全篇的。

时间本无形无影，最难描摹，但在朱自清先生的笔下却有声有色。作者紧扣文眼"匆匆",把空灵的时间,极其抽象的观念,通过具体的现象描摹出来。随着作者情绪的变化,其鲜明的意象也随文而生。短短的五个自然段、六百多字的文章中,作者匠心独运地以发问句式为纽带连接全篇,一步紧似一步地展露出内心的思绪,表达出对人生意义的思考。

5. 领悟情感:体会散文之美

情感是人对客观事物的一种态度,是人对客观事物是否符合主观需求的一种心理体验。对学生来说,情感在语文学习中有着极其重要的作用。其一,情感是学生智力因素和非智力因素所产生的原动力。其二,情感又是语文学习中理解和表达的心理基础。学生具有了一定的情感体验,才能正确理解课文的思想感情及写作目的,也才能真切地表达自己的思想感情,写出文情并茂的文章来,因此,语文教学必须注重情感因素,在教学活动中充分发挥其积极作用。

《我爱你,中国的汉字》教学片段:

汉字居然会有这么多的变化,它让我们读出了一幅幅连绵的画卷!难怪作者会有这样的感叹——

(师,读最后一句。生,体会朗读。)

这份珍贵,这份动情能读出来吗?

师:印度前总理尼赫鲁曾对他的女儿说:"世界上有一个古老的国家,它的每一个字,都是一幅美丽的画,一首优美的诗。"中国的汉字不仅有着丰富的思想和情感,而且可以生发出无穷无尽的变化,难怪作者如此喜爱。真的,它们可不是僵硬的符号,而是有着独特性格的精灵。

《匆匆》教学片段:

师:刚才我们已经反反复复朗读了课文,把课文读通了,读顺了。其实,默读也是一种读书方法,现在我们把课文默读一遍,边读边想:哪些地方值得我们细细地读、细细地品、细细地思考?用笔圈一圈,一个词,一句话,一个段落,都可以。

学生圈画,教师巡视。教师在黑板上写下了这些词语:一去不复返,头涔涔,泪潸潸,赤裸裸,轻轻悄悄。

从词语中让学生感受时光匆匆。

师:首先看这些词语有没有错误?

(生摇头。)

师:哪几个字用得比较好?

生：赤裸裸；轻轻悄悄。

师：你为什么要圈这些词语？可以选择其中一个来谈谈。

生：这些词都是来形容时间的，作者写了他悲观的一面，这些词语加强了他心头的无奈感觉。

师：你感觉到了他的无奈。

生：我觉得作者不应该掩着面叹息，其实如果抓紧时间的话，时间还是很充足的。这些词都是形容时间的。虽然时间过得非常快，但如果抓紧的话，时间还是能够挤出来的。

师：从这些词中你感觉到时间过得快，所以你觉得要抓紧时间。挑出一个词来，从"逃去如飞"这个词中你感受到了什么？

生：我感觉到时间是过得很快的，如果一个人年老的时候，他感到后悔的话，是一件很悲哀的事情。

师：时间快得像飞一样，很快，人就变老了！

生："逃去如飞"这个词可以体现小时候如果不努力，老了就会后悔：小时候为什么不抓紧学习？他会非常后悔，非常悲哀，但是时间已经一去不复返了。

师：正所谓"少壮不努力，老大徒伤悲"！从"一去不复返"这个词语中你感受到了什么？

生：时间过去了就不会再回来，我们得珍惜每一分每一秒，不要让它溜走。

师：你感受到了作者的什么情绪？

生：作者觉得以前的日子应该珍惜。

师：以前的日子过去得太快了，一定要珍惜啊！因为时间一去不复返！刚才我们从这些零零碎碎的词语中感受到了作者的情绪：他惋惜，他无奈。我们还感觉到他对时光流逝的那一丝焦灼。这些词语都不是孤立的，请你把这些词语放回到句子中再读一读，感受作者的情绪。

品读重点词句，领悟情感，让学生在主动积极的思维和情感活动中加深理解和体验。珍视学生独特的感受、体验和理解。往者不可谏，来者犹可追；只争朝夕，不负韶华，珍惜时间。

《大青树下的小学》教学片段：

师：请同学们认真读课文，圈出最能体现校园美丽的词句。

生：早晨，从山坡上，从坪坝里，从一条条开着绒球花和太阳花的小路上走来了许多小学生。

师：为什么你从这句话感受到了校园的美丽呢？

生1：到大青树小学的路上开满了绒球花和太阳花，五颜六色，一定很美。

生2：大青树小学矗立在山花烂漫的环境中，所以说它很美。

师：同学们对这句话感受很深。还有哪些语句让你觉得校园很美呢？

生：那鲜艳的民族服装，把学校打扮得绚丽多彩。

师："绚丽多彩"是什么意思？联系上下文说一说。

生1：绚丽多彩就是颜色鲜艳，色彩多。

生2：服装的颜色本身就很靓丽，而大青树小学的学生又来自不同的民族，穿着不同的服装，简直是服装大聚会呀！再加上每个学生欢快的笑脸，所以让校园更美丽了。

师：请同学们齐读这句话，让我感受一下校园的美丽。（学生感情朗读。）

生：我从"古老的铜钟，挂在大青树粗壮的枝干上。凤尾竹的影子在洁白的粉墙上摇晃"这个描述，也感受到校园的美。这是个写景的句子。景美，校园也美。

师：学校有那么多美景却不写，为什么偏偏写"铜钟"和"凤尾竹的影子"呢？

生：钟声悠悠，竹影绰绰。更增添了校园的乡村气息和民族特色。

课文描写的是云南的一所边疆小学，受地域特点的影响，文中有许多新鲜的事物和词语。比如，凤尾竹、山狸、铜钟、傣族等，这些新鲜事物极易引起学生的好奇，同时也觉得难以理解。我们可以借助课文插图、课后资料袋以及PPT的图片资料，把图文有机地结合起来，帮助学生直观形象地了解具有新鲜感的词句，同时体会大青树下的小学与众不同的美丽，感受作者对这所小学的喜爱和赞美之情。

6. 多样朗读：感悟散文之美

朗读是学习散文重要的教学方式，它对于培养学生的语感，提高学生的听说读写能力，培养学生的审美情趣都具有重要的作用。《义务教育语文课程标准》明确要求注重读书、积累和感悟，注重整体把握和熏陶感染。想要提高散文教学的有效性，离不开对学生朗读能力的培养。

《大青树下的小学》教学片段：

师："这就是我们可爱的小学，一所边疆的小学。"其中的"这"指的是什么？能不能把它带进句子中去？

生："这"指的是"美丽的学校、欢乐的学校"。

生："团结的学校、祥和的学校"就是我们可爱的小学，一所边疆的小学。

师：是呀，"美丽的学校、团结的学校、欢乐的学校、祥和的学校"就是我们可爱的小学，一所边疆的小学。同学们，你喜欢这样一所"美丽的、团结的、欢乐的、祥和的大青树下的小学"吗？你愿意赞美它吗？那就让我们带着赞美读这句话！假如你是这所大青树下的小学的学生，你会对这样的学校产生怎样的情感？

生：自豪、骄傲。

师：请自豪地读这句话！

师：请骄傲地读这句话！

（全班齐读。）

师：请同学们再看课题，你们认为该怎么读？

生："大青树下的"读重音。

师：为什么？

生：为有这样的大青树下的小学而自豪，为自己是大青树下的小学的一员而骄傲。

师：请同学们带着赞美、自豪、骄傲，美美地把课题再读一遍。

文本结尾情感真挚。一句"这就是我们的民族小学，一所边疆的民族小学"，直接抒发了作者对可爱的边疆小学的自豪和赞美之情，学生在深情的朗读中把自豪之感也读出来了。

"味虽美，不亲尝者不甘也"，"文字之佳胜，正贵读者之自得"。散文的教学是关乎审美的教学，语文教师在教学过程中应当充分挖掘文本的审美因素，把知识传授能力培养与美感体验结合起来，激发学生学习的兴趣，引发学生心灵的共振，让散文真正"走进"学生的心灵；"走进"学生的生活。这不仅对强化学生认知有着重要的作用，也有利于发展学生感知美、欣赏美、创造美的能力，有利于建构审美心理结构。

二、诗歌之美

在中国古代，不合乐的称为诗，合乐的称为歌。

有生活的地方，就有诗的歌唱。

诗歌源于劳动。我们的祖先在劳动之时发出单纯而有节奏的呼喊，以振奋精神、协调动作。这种单纯而有节奏的呼叫声，逐渐发展成为模拟劳动的声音和表达劳动者情感的诗歌。

诗歌源于宗教。原始人类将自己无法理解的自然现象奉若神明，出于敬畏，他们载歌载舞，表达渴望风调雨顺、年景丰收的美好心情。

历经数千年的发展，诗歌作为一种抒发心灵的文学体裁，它以凝练的语言、充沛的情感及丰富的想象来高度集中地表现社会生活和人的精神世界。①

（一）什么是诗歌之美

诗歌之美，美在体式。语言精练，词句优美，韵体和谐，句式整齐，节奏感强，易读易记。寥寥数语，就能勾勒出生动的画面，表现出深厚的情感，令人回味无穷。

诗歌之美，美在形象。诗人通过丰富且贴切的形象描写，使诗句鲜明如画，做到诗中有画，吟诗如看画，给人美感，打动人心。

诗歌之美，美在语言。诗歌是语言的艺术。其语言的美，不仅表现在语言的凝练上，还经常使用双声、叠韵、叠字、比喻、对偶等修辞手法以增加诗歌的意蕴。

诗歌之美，美在音乐。中国诗歌从产生之日起，就和音乐结缘。诗歌的音乐美除了表现在诗的旋律美、乐感美之外，更多的还表现在语言的节奏、音调和声情上。

诗歌之美，美在意境。有人说，文贵含蓄。诗歌创作，无论是语言、意象、表达，还是感情方面，都是为意境服务的。意境是诗歌的一重境界。

诗歌之美，美在情感。情感是诗歌创作的动力，也是诗歌创作的核心。千百年来，诗歌中丰盈着灵性，充满人文情怀。

诗歌之美，美在哲理。诗歌之所以一直为历代读者所钟爱，其中一个重要的因素就是诗歌所拥有的哲理之美与思辨之美，即白居易所言"诗者"，须有"实义"是也。

（二）为什么要欣赏诗歌之美

德国哲学家海德格尔曾说：人应该诗意地栖居在这大地上。立足于大地，

---
① 周华.小意象大诗歌[J].教育界：综合教育研究（上），2018（6）：18-19.

目光所及，心之所向，情之所系，我们对自然、对生活、对生命都要有自己独到的观察、发现、思考和理解。然而，伴随着经济与科技的高速发展，新媒体时代的快餐文化大行其道，人们对于诗歌这种精神层面的追求却日益边缘化。

中华文化中有着无比辉煌的诗歌传统，历史长廊矗立着一位位优秀的诗人。诗歌作为中华文化中最有价值的精神财富，是中华民族美育和文学的经典，也是艺术创作用之不竭的灵感源泉。古典诗词"温柔敦厚，哀而不怨"，现代诗歌自由奔放，意涵丰富。这些诗歌之中，有美丽的画面，有丰富的情调；有温柔缱绻，有家国情怀。它为我们构筑了一个个充满瑰丽想象的神奇世界，记录了历史与现实的冲突，也留下了人性的光辉与美好。

在中国的人文传统中，"诗意地活着"这种追求，不但是一个诗人生命与美学信念的实践，同时也是一个民族的人生境界与精神内涵的表现。从北宋张载的"为天地立心，为生民立命，为往圣继绝学，为万世开太平"，再到现代诗人艾青的"为什么我的眼里常含泪水？因为我对这土地爱得深沉"，我们可以看到：诗歌既是诗人如实反映人生的工具，更是实现人生超越的利器。

因此，我们提出对于诗歌之美的探寻，让学生感受诗歌的斟词酌句、结构的纵横捭阖之外，也要接触诗人的感情世界，领悟他们的哲学思想，体验他们的人文情怀。以诗歌之美感召孩子们的生命馨香，实现传承文学信仰和民族文化的教育追求。

（三）怎样引导学生欣赏诗歌之美

诗歌之美，是诗人用语言营构的一种艺术美，是一种文学审美现象。诗歌语言、结构与思想的美，都能带给读者审美的享受。在诗歌教学中，教师要优化教学方式，突出诗歌的艺术魅力，激发学生热爱诗歌的情感，提高学生的文学素养。[1]

语文课程对继承和弘扬中华民族优秀文化传统和革命传统，增强民族文化认同感，增强民族凝聚力和创造力，具有不可替代的优势。语文教材中许多作品都具有丰富的文化内涵，而其中文字以古诗为最简洁、精炼。这是对传统文化回归与传承的重视。

如何在语文教学中引导学生学会欣赏古典诗歌之美呢？接下来，笔者将结合《枫桥夜泊》《七律·长征》这两课的教学片段进行具体阐述。

---

[1] 刘文强.在语文教学中让学生领略诗歌之美[J].文教资料，2018（21）：36-37.

1. 欣赏诗歌之美，要夯实学生诗歌学习的知识基础

朱光潜曾说："要养成纯正的文学趣味，我们最好从读诗开始入手。"由此可见品读诗歌对养成文学情趣的重要性。想要品读诗歌，首先就要夯实学生诗歌学习的知识基础，培养并不断提升他们的诗歌欣赏能力。

对于诗歌教学的具体目标，课标按照不同的年段有如下要求：

第一学段：诵读儿歌、儿童诗和浅近的古诗，展开想象，获得初步的情感体验，感受语言的优美。

第二学段：诵读优秀诗文，注意在诵读过程中体验情感，展开想象，领悟诗文大意。

第三学段：阅读诗歌，大体把握诗意，想象诗歌描绘的情境，体会作品的情感。诵读优秀诗文，注意通过语调、韵律、节奏等体味作品的内容和情感。

对照以上层层推进的目标，我们发现在小学阶段的诗歌教学中，教师要在方法上对学生的古诗学习进行指导，引导他们逐步掌握以下知识技能：一是从了解作者入手，联系作者的生活经历、风格理解诗歌内容；二是借助于诗词的标题、注释、写作背景，理解诗人的写作意图；三是从语言入手，抓住诗词中的关键词句（如动词、形容词、议论和抒情的词句等）；四是了解诗词章法结构与内容题材的关系；五是对诗词表现手法的赏析（如情景交融、托物言志、动静结合、对比映衬、虚实明暗、含蓄委婉、直抒胸臆、引用典故等）。

《枫桥夜泊》教学片段：

（1）板书课题，找多音字"泊"。

（2）回忆《泊船瓜洲》，理解"泊"。

（3）理解诗题的意思。

（4）了解作者张继其人。

我们常说题目是文章的眼睛，诗歌亦然。由此可见，诗歌的题目对于鉴赏诗歌具有重要的意义。而"枫桥夜泊"这一诗题，就已经交代了诗歌的主要内容。因此理解诗歌题目，是学好诗歌的第一步。了解诗人的生平以及诗歌的创作背景，则有助于学生更好理解诗歌的内容与情感。

《七律·长征》教学片段：

师：能不能用一两句话说说你了解的"长征"？

生：长征历时两年，行程二万五千里，纵横十一个省份。

生：据美国著名记者斯诺统计：红军渡过 24 条江河，翻越 18 座山脉，其中 5 座终年被冰雪覆盖。

生：长征途中，经历过无数次激烈的战斗，路上行军共 368 天，有 100 多天是在战斗中度过。

师：当长征即将取得胜利时，毛主席回顾了这一段艰难历程，他心潮澎湃，用 56 个字将长征的历史凝结成了一首壮丽的诗篇。让我们去重温这段伟大的历史！（师生齐读课题。）

在长征即将取得胜利时，毛主席回忆红军走过的千山万水、漫漫征程，心情澎湃之际，他满怀豪情写下了《七律·长征》。这首诗生动地概述了红军二万五千里长征的艰难历程，讴歌了中国工农红军在长征途中表现出的革命英雄主义和革命乐观主义精神。

在了解背景的基础上，教师才能够更好地带领学生走进古诗的意境。这是因为：学习古诗必须结合当时的时代背景，从而知道当时的具体情况，这样才能再现古诗所描写的心境。换言之，我们必须知人论世。在此基础上，学生对古诗的意境就了然于心了。

在诗歌教学过程中，对文学常识的渗透也是非常重要的一环。平时，教师要加强学生对诗歌常识的积累，尤其是像律诗这样一种比较特殊的体裁。虽不要求学生写律诗，但初步了解律诗常识还是必要的。

七言律诗，属于中国传统诗歌的一种体裁，简称七律，属于近体诗范畴。起源于南朝齐永明年间，沈约等写诗讲究声律、对偶，至初唐沈佺期、宋之问等进一步发展定型，再至盛唐杜甫已趋成熟。七言律诗格律严密，要求诗句字数整齐划一。全诗由八句组成，每句七个字，每两句为一联，共四联，分首联、颔联、颈联和尾联，中间两联要求对仗。

《七律·长征》教学片段：

师：大家读懂了这么多。想一想，整首诗是围绕哪一句来写的？

生：红军不怕远征难，万水千山只等闲。

（师板书："远征难""只等闲"。）

师：今天我们学习的《七律·长征》是一首七言律诗，与之前学习过的七言绝句都是七个字。区别在于——绝句有四句，律诗共八句。律诗的八句分别为首联、颔联、颈联、尾联。《七律·长征》是围绕首联写的。

全诗 56 个字，文字中书写着长征路上的千种艰难险阻，饱含着中国共产党的万般豪情壮志。它是中国革命的壮烈史诗，也是中国诗歌宝库中的灿烂明珠。全诗共八句，每两句为一联，共四联，分为首联、颔联、颈联、尾联。对于整体结构的把握，既能帮助学生厘清作者的创作思路，亦能引导他们顺利理解上下文之间的逻辑关系，更准确地寻找具体信息点。

因此，引导学生夯实学习诗歌的基础，才能提高他们学习的效率，优化学习的效果。通过对诗歌知识系统的梳理，学生们会逐渐找到诗歌鉴赏的方向，让他们有了一种高屋建瓴的整体意识，不再迷失在知识的丛林里。

2.欣赏诗歌之美，要培养学生对于诗歌的审美鉴赏能力

诗歌是中国文学宝库中的瑰宝，具有很高的审美价值和很强的艺术感染力。[①]但要让学生进入诗歌的意境，与作者心灵相通，则仍需要一个过程。

为了使学生进入诗情画意的境界，必须加强朗读。由读正确、读通顺到读流利，由读得有节奏、有韵味到读得情意浓浓、让人浮想联翩。在此基础上，学生体悟的审美意象、诗情画意跃然纸上。诵读诗歌，对于学生深刻地理解作品、陶冶他们的情操、培养审美能力与提高文化素养，都是至关重要的。

《枫桥夜泊》教学片段：

（1）《枫桥夜泊》为什么能使张继名留千古呢？

（2）带着问题自由读诗。要求把字音读准确，把诗句读通顺。

（3）指名朗读并正音。

（4）师生合作读。尝试读出古诗的韵律和节奏之美。

（5）读完后学生谈感受，初步感知张继当时的心情。

俗话说"三分诗，七分读"，"书读百遍，其义自见"，可见诵读对于阅读诗歌的重要作用。通过逐层深入的朗读，学生不仅能够初步体会到诗歌中所蕴含的情感，而且还能感受到诗歌的体式美与音乐美。

在要求学生对诗歌反复诵读的同时，教师要适时讲述作者写作时的心情。古诗歌中一个字或一个词往往就是一幅画、一幅生活的场景，里面充盈着多少说不清道不完的意蕴。欣赏诗歌中关键词的最佳途径，就是把想象画面与体味含义统一起来。一首诗歌值得欣赏的词语很多，需要教师引导学生进行选择，不可字字求解。在学生想象全诗的画面以后，要引导他们学会找到那些"牵一发而动全身"的关键词语，也就是我们常说的"诗眼"。[②]

[①] 马海丽.古诗词教学的点滴思考［J］.作文成功之路（中旬刊），2019（2）：36-37.

[②] 董海霞.小学低年级古诗词教学策略与方法实践［J］.课程教育研究：学法教法研究，2018（28）：22.

《枫桥夜泊》教学片段：

（1）"月落乌啼霜满天，江枫渔火对愁眠。"请学生描述此时眼前出现的画面。

（2）不眠之中又听到了什么？（乌啼、夜半钟声。）乌啼总在不幸时出现，只会让人感到更加悲凄。然而，有一种声音悠远回荡，仿佛在安抚着张继那颗孤独的心。这夜半钟声响了！（播放音频。）钟声传来了，一声又一声，一下又一下，敲打着张继的无眠，传到那客船上。

（3）出示后两行，教师带读。

（4）那声音越来越轻，好像在对张继说——（学生想象如何安慰张继。）

（5）月落、江枫、渔火、霜天、乌啼、钟声，此情此景，有声有色，都围绕着一个词——"愁眠"，都伴随着——"愁眠"，都笼罩着——"愁眠"，用诗中的说法就叫——"对愁眠"。

（6）解读"对"的含义。

（7）伴着这份"愁眠"再次齐读古诗。

对"愁眠"一词的重点赏析，需要将诗中出现的所有景物与"愁眠"相对，与"愁眠"相连。当学生对全诗的画面进行了合理的想象后，自然能够体会到诗人为何"愁眠"，分析景物，体会表达，感受全诗的景与情、声与色，诗歌的形象美与语言美便深深地印在学生的脑海里。

古诗词是诗人运用凝练的笔法、丰富的情感，对人物、景物构建的一幅幅生动的画面。古诗教学是提升学生核心素养的有效途径。在古诗词教学中，教师不仅要从诗词的释义入手，引导学生将凝练、简洁的文字转化为现代语言，还应从多角度激发学生对诗词的意象，引导学生在想象中深化对诗词的情感体验。

《七律·长征》教学片段：

在知道"逶迤""磅礴"词义的基础上激发联想想象。

（出示"五岭逶迤的山形图"。）

师：五岭之长，长达数千里，贯通了江西、湖南、广东、广西、贵州五个省份，用诗中的一个词来说就叫——"逶迤"！乌蒙之高，高达二千三百多公尺，是贵州的最高峰。山势气势如此之大，用诗中一个词来说就叫——"磅礴"。红军战士没有火车，没有飞机，他们甚至连一双像样的鞋都没有，硬是凭着那一双脚板，那一双穿着草鞋的脚板，走了过来。想象一下，这双脚可能经历了怎样的磨难？

生：又红又肿，被石头划破，被毒蛇咬伤，被长途跋涉给磨烂……

师：联系我们曾经看过的有关长征的影片和阅读的资料，说说除了路难走以外，红军战士还面临哪些困难？

生：前有堵截，后有追兵；缺衣少食……

师：和我们一样的血肉之躯啊！难以想象，如果没有藐视困难的豪情，这二万五千里的路程怎能走完？（指名读。）

（师范读，帮助学生理解"腾细浪""走泥丸"所传递出的精神态度。）

诗歌的文字虽是静止的，但是它营造出的画面却是动态的。在教学设计中，教师可以利用多种手段化无形为有形，引导学生将诗歌中的文字形象化，并在联想与想象中迸发出创新的火花。教学中要充分借助画面，在画面中帮助学生领悟诗中意蕴，形成意象体会情感。"五岭逶迤腾细浪，乌蒙磅礴走泥丸。"出示绵延不绝的五岭山脉和雄伟高大的乌蒙山图片，让学生感受到，要翻越这些山岭那是何等的艰难。

长征历史距离学生的现实生活比较遥远。如何穿越历史时空，与作者产生情感共鸣？一个重要途径就是通过引导学生品读，使他们在脑海中浮现画面和场景，结合史实，让"意象"在学生心灵中鲜活起来。

古典诗词承载着民族精神的智慧，是中华民族魂的标志。它兼备了语言凝练、言简义丰、韵律优美等诸多特点，最能唤起学生的审美体验。因此，我们要从推敲字词、品词析句去探究诗的意蕴，引导学生进行审美感受和体验，学会鉴赏古诗词内在的美，从而提升他们的审美欣赏能力。

3. 欣赏诗歌之美，要引导学生在生命视野下与作者及文本对话

在小学诗歌教学中，引入对话，就会给课堂注入生机，让课堂灵动起来。首先，我们要在诗歌教学时让学生与文本对话。先是课前对话，学生收获初始体验，带着一个有准备的头脑进入课堂。再是课中对话，教师引导学生抓住诗歌中的关键词句进行深度对话、情境创设、角色转换、字斟句酌、反复揣摩。要有思维的碰撞，要有矛盾的激发，通过对话真正走进文本。最后是课尾对话，主要是归纳小结，适当拓展，延伸课外。

《枫桥夜泊》教学片段：

（1）此时此刻，此情此景，背井离乡的张继，浪迹天涯的张继，无法入眠的张继，最希望谁来陪伴他？

（2）漫漫长夜，没有父母妻子的嘘寒问暖，有的只是——"月落乌啼霜满天，江枫渔火对愁眠。"霜冷长河，没有亲朋好友的关心问候，有的只是——"姑苏城外寒山寺，夜半钟声到客船。"此时的张继，心中满满都是——思乡之情。

（3）浓浓的思乡、思亲之愁绪使他情动而辞发，《枫桥夜泊》就这样诞生了。

（4）月亮西沉，乌啼声声，霜气布满整个秋天；江枫瑟瑟，渔火点点，寒山寺的夜半钟声划破了寂静的秋夜。此情此景，辗转反侧，难以入眠的张继情不自禁地轻吟——（再读全诗。）

教师引导学生整体回顾全诗，创设情境，反复对话，不断渲染诗人的思乡之情。在"故乡"这个名词中，蕴涵着中华民族五千年文明史积淀下来的民风民俗、乡规民约以及深深的归属感。因为中国人不管走到哪里，都会在故乡情结中良久徘徊，以解别离之愁、思归之渴，所以这种情结如同家乡的山水一样古老而常新。情感是诗歌创作的动力，诗人把对生活现实的许多感受消融于心中，化作需要提炼升华并有待于付诸诗意的感情，诗歌就是这种感情积淀后的泛扬、裂变中的爆发。①《枫桥夜泊》字里行间弥漫的羁旅之思，使学生能够真切感受到诗歌的情感之美。

只有将文本重新置于作者人生追求的坐标之中去解读，才能真正走进文本，走入作者内心，才能打通与作者对话的通道，这样的文本解读才有了温度、深度和厚度，形成一种张力，从而生成隽永的魅力。学生在生命视野下展开与作者及文本的对话，从而将所感悟的诗歌之美走向深度，进而促进精神生命的成长。

4. 欣赏诗歌之美，要将诗歌教学作为学生"生命教育"的途径

生命教育乃是一种全人教育，它涵盖了人从出生到死亡的整个过程和这一过程中所涉及的各个方面，既关乎人的生存与生活，也关乎人的成长与发展，更关乎人的本性与价值。生命教育的核心目标，在于通过生命管理让每一个人都成为"我自己"，都能最终实现"我之为我"的生命价值，即把生命中的爱和亮点全部展现出来，为社会、为世界焕发出自己独有的美丽光彩。②

《枫桥夜泊》教学片段：

（1）学了这首诗，一定会在你心中留下丝丝痕迹。如果你有机会去苏州，

---

① 李茉莉.情感是诗词灵动之魂[J].求知导刊，2018（6）：156.
② 刘舒昱.用生命教育催开品德之花[J].基础教育论坛，2019（5）：3.

一定会想去看看那座桥——枫桥；在枫桥上，你一定会想起一个人——张继；想起张继，你一定会在心中念起一首诗。

（2）今天，我们走进这首古诗。从此，我们对张继不再陌生，尽管他和我们相隔千年；从此，我们对寒山寺、枫桥都不再陌生，尽管它和我们相隔千里。这就是古诗的魅力。

（3）视频欣赏——张晓风《不朽的失眠》。

（《不朽的失眠》既是一篇小说，也是一篇诗化散文。张晓风以细腻、敏锐的笔触，营造了一个美轮美奂的文学世界，读后让人沉浸其中，回味不已。本文讲述的是张继落榜失意泊船苏州而夜作《枫桥夜泊》的故事，其中警策世人的是亘古恒传的哲理：一时的功名荣华都是过眼烟云，而艺术的永恒才是"不朽"的，值得人们为之倾心竭力。本文体现了作者所抱有的"人以文传"的价值观，启迪世人对"得与失""成与败"作出辩证的理解。）

通过引入名篇《不朽的失眠》，学生对于诗歌的意境有了更加深刻的领悟。在作者的诗意描绘下，一个个意象更加鲜活，这种不同于以往的独特体验，使诗歌的意境之美在学生的记忆里更具生命力。张继的"愁眠"化为张晓风笔下"不朽的失眠"。是啊，"如果没有落第的张继，诗歌史上便少了一首好诗，人们的某种心情，就没有人来为我们一语道破。""人们会记得那一届状元披红游街的盛景吗？不！我们只记得秋夜的客船上那个失意的人，以及他那场不朽的失眠。"通过"围观"这场"不朽的失眠"，学生对于生活和生命都会有更加深刻的感悟。

作为中华文明的核心成果之一，古诗文的意境是丰富多彩的。有了对古诗文意境的理解，才能帮助学生更好地了解古诗文的核心内涵，同时对于学生的语文素养的提升也能够起到帮助作用。在课堂教学中，教师应用灵活多样的方法，带领学生走进古诗文意境之中，帮助学生更好地去了解和体会，也为学生的语文素养的提升打下坚实的基础。

在核心素养视域下我们谈到古典诗词教学，旨在发掘语文中的诗歌之美，感悟诗意，培育诗性，陶冶诗情，以陶冶学生的情操，培养其诗意性情，通过经典去感受千年不朽的审美精神和生命力量。古诗词中诗人生活的社会现状以及诗中所蕴含的社会生活，以及诗人面对生活所持有的态度，都为学生的精神生命成长提供了指导。古诗词中所蕴含的深刻哲理及寄托的诗人的情感都为学生精神生命的发展指引了方向。

此外，部编小学语文教材另一个明显变化就是儿童诗在教材中也占有一定的比例。儿童诗最重要的特征是儿童性，适合儿童诵读，对提升儿童语言素养，助推儿童精神成长有着不可替代的作用。因此教师教学儿童诗时，可以从读出"真"、感悟"善"、唤醒"美"三个维度来进行，以激发学生的学习兴趣，提高课堂教学的效率。①

如何在语文教学中引导学生欣赏儿童诗之美呢？接下来，笔者将结合《一个接一个》这一课的教学设计来阐述。

5.欣赏诗歌之美，以富有童趣的儿童诗激发学生的情感

儿童诗作为诗歌的一个分支，由于它的读者都是儿童，因此所反映的生活内容、所展开的联想和想象、所运用的文学语言等，都必须符合儿童的年龄特征，应为儿童所喜闻乐见，以激发他们的想象力、思维力，培养良好的道德情操。尤其是在培养儿童健康的审美意识和审美情趣等方面，发挥独特的作用。

抒情，是诗歌反映生活的重要方式，儿童诗也不例外。但由于读者对象的特殊性，所以要求诗歌的情感必须从儿童心灵深处抒发出来，逼真地传达出孩子们那种美好的情感、善良的愿望、有趣的情致，以激起小读者们情感上的共鸣。

《一个接一个》教学片段：

（1）读《一个接一个》。

师：我们来读一读这首儿歌——《一个接一个》。（课件出示，板书课题。）你们快去读一读吧！读完了可以同桌之间互相读着听一听！谁来读给大家听听？你喜欢哪一节就读哪一节。（指名学生读。）

（2）学生说一说生活中的事儿。

师：你们生活中有没有遇到这样的事儿呢？四人小组先交流一下！鼓励学生用上好词好句、关联词。

师：谁来说一说？（指名学生说。）你谈了学校中发生的事情，那我们在生活中和爸爸妈妈相处的时候有没有这样的事情呢？在放学的路上有没有这样的事情呢？（变换场地。）

学习儿童诗应在最自然的状态下去体验、感受这个世界，用最接近儿童的语言表达我们隐秘的内心世界。《一个接一个》诗歌内容贴近学生生活，描述儿童丰富多彩的生活世界。童话展示孩童纯真的内心，与学生息息相通。因此，

---

① 李泽民，靳庆华.例谈统编小学语文教材儿童诗的教学策略[J].辽宁教育，2020（1）：3.

在教学中应运用自由读、同桌读、指名读等方式，将学生有感情地诵读作为体会儿童诗情感美的有效手段，使学生与诗人产生心灵的共鸣。

儿童情趣是儿童诗的重要特点，是儿童天真活泼的性格写照，是勾勒儿童内心世界的图画，是诗人在充分了解儿童生活基础上的神来之笔，也是审美教育的闪光点。因此，要引导孩子们走进诗的情境中去，细细品味，轻轻咀嚼。在教学中教师让学生在熟读诗之后，联系实际生活谈一谈。先小组交流，再全班探讨。

好的儿童诗，字字句句都蕴藏着作者的匠心，包含着作者浓烈的情感。因此我们要尽可能地帮助孩子们在情感的带动下，体会诗中的妙趣，走进诗的意境，真正产生心灵上的共鸣。

6. 欣赏诗歌之美，通过童诗发展学生的高阶思维

诗是语言的艺术。深刻的思想、鲜明的形象只有用凝练、形象、鲜明、生动的语言来表现，才能成为诗。儿童诗应为儿童学习语言提供优良的条件，让儿童在优美的语言环境中学习语言、丰富语汇，提高他们运用语言、鉴赏语言的能力，同时得到美的享受，[①]促成学生对诗意的不同解读。

新理念指导下的语文教学，更应注重学生语文素养的全面提高，不仅突出语文的"工具性"，还应突出语文的"人文性"。尤其是儿童诗的教学，要给学生更多的个体感悟、交流沟通、放飞思维的空间。

《一个接一个》教学片段：

（1）写一写——仿写诗歌。

师：把这件事写出来，可以写这样的句子（虽然……但是……），也可以像这首诗这样写。（生书写，师巡视，找出几个孩子，找出内容上有对比的。）

（2）议一议——教师评讲。

师：咱们来听一听他们是怎么写的，（读第一个孩子的句子。）他用上了"虽然……但是……"，把句子写清楚了，真不错呀！（读第二个。）哇！这位同学写得更加具体啦！他还用上了儿歌里的句式呢！太棒了！

（3）总结——升华主题。

师：是呀！同学们，同一件事儿，同一个物品，从不同的角度去看，从不同角度去思考，结果是不一样的！发现的事物有好处也有不足！要学会做一个会观察、会思考的孩子！

---

① 徐金贵. 儿童诗的审美教学取向及其策略[J]. 小学语文教师，2020（12）：17-18.

苏联著名教育家苏霍姆林斯基曾说:"情感如同肥沃的土壤,知识的种子就播种在这个土壤上。"要培养学生对诗歌浓厚的兴趣,只有引导学生去理解、品味其中饱含的浓郁的感情,通过思考、想象,把作品中的艺术形象留在自己的头脑中。

童诗篇幅不长,语言精练,留有许多空间,可供学生展开想象的翅膀。教学中教师可指导学生立足生活情境,捕捉仿写素材……学生就在这些具体、生动的情境中,将自己融入社会、融入生活,学会去观察、思考、想象,并从中学会表达。①

在童诗仿写中,由于词汇量的缺乏和学生个性的差异,会出现仿写困难或文不对题的现象,教师要对其进行引导、鼓励。积极评价学生在仿写中用到的好词好句,给予表扬,并将优秀的仿写作品当成范文和全班同学分享,增强学生写作的信心。

童诗富于童趣之美,不仅具有形象美和语言美,还具有情感美、意象美。儿童诗的学习对培养学生的创造品质有其独到之处。在教学中,要注重让儿童通过诵读品味凝练而富有音乐感的语言,欣赏具体而生动的意象,领悟丰富而优美的意境,感受纯真而饱满的情感。对简易儿童诗进行仿写,是将儿童诗教学与语文写作教学结合的有效方法,使儿童更容易亲近诗歌。②

李泽厚说:"审美体验分三个层次:悦耳悦目;悦心悦意;悦志悦神。"这也应该是读诗的三个层次,从引起注意到引发感动,最后引起共鸣。诗歌教学也可遵循这三个层次:触摸诗歌的灵魂,倾听诗歌的声音,感受诗歌的美感。③

三、小说之美

小说是反映生活的一种文学体裁,小说题材源于生活,但较之真实的生活更集中、更典型。小说家们写作的初衷,往往是为了创造出一种自己所喜欢或向往的美好生活。因此,小说中蕴藏着各种令人神往的美。

(一)什么是小说之美

小说之美,美在人物。这里的美,不是指肤浅的表象。小说中的人物,是

---

① 张姣姣.小学生儿童诗仿写教学策略的探究[J].小学阅读指南:高年级版,2019(10):2.
② 孔番.儿童诗仿写教学策略初探[J].教育界·中旬,2018(9):33.
③ 刘应环.美音、美意、美情[J].世纪之星·交流版,2018(3):24.

各色各样的，作者通过外貌、动作、语言、心理、神态进行正面、侧面描写，塑造形形色色的典型人物。

小说之美，美在环境。环境是小说的背景，主要分为自然环境和社会环境。自然环境描写的是时间、地点、季节、气候及花草鸟虫；社会环境的描写是人物活动的背景，氛围以及人际关系等。在环境描写中，重点是社会环境，它揭示复杂的社会关系，如身份、地位、成长的历史背景等。而自然环境包括活动的地点、时间、季节、气候以及景物等，自然环境描写对表达心情、渲染气氛都有作用。

小说之美，美在情节。情节是小说的骨架，推动作品所描写的事件发展、演变，通过开端、发展、高潮、结局展示完整的故事，表现作品主题。小说的情节既要吸引人，又要合乎情理，巧妙地安排情节，但不能脱离生活。

小说的美，由书写符号生动地演绎；表现多种人物在一定社会关系中、一定时代背景下的欢乐与悲伤，呈现出人类生生不息的精神血脉。因此，追根溯源，小说的美，还是来源于人类精神和智慧之美。我们欣赏美的小说，美的小说又在时时观照着我们，书中之人"看着"我，原来我也是书中之人，相互关联，永不分离。

此时，小说的美，正在于远古至今的精神传承和永不停息的思想赓续。

（二）为什么要欣赏小说之美

尤瓦尔·赫拉利说："人类语言真正最独特的功能，并不在于能够传达关于人或狮子的信息，而是能够传达关于一些根本不存在的事物的信息。"小说是虚构的文学作品，是用语言描述我们虽未经历，但通过想象力创造的东西。这些虚构的事物，可以通过我们的传播，渐渐变成所有人经历过的"回忆"。

国学大师王国维曾断言："一切景语皆情语。"其实，景物是客观的，而写景之人则是有情的，"境由心生"就是这个道理。在小说中，作者对任何景物的描写，都倾注了自己的感情。寓情于景，情景交融，物我一体，使读者在读小说时自然而然地产生共鸣，进而给读者带来愉悦之情，陶醉之情，并受到小说美的熏陶，获得阅读小说美的享受。

小说的美璀璨斑斓，难以用语言细致描绘。小说之文字，或是优美，或是庄严；或是高亢，或是低鸣；或是沉郁，或是激昂；或是涓涓细流，或是波涛汹涌；或是酣畅淋漓，或是细腻动人；……林林总总，带给读者的，都是美的享受!

每个地方的人,都觉得自己的方言最能抒情达意而韵味不同;每个种族的人,都自豪于所在的文化圈,深感民族语言的伟大与神奇。的确,小说传承了人类文明,是文化的载体,是文明的结晶,在历史的长河中,熠熠生辉,散发着别样的光彩和魅力。

人的一生唯一不能离开的可以说只有小说,哪怕一句话、一个眼神、一个微笑、一个动作,无不透露着文学的踪影。我们生活在现实中,小说作品取材于生活,因而我们的生活和作者的作品便都成了小说;我们的生活场景又一次次重复着作品的情节。小说无处不生活,生活无处不小说。

(三)怎样引导学生体会小说之美

与其他文学样式相比,小说是跟生活距离最近的,小说的故事性特点,使之成为学生中最受欢迎的文体。语文教学中的小说应以关注课外读写为落脚点,以写辅读,以读促写,达到活跃思维,训练表达,积累思想的教学效果。

如何在语文教学中引导学生学会感受小说之美呢?

1. 感受人物形象,结合细节描写,欣赏小说之美

小说源于生活,著名作家创作的人物形象都具有鲜明的个性特征,有着普遍而深刻的思想意义,具有强烈的艺术感染力。老师首先要引导学生走近这些人物,带领他们通过小说的外貌描写、行动描写、语言描写、心理描写,将小说人物还原到创作的背景中。这有利于学生对作品中人物形象的感知更加深刻而全面,让学生感受小说中的人物美。

1)品味人物语言之美

在小说教学中,人物语言是描写人物性格和塑造人物形象的重要手段之一。当教师在教学中将重点放在人物形象上时,人物语言就成了解读人物的重要依据。教师要尽可能释放人物语言的潜能,引导学生去品读那些能够准确传达语意和情意的人物语言,准确把握文本要义,更好地触摸人物灵魂。

《景阳冈》教学片段:

师:让我们一起来交流。

生:请大家看第一自然段。武松入到里面坐下,把哨棒倚了,叫道:"主人家,快把酒来吃。"只见店主人把三只碗、一双筷、一碟热菜,放在武松面前,满满筛一碗酒来。武松拿起碗,一饮而尽,叫道:"这酒好生有气力!主人家,

有饱肚的买些吃酒。"店家道："只有熟牛肉。"武松道："好的切二三斤来吃酒。"店家去里面切出二斤熟牛肉，做一大盘子将来，放在武松面前，随即再筛一碗酒。武松吃了道："好酒！"我从武松的语言"快把酒来吃""好的切二三斤来吃酒"，动作"一饮而尽"中，感受到他大碗喝酒，大口吃肉的畅快。而且他与店主人的对话全是"叫"出来的，可见武松性格豪爽。

师：你能学着武松叫一叫吗？（老师读旁白：武松入到里面坐下，把哨棒倚了，叫道——）

生：主人家，快把酒来吃。

师：好一个"快把酒来吃"，一点也耽误不得。（师读：武松拿起碗，一饮而尽，叫道——）

生：这酒好生有气力！主人家，有饱肚的买些吃酒。

师：满满一碗酒，一饮而尽，大声叫好。大家想象一下当时情形，再读一读。

生：这酒好生有气力！主人家，有饱肚的买些吃酒。

师：店家道——"只有熟牛肉。"武松道——

生：好的切二三斤来吃酒。

师：突出了"二三斤"，的确是食量惊人。店家去里面切出二斤熟牛肉，做一大盘子将来，放在武松面前，随即再筛一碗酒。武松吃了道——

生：好酒！

师：只有两个字，读好了尽显豪迈。还有谁交流？

生：我找到的是这样几句。武松敲着桌子，叫道："主人家，怎的不来筛酒？"武松笑道："原来恁地。我却吃了三碗，如何不醉？"武松道："休要胡说！没地不还你钱！再筛三碗来我吃！"武松边吃边道："端的好酒！主人家，我吃一碗，还你一碗钱，只顾筛来。"武松道："休得胡说！便是你使蒙汗药在里面，我也有鼻子！"武松道："肉便再把二斤来吃。"武松道："就有五六碗多时，你尽数筛将来。"武松答道："要你扶的，不算好汉！"这些话都是武松在店主人好心相劝时的回答，可见他丝毫不把"三碗不过冈"的劝告放在心里，既感受到他的自信，又感受到他的固执。

师：是啊，店家几番劝说，武松执意不从。两个问句，七个感叹句，一个胆大自信，又固执己见的武松形象就跃然纸上。同桌俩分角色读一读第一自然段里的对话，一位读店家说的话，一位读武松的回答，可以加上适当的动作和表情。（自由读，指名读。）

生：我从第二自然段也读出了武松的蛮横、不讲理。武松听了，笑道："我是清河县人氏，这条景阳冈上少也走过了一二十遭，几时见说有大虫！你休说这话来吓我！便有大虫，我也不怕！"酒家道："我是好意救你，你不信时，进来看官司榜文。"武松道："便真个有虎，老爷也不怕。你留我在家里歇，莫不半夜三更要谋我财，害我性命，却把大虫吓我？"酒家道："你看么！我是一片好心，反做恶意，倒落得你恁地！你不信我时，请尊便自行！"一面说，一面摇着头，自进店里去了。店家一片好意，反被武松误会，可见他的蛮横鲁莽。

师：再细细揣摩这一段，武松的蛮横固执有他的理由吗？

生：我从"我是清河县人氏，这条景阳冈上少也走过了一二十遭，几时见说有大虫！你休说这话来吓我！"读出武松对景阳冈地形非常熟悉，这是他不信店家的一个原因。

生：我是从"你留我在家里歇，莫不半夜三更要谋我财，害我性命，却把大虫吓我？"这个反问句中读出武松固执的背后还蕴藏着谨慎，他担心店家留他住宿是为了谋财害命。

生：我结合资料袋里说的武松为"十大步军头领之一"，可以感受到他武艺高强，所以他才能说出"便有大虫，我也不怕"的豪言壮语。

师：有道理。武松拥有一身好武艺，又行走江湖多年，丰富的经验锻造了他粗中有细、胆大心细的性格。

生：我还发现武松心里怎么想，嘴上就怎么说，并不遮遮掩掩，能感受到他的豪爽。

在教学过程中，同学们自己阅读课文的一、二自然段，找出武松的个性化语言，老师运用了三种方法，让同学们从武松的语言中体会到武松的人物特点：首先让同学们把自己当作是武松来朗读；之后让同桌进行角色扮演，分别扮演店家和武松，让同学们在表演的过程中，通过武松的语言体会武松人物特点；同学们运用资料袋中的资料与武松的语言进行对比。从而引导同学们在语句中找出关键句，进一步体会武松的人物特点。如"主人家，快拿酒来吃。""这酒真有气力！主人家，有饱肚的拿些来吃。""好的切二三斤来。""主人家，怎么不来筛酒？""酒也要，肉也再切些来。"等一连串的关键句，让学生看到一个经过长途跋涉后饥肠辘辘的人物形象。学生再阅读琢磨以下几句话："原来这样。我吃了三碗，如何不醉？""别胡说！难道不付你钱！再筛三碗来！""我是清河县人，这条景阳冈少说也走过了一二十遭，几时听说有大虫！""就是有大虫，我也不怕。"这些出自武松之口的语言，鲜明生动地凸显出了武松豪放、率真、爽朗的性格，学生可以感受小说中的人物语言之美。

2）揣摩人物心理之美

在小说中，人物会从文字中获得生命，同时人物也会有自己的心理活动。通过心理活动的描写可以体现人物的喜怒哀乐，从而使人物形象更加丰满。因此，引导学生分析小说人物的心理活动，有助于学生对人物性格的理解和把握。

《景阳冈》教学片段：

生：我从"欲待发步再回酒店里来"感受到武松得知真的有虎时，第一反应还是害怕，所以他想回到酒店去；当他想到"我回去时，须吃他耻笑，不是好汉"时，又打消了回去的念头，我感受到武松很爱面子，不想被店家瞧不起，这种想法甚至战胜了他的恐惧。

生：我从"怕什么！且只顾上去，看怎地！"一方面读出这时的武松彻底战胜了恐惧，坚定了上冈的决心；另一方面读出武松觉得自己也不一定碰得到老虎，先上冈看看再说。读到"武松自言自语道：'那得什么大虫！人自怕了，不敢上山。'"这一句时，我感觉武松在给自己打气，可见他的确胆量过人。

师：武松的恐惧是真实的，他的倔强好胜、胆量过人也是真实的。

《景阳冈》中对武松的心理描写非常真实贴切，反映出武松的内心变化，表现出他的英雄气概。教师通过抓住关键句子的方法让学生体会，如：武松看到官府的榜文，"知道真的有虎"时，他想，"我回去时，须吃他耻笑，不是好汉！""怕什么！且只顾上去，看怎地！"这里的武松虽然有些犹豫，但更多的是勇往直前的豪气。天将黑时，没看到老虎，便"自言自语道：'那得什么大虫！人自怕了，不敢上山。'"这是他在为自己壮胆，感到武松有些担心，让学生体会到武松也是血肉之躯，有些担心很真实。通过分析解读武松的心理活动，让武松的形象在学生的脑海中活了起来，感受到人物心灵之美。

《少年闰土》教学片段：

课件出示：

·我那时并不知道这所谓猹的是怎一件东西——便是现在也没有知道——只是无端地觉得状如小狗而很凶猛。

·我素不知道天下有这许多新鲜事：海边有如许五色的贝壳；西瓜有这样危险的经历，我先前单知道它在水果店里出卖罢了。

·阿！闰土的心里有无穷无尽的希奇的事，都是我往常的朋友所不知道的。

他们不知道一些事，闰土在海边时，他们都和我一样只看见院子里高墙上的四角的天空。

（学生齐读。）

师：你们感受到了什么？

生：感受到"我"有很多新鲜事都不知道。

师：是啊，"我"对于这些事"并不知道""也没有知道""素不知道""所不知道"。可是闰土都知道（男女生再次合作读第6～18自然段），当闰土在乡下捕鸟、看跳鱼儿、捡贝壳、管西瓜时，"我"作为一个城里人、一个大少爷，什么都做不了。

师：同学们再来看"高墙上的四角的天空"指什么？这是谁看到的？

生：指的是"我"和"我"往常的朋友从高墙内往外看，看到的天空形状是四四方方的很小。

师：这说明"我"和"我"往常的朋友每天都在家里，与外面的世界很少接触，生活范围很狭窄，与生活在海边的闰土相比，形成了鲜明的对比。由此，你想到了哪些成语？

生：井底之蛙，坐井观天。

师：在这里也可以感受到"我"不满的是什么？向往的又是什么？

生：我感受到"我"对自己所处的地位和环境的不满，也流露出对丰富多彩的农村生活的向往。

师：你们不仅读懂了文字，还读懂了文字背后的人。让我们带着这种不满和满怀的向往一起来读。（师生齐读第18自然段。）

教师通过理解含义深刻的句子从中找到关键词，体会"我"的心理变化。从关键词"并不知道""也没有知道""素不知道""所不知道"，让学生体会到"我"从心理上对少年闰土的羡慕和钦佩，再从关键词句"高墙上的四角的天空"感受到"我"对自己所处的地位和对环境的不满，以及对丰富多彩的农村生活的向往。这样不仅能拉近学生与"我"的距离，感受"我"丰富的内心世界，还能让学生体会到小说人物在作者笔下的丰满形象。

3）紧扣人物动作之美

在小说中，细小的动作塑造了人物丰满的形象，动作细节虽小，但不可小视。紧扣人物动作之美进行描写，能使人物性格鲜明、活灵活现，增强内容的真实性、生动性和感染力。动作描写是小说故事情节中的一粒粒珠子，只有让动作描写细致到位,才能让故事情节紧凑连贯,动人心弦。

《景阳冈》教学片段1:

师:谁愿意和老师合作朗读,再现武松打虎的场景?(师生合作朗读。)大家有什么发现?

生:我发现施耐庵将老虎和武松交替进行描写。

师:你很会"发现"。他为什么要这么写?

生:这样写更能够再现武松和老虎你来我往,殊死搏斗的场景,我读着读着都不禁为武松捏了一把汗。

生:我发现武松打虎很不容易,并不是一招制胜,而是险象环生。

师:说得好。再细细读读这两段,从哪些语句中你感受到了一个"险"字?

生:我从三个"闪"、一个"躲"中感受到"险"。大虫从乱树背后跳出,使出了三招:一扑、一掀、一剪,可是武松却只是闪躲,给我的感觉是只有招架之功,没有还手之力。

师:从这三"闪"一"躲"中,你还读出了什么?

生:我还读出了武松的机智。课文中有这样一句话"原来那大虫拿人,只是一扑,一掀,一剪,三般提不着时,气性先自没了一半",武松没有一开始就和老虎硬碰硬,而是在猛虎气势最盛的时候进行闪躲,避其锋芒,待老虎气性先自没了一半的时候再进行反击,所以我感受到了武松的机智沉着。

《景阳冈》教学片段2:

师:面对近在咫尺的猛虎,武松的反应如何?用圆圈标出动词,说说你的感受。

生:武松的反应是"丢""揪""按""踢""按""揪""偷""提""打",其中最关键的动作是"两只手就势把大虫顶花皮揪住,一按按将下来",这一"揪"、一"按",就让老虎没有办法张开它的血盆大口,武松才能获得反守为攻的机会,我感觉到武松真可以称得上身手敏捷、力大无穷、智勇双全。

生:武松打虎的一系列动作需要拼尽全力,容不得半点闪失,从他尽平生之力打出的五、七十拳中,可以看出武松的神勇。从武松"只怕大虫不死,把棒橛又打了一回"又能看出他的细致。

师:体会得好。让我们师生合作读,再现打虎情景。(师生合作朗读。)

教师在教学中引导学生抓住武松和老虎的动作进行交流。从武松三次"闪"一次"躲",以及"丢""揪""按""踢""按""揪""偷""提""打"

等几个动词中感受武松打虎的英雄气势，再现武松勇武过人的高大形象。

《桥》教学片段：

师：面对可怕的洪水，村民惊慌失措！但有个人没有惊慌，谁没有？

生：老汉。

师：你是怎么发现的？

生：课文中写道，"木桥前，没腿深的水里，站着他们的党支部书记，那个全村人都拥戴的老汉。老汉清瘦的脸上淌着雨水。他不说话，盯着乱哄哄的人们。他像一座山。"

师：为什么说老汉像一座山呢？品读老汉这危急关头下的一道命令。请找出来，读一读。

生："桥窄！排成一队，不要挤！党员排在后边！"

师：此时情况危急，死亡逼近，老汉是怎样喊话的？

生："声音沙哑"。

师：是啊，他的声音像大山一样坚定，铿锵有力。让我们铿锵有力地读读这段话。

这里将文中的老汉比作"大山"，他虽然只是站在那里，尽管他只是声音沙哑地喊出一句话，但是我们却能直观地感受到老汉的坚定。正是他的这种责任感、使命感，使得我们在阅读时感受到其舍己为人的精神力量。

4）感受人物细节之美

小说作为一种常见的文学体裁，要让学生有清晰的认知。小说以塑造人物为核心内容。在教学中，教师首先要围绕人物塑造展开学习，学生通过理顺小说细节，对人物形成有形认知。小学生对小说的人物感受比较模糊，教师要从学习方法上给予一定指导，让学生结合各种细节描写——如语言描写、动作描写、心理描写——进行解读，这样才能对人物形象有深刻认知，才能感受人物形象之美。

《红楼春趣》教学片段：

师：好，咱们全班来交流分享。宝玉给你留下了什么样的印象？

生：请大家看第一自然段。宝玉笑道："我认得这风筝，这是大老爷那院里嫣红姑娘放的。拿下来给他送过去罢。"我写的批注是：细心、善良、平等。因为宝玉是个少爷，嫣红姑娘是个丫鬟，他还想着把风筝给嫣红姑娘送过去，从这里可以看出宝玉是个很细心、很善良的人，他待人平等，不会高高在上。

生：我补充一下，大观园里那么多人，宝玉却认得这是谁的风筝，可见他心思细腻，善于观察。

师：是啊！宝玉一句脱口而出的话，大家体会到的是宝玉的善良、宝玉的细心、宝玉的待人平等。的确，宝玉就是这样一个人。来，我们一起来读一读宝玉的话。（出示课件。）

（生齐读。宝玉笑道："我认得这风筝，这是大老爷那院里嫣红姑娘放的。拿下来给他送过去罢。"）

生：我交流的是第三自然段。宝玉又兴头起来，也打发个小丫头子家去，说："把昨日赖大娘送的那个大鱼取来。"小丫头去了半天，空手回来，笑道："晴雯姑娘昨儿放走了。"宝玉道："再把大螃蟹拿来罢。"丫头去了，同了几个人，扛了一个美人并籰子来，回说："袭姑娘说：昨儿把螃蟹给了三爷了，这一个是林大娘才送来的，放这一个罢。"宝玉细看了一回，只见这美人做得十分精致，心中欢喜，便叫："放起来！"我的批注是：脾气好，没有架子。因为大鱼风筝被晴雯放走，螃蟹风筝给了三爷，他却一点儿也不生气，要是别的公子哥儿可能早就发脾气了！由此可见他一点儿也没有公子哥的架子，为人很大气，不爱斤斤计较。

生：我给她补充一点，当宝玉看到美人风筝十分精致，心中欢喜，便叫"放起来"。我从这里读出了宝玉喜欢美女，因为是美人风筝，所以心里欢喜。

师：好，说到这一点，我们不妨设想一下，假如大鱼风筝、螃蟹风筝和美人风筝都在，让宝玉选，你们猜他会选哪个风筝？

生1：我猜他选美人风筝，我读过《红楼梦》，知道他是一个重女轻男的人，所以他会喜欢美人。

生2：我觉得他会选大鱼风筝。因为他第一个说的就是大鱼风筝。其次才是螃蟹风筝。

生3：我觉得还是会选美人风筝。因为美人风筝虽然不是他的首选，但是拿来之后，他仍然心中欢喜，还叫"放起来"。所以相比较而言，我认为他还是很喜欢美人风筝的。

师：是啊！你们讲得有根有据，分析得头头是道！其实，宝玉确实喜欢女性，重女轻男，他曾经说过这样的话，谁来读一读？（出示课件。）

生读：女儿是水做的骨肉，男人是泥做的骨肉。我见了女儿，便觉清爽；见了男子，便觉浊臭逼人。——出自《红楼梦》第二回。

师：这里的"女儿"指的是妙龄少女。古时候，男女有别，重男轻女。这些"女儿"们的社会地位很低很低。然而宝玉与一般人不同，他对女性很好，他竟然说出了这样的话——。我们合作来朗读。

师：女儿是——

生："水做的骨肉"。

师：男人是——

生："泥做的骨肉"。

师：我见了女儿——

生："便觉清爽"。

师：见了男子——

生："便觉浊臭逼人"。

师：宝玉是这样说的，也是这样做的。他对丫鬟们都是那样的体贴，甚至对一个美人风筝都这样的喜欢。带着这样的理解，我们请几个同学来分角色读一读这段话，通过朗读来表现宝玉的善良、大气、纯真、可爱。

师：你们注意到了吗？这段话是从哪个方面描写出宝玉的特点的？

生：是从宝玉的动作和言语描写出他的特点的。

师：是啊，这里作者抓住宝玉的动作和言语，细腻而又生动地刻画了宝玉的形象。咱们继续交流，你们还从哪儿获得了对宝玉的印象？

生：请大家把关注的目光投向第四自然段。宝玉说，丫头们不会放，自己放了半天，只起房高，就落下来，急得头上的汗都出来了。众人都笑他，他便恨得摔在地下，指着风筝道："若不是个美人，我一顿脚踩个稀烂。"这里通过对宝玉动作、语言、神态的描写，进一步突出了宝玉的性格直率、纯真，有些小孩子气。同时还能看出他确实喜欢美女，对美女特别关爱。

　　小学生读小说只是对小说情节感兴趣，对小说的人物形象内涵往往缺少感知。如何带领学生感受小说中的人物之美呢？教师根据小说的情节特点进行了点拨。在学习《红楼春趣》时，教师借助文章中关于贾宝玉的动作、神态、语言等细节描写，了解宝玉的性格特点，比如性格直率、纯真。教师再通过分角色朗读，让学生通过细节描写，进一步感受宝玉的个性特点。这样，学生对小说人物理解逐渐加深，充分感受人物之美。

　　同时，课文后面的阅读链接也是深化小说人物之美的一种学习方式。要求学生从各种细节描写中，去感受红楼人物不同的性格特点，如：贾宝玉的率性、多情、温和、善良、富有同情心、单纯、没有功利心；林黛玉的敏感、细心、淡泊、真实、易伤感、绝顶聪明、悟性极强；薛宝钗的外表冷漠，内心炽热；……让学生在无声处感受到人物性格之美。教师设计问题，让学生通过对小说细节的讨论，感知小说人物形象的个性特征，凸显小说人物的形象之美。

2. 结合环境描写，让学生身临其境，体会小说之美

环境是形成人物性格，推动故事发展的特定场所，分为自然环境和社会环境。自然环境是具体场景，比如地点、气候、景色等，这些可以让我们感受直观的环境之美，或亭台楼阁，或山清水秀，或银装素裹。而社会环境主要是指人物活动的时代背景、氛围以及人物关系等，或天下太平、盛世年华，或战乱不断，或与世隔绝。

1）关注自然环境，把握人物形象

《草船借箭》教学片段：

师：课前我们已经预习过这篇课文了，现在我来检查一下大家的预习情况。（出示：①谁向谁借箭？②怎样借箭？③借到箭了吗？）

师：大家可以一边回忆课文内容，一边思考。谁来回答第一个问题？

生：我知道"草船借箭"这篇课文是诸葛亮找曹操"借"箭。

师：很好。看来你确实读过这篇课文。诸葛亮是怎样借箭的呢？有没有同学知道？

生：诸葛亮是利用大雾天气，用二十条草船去找曹操"借"箭。

师：很好，从你的回答中可以看出你在预习这篇课文时读得特别仔细，不仅注意到了诸葛亮借箭所用的船只，还关注到了当时的天气条件。借箭的结果怎样呢？

生：诸葛亮"借"到了十万支箭，不仅战胜了曹操也战胜了周瑜，大获全胜。

雾多出现在深秋、初冬的早晨。赤壁南有九连山脉，西有大巴山，东北有大别山。荆襄一带，每年冬天，当西北风转成东南风的时候，就是天气回暖之时。这时，大气层结稳定，而且闷湿，容易形成大雾。在孔明与周瑜商议此事之前，已经对天气的变化做了预测。他推断东南风即将到来，暖湿的空气会汇聚在盆地，到了夜间，雾就很容易形成。因此，诸葛亮正是凭借天文地理知识，从神奇的大自然那儿"借"来了10万支箭。

《桥》教学片段：

师：文中是如何描写山洪暴发的场景的？

生："山洪暴发前：黎明的时候，雨突然大了。像泼。像倒。""山洪暴发时：山洪咆哮着，像一群受惊的野马，从山谷里狂奔而来，势不可当。近一米高的洪水已经在路面上跳舞了；水渐渐窜上来，放肆地舔着人们的腰；水，爬上了老汉的胸膛。"

文中自然环境描写非常具体，仿佛洪水已经倾灌到我们的四周，这显然不是我们平时理解的"美"，然而这种对灾难环境的描写，却能给人一种心灵上的震撼，是一种更难触及的"壮美"。

《少年闰土》教学片段：

回忆：品读"月下刺猹的闰土"。

过渡：理清了文章的顺序，也就了解了文章的大意。这段回忆，对于作者来说是刻骨铭心的。请你轻声朗读第一自然段。（学生阅读。）

课件出示：

深蓝的天空中挂着一轮金黄的圆月，下面是海边的沙地，都种着一望无际的碧绿的西瓜。其间有一个十一二岁的少年，项带银圈，手捏一柄钢叉，向一匹猹尽力地刺去。那猹却将身一扭，反从他的胯下逃走了。

（1）环境描写，读出色彩。

指名读第一句话，圈出句子中描写的景物。（深蓝的天空，金黄的圆月，碧绿的西瓜。）

想象：你的脑海里浮现出什么样的画面？请你读出那些美丽的色彩。

（2）人物描写，学习批注。

教师读第一句，指名学生读第二、三句。

体会：你觉得闰土是一个什么样的少年？并把自己的感受批注在句子旁边。

生：通过"捏"和"刺"这两个动词，可以感受到闰土的机智与勇敢。

（板书："机智""勇敢"。）

赏读：谁能把这个少年的英勇不凡、机敏读出来？

（3）对比朗读，感受变化。

指导：第一句描写的是（景物），第二、三句描写的是人物；（景物）是静态描写，人物是（动态描写）；读（静的景物）用舒缓的语调，读动的人物需要用（轻快的语调）；（动静）结合，画面简直太美了。

合作读：你们读第一句，我读后面两句，我们来比比谁读得更好。

教学中教师带着学生圈出带有色彩的短语，让"深蓝的天空""金黄的圆月""碧绿的西瓜"组成一幅色彩丰富的画面。之后通过"捏"和"刺"的动作，描绘出表现闰土机灵、活泼、勇敢的少年刺猹图和月夜瓜地图。动态描写和静态描写的结合，使学生从表达中体会小说环境之美。

2）结合社会环境，读懂人物命运

对于学生来说，《少年闰土》中的闰土或许是一个普通的人物形象。为何鲁迅要写下这样"普通"的闰土呢？教学时，把闰土还原到了鲁迅创作《故乡》的环境中：少年闰土与"我"有过短暂的相处，但他却给"我"留下了美好深刻的印象；在离开家乡30余年后，"我"重回故乡，再次见到了闰土，却看到了一个被生活所迫变得麻木的闰土，这让"我"感受到闰土的变化是非常大的，于是才会回忆起了30年前刚刚认识时的闰土。

《少年闰土》教学片段：

三十年，这幅美丽的画面就烙印在"我"的心中。三十年后，再见到的闰土是怎样的呢？和记忆中的闰土一样吗？我们一起来读读鲁迅的《故乡》。（课件出示《故乡》节选。）

（1）学生默读，交流自己的感受。

（2）深思：作者为什么要如此描写少年闰土？（补充小说《故乡》的写作背景。）

（3）明确：作者如此描写少年闰土，就是为了与成年闰土进行对比，从而表达自己对劳动人民的同情，对现实的不满和改造旧社会、创造新生活的强烈愿望。

通过还原文章的创作环境，学生认识了一个被生活所迫而变得思想麻木、精神萎顿的人物形象，和"我"初识时的少年闰土有着天差地别的变化。将这一形象还原到作者的创作背景中，可以让学生对少年闰土的形象感知变得更加丰富而深刻，从而更能体会到鲁迅笔下少年闰土形象的独特之美。

《景阳冈》这篇课文具有特殊的文化环境，同时饱含丰富的传统文化痕迹。小说背后都有作者生平及写作环境介绍，适时呈现可以让学生更容易走近作者，跨越时空，与作者产生情感上的共鸣。教师可以通过播放相关图片、音乐、视频等，让学生深入了解课文情境，并导入情境，以激发学生的学习兴趣，充分感受文学的魅力。

《景阳冈》教学片段：

生：《水浒传》是我国著名的古代长篇小说，写了北宋末年以宋江为首的众多梁山好汉的故事。武松是这部小说的主要人物之一,在梁山一百单八将中排行第十四位,人称"行者武松"。景阳冈打虎之后,他被阳谷县令任命为都头。后来,他历经波折,在逃亡途中投靠梁山,成为十大步军头领之一。

师:《景阳冈》是《水浒传》中脍炙人口的英雄故事之一,故事的主人公武松更被文学批评家金圣叹誉为"水浒第一人"。今天我们就要走进这个脍炙人口的故事,感受"水浒第一人"的风采。

学生对于《水浒传》的环境是陌生的,为此应引导学生了解《水浒传》作者的创作背景,了解武松这个人物生活的时代和社会氛围。金圣叹评价武松,"水浒第一人"。为何武松是"水浒第一人",颇值深思。这样不仅可激发学生的阅读兴趣,还能拉近学生与课文、学生与主角之间的时空和心理距离,为学生能身临其境、体验小说之美打通了思维的路径。

3. 结合故事情节,在高潮反转中体会小说之美

小说通过故事情节来展示人物性格,并表现主题。作者往往根据人物性格的发展,人物与人物之间的关系和矛盾冲突来讲述事件。其中故事情节的"反转"往往能给人一种"柳暗花明"或"风波骤起"的感觉,正是这些情理之中、意料之外的反转,更能让读者沉浸其中,体会到故事情节跌宕起伏中的惊喜或紧迫。

《草船借箭》教学片段:

师:此时,你们对诸葛亮又有了什么了解?

生:诸葛亮考虑周全,安排巧妙。他了解周瑜、鲁肃和曹操,还知晓天气;利用大雾,轻轻松松向曹操"借"到了十万支箭,真是足智多谋。

师:是啊,知人心、知天象,调了二十条草船就"借"到了十万支箭,立下奇功。

生:诸葛亮还很有胆识,料定曹操不会轻易出动,所以逼近曹军水寨去受箭。当时鲁肃的"吃惊"更是反衬了诸葛亮的泰然自若。

师:是啊,这一惊一定、一张一弛,与大雾、箭雨、鼓声相互交错,更是展现了诸葛亮的胆识过人。

生:外面箭雨不断,而诸葛亮在船内饮酒取乐,一点也不慌张,他真是胸有成竹。

师:大家看课文里的插图就是当时的情景。

生:诸葛亮把船掉过来,船头朝东,船尾朝西,既是为了让船两面受箭,

也是方便最后能快速回去。

师：诸葛亮的这个巧妙安排也被你发现了，你也很厉害呀。看来诸葛亮不仅上知天文，还下知地理，最后借助地理环境，顺风顺水迅速离去，真是知识渊博啊。

《草船借箭》全文结构清晰严谨，围绕"借箭"这一主线，按照事情发展的起因、经过、结果的顺序展开叙述。课文开头先介绍了事情发生的起因：周瑜因为诸葛亮的才干而妒忌他，以"军中缺箭"为由要求他在十天内造出十万支箭，想借这个不可能完成但诸葛亮又不能拒绝的任务来给他定罪，然而诸葛亮却立下军令状，承诺只要三天便可以造好十万支箭。紧接着是"草船借箭"前的准备：诸葛亮向鲁肃借了二十条船，要求每条船上有三十名军士、船两侧用青布幔子遮挡起来，要一千多个草把子等，并叮嘱鲁肃不能让周瑜知道。接下来草船借箭的经过是全文的重点也是最精彩的部分：第三天凌晨，诸葛亮秘密地将鲁肃请到船里，在大雾弥漫时把二十条布满草把子的船用绳索连接起来开往曹军水寨，此时由于江上雾很大，连面对面都看不清，曹操因此而不敢轻易出兵，只下令让弓弩手朝敌军方向放箭，很快二十条船的船两边草把子上都插满了箭。最后一个自然段是事情的结果：十万支箭按时交给周瑜，周瑜在知道诸葛亮"借箭"经过后自叹不如。故事情节紧凑，环环相扣，跌宕起伏，充满悬念。

《景阳冈》教学片段：

师：《景阳冈》共八个自然段，两千余字，按故事的发展顺序依次写来。请同学们再次默读课文，你能用简洁的语言将下面的内容补充完整吗？

（出示："喝酒→（　　）→（　　）→（　　）"。）

生：我补充的是上冈、打虎、下冈。

师："喝酒"是故事的起因，"上冈"则是故事的发展，"打虎"是故事的高潮，"下冈"则是故事的结尾。请用"//"将课文分成四个部分。（生自由划分。）

师：谁来交流？

生：第1、2自然段为第一部分，第3~5自然段为第二部分，第6、7自然段为第三部分，第8自然段为第四部分。

师：真好。大家默读了两遍课文，就了解了这么多的信息，真会读书。你们能借助这些关键信息，说一说这个故事的主要内容吗？

（生自由说、指名说。）

生：武松在阳谷县一家酒店内连喝了十几碗酒，不顾酒家"三碗不过冈"的劝阻，独自上了景阳冈，真的遇到了一只吊睛白额猛虎。他赤手空拳与猛虎搏斗，最终把猛虎打死。他担心再遇到猛虎，就一步步挨下了景阳冈。

师：你们看，默读课文时，一边读一边想，了解关键信息，就能帮助我们很好地了解故事的主要内容。作者集中笔墨，在《景阳冈》这个故事中塑造了武松这个光彩夺目的人物形象。下面我们就深入文本，走近这个人物。

这篇文章节选自原著小说，学生读起来可能会觉得有些生涩。因此，在学生将课文读正确、读流利的基础上，老师引领学生按故事的发展顺序，整体把握文章内容，理清文章的脉络。通常小说故事情节展开过程可分为开端、发展、高潮、结局四部分。按照这种方法，一篇冗长的文章就在学生的头脑中留下了印象。本课的情节由饮酒、上冈、打虎、下冈四个主要片段组成。情节的发展变化记叙了武松一路的所作所为，使学生身临其境，仿佛看到了武松打虎的全过程。

小说是虚构的故事，但其艺术性、教育性是显而易见的。教师在小说解读中，要注意渗透小说情感之美，要让学生通过故事情节和环境描写感受人物命运与社会的关联，通过对小说各种维度的把握，体察小说的思想脉络和情感线索，在阅读思考中形成具体认知，在与人物的对话中感受小说的基本内涵。

《红楼春趣》教学片段：

生：我发现本文和《红楼春趣》中有些说法是一致的，两篇文章里都写到了放风筝是放"晦气"的，我从中感受到放风筝这个民俗活动的悠久历史，同时也感受到我们中国传统文化的传承。

师：同学们各抒己见，精彩纷呈。是啊！有很多学者认为，每一个风筝都是有深刻寓意的。那么。回到《红楼梦》，作者曹雪芹为什么安排了不同的人放不同的风筝？不同的风筝又代表了红楼人物各自怎样的人生命运？感兴趣的同学可以到《红楼梦》中寻找答案。

小说都有比较明确的主题，表达作者对生活的独特认知，抒发自己深沉的感情。教师应该利用好这些元素，对学生进行深入细致的情感教育，让学生感受小说的情感之美。

小学语文的小说教学主要从小说情节展示入手，对人物性格进行分析比对，对情节描写进行揣摩学习，让学生深刻感受到小说的人物形象之美，语言特点之美，小说情感之美，引领学生感知细节描写的技巧、词语运用的精妙、在小说学习中感受到祖国语言文字的优美!

4. 从文学语言切入,体会小说表达之美

小说语言有自身特点,教师要给学生讲清小说应用语言规律,让学生能够感知小说的个性化语言。特别是古典小说和现代小说的语言差别。在语言比对中,显示古典白话小说语言特征,让学生明确小说具有时代性。不同时代具有不同的语言个性,小说是时代的现实写照,自然有时代烙印。不仅人物对话要与时代吻合,叙述性语言也要适合当时的环境。因此,教学中,要引导学生学会鉴别不同时代的语言特征,对一些代表性词语进行集中学习,帮助学生扫除阅读障碍,体味小说的语言特点之美。

《红楼春趣》教学片段:

师:下面我们尝试着运用这些方法去理解课文中难懂的词句。可以独立学习,也可以和同桌交流讨论。

(生自主学习。)

师:好,我们来交流一下。你读懂了哪些难懂的词句?是怎么读懂的?

生:"窗屉子"我猜和窗户有关吧。我在电视上看过古代的窗户,这个可能是窗上的木框子。

生:请大家看第一自然段这一句,"探春笑道:'紫鹃也太小器,你们一般有的,这会子拾人走了的,也不嫌个忌讳?'"我联系上文,知道有一个风筝断了线,掉了下来,紫鹃要去拿起来,探春就说紫鹃小气,不该捡别人掉了的风筝,这个事情不太好。我猜这句话大概是这么个意思。

师:你讲得非常清楚。这句话就是这么个意思。根据你对这句话的理解,你认为"忌讳"在这里指的是什么?(出示课件。)

生:就是紫鹃捡别人掉了的风筝,这个事情不太好。

师:为什么捡别人掉了的风筝不好,是个忌讳呢?

师:我们来看看黛玉是怎么说的?你来读。(出示课件。)

生:"黛玉笑道:'可是呢。把咱们的拿出来,咱们也放放晦气。'"

师:黛玉说把风筝拿出来放,就是放——

生:"晦气"。

师:对,放风筝就是放晦气,这是古代的一种习俗。那么,捡风筝就是捡——

生齐说:"晦气"。

师:所以不能捡人家掉的风筝,这就叫忌讳。那么,黛玉要放的晦气是什

么呢？有没有同学知道？

生：黛玉要放的"晦气"应该就是她的病。

师：没错。读过《红楼梦》就会知道，黛玉从小体弱多病，长期服药，但不见好转。所以她说的放"晦气"就是放掉——

生："病根子。"

师：理解了这两个词语，我们再来读一读这两句话。

（生齐读。）

师：继续交流。你还读懂了哪些词句？

生：请大家看第二自然段这句话，"丫头们搬高墩，捆剪子股儿，一面拨起籰子来。"这句话里有好几个以前从没见过的词语，我就整体理解。联系上下文，我觉得这句话说的是放风筝之前做的各项准备工作。

师：（出示课件。）哦，他说是准备工作。还有不一样的猜测吗？比如那几个从没见过的词语？

生：我觉得这三个词语可以先不用理解，直接跳过，因为它不影响我们理解整篇文章的意思。

师：他说了一个很好的办法——暂且跳过。

生：我觉得可以联系我们的生活经验大致理解一下。高墩可能是比较高的凳子。剪子股儿应该是剪子，"捆剪子股儿"是干什么我不知道，"籰子"应该是用竹子编的一种工具，是放风筝要用的。我觉得这三个词语就这样模糊理解，不需要弄得明明白白。

师：他说了一个很有意思的办法——模糊理解。他猜得对不对呢？我们来看图。（出示课件："高墩""籰子"。）

师：刚才我们通过联系上下文，通过猜测，通过联系生活经验，还通过模糊理解，大体上梳理了这篇文章中的难词新词陌生词。如果文中还有其他不理解的词句，都可以用以上方法去解决。

《红楼春趣》用词介于古文和白话文之间，因此，形成了独特的语言风格。如晦气、搬高墩，捆剪子股儿，拨起籰子等词语，联系上下文，学生知道了黛玉从小体弱多病，长期服药，但不见好转。所以她的"放晦气"就是放掉病根子。学生再结合生活实际，也体会到"搬高墩，捆剪子股儿，拨起籰子"是指放风筝之前做的各项准备工作。

教师将词语学习作为小说教学的重要内容，目的是通过学生阅读感知，进行系列对比，让学生对古典白话小说的语言有所了解。并延伸到对课文的理解。小说语言有极强的个性特征，既反映一个时代的特点，又打上作者个人的印记。只有多阅读、多比较才能理解。

看小说时，遇到这些词语，可以联系上下文猜出大致意思，进一步体味小说的语言特点之美。

小说是有生命的艺术品，小说教学应重视整体感知、整体把握。小说的阅读鉴赏应尊重学生的个人见解。教师的导读艺术就表现在善于激发学生自主阅读的兴趣，并能相机进行点拨，对课堂节奏能有效调控。只有这样，学生才会学有所得，学有所获！

参考文献

［1］亚瑟·梅尔泽．人的自然善好［M］．上海：上海人民出版社，2020．

［2］蓝华增．意境——诗的基本审美范畴——读王国维《人间词话》札记［J］．云南社会科学，1981（01）：87-96+23．

［3］吴仙禄．赤手空拳斗猛虎 动作语言显本色——《景阳冈》教材分析及教学建议［J］．湖北教育，1998（Z1）：52．

［4］吕林．与众不同的小说，与众不同的教法——以鲁迅《少年闰土》的教学为例［J］．小学教学研究，2020（12）：95-96．

［5］王成．鲁迅主题阅读教学开启寻"美"之旅——以统编版语文六年级上册《少年闰土》为例［J］．小学教学研究，2021（06）：85-86．

四、童话之美

童话是文学艺术中的一颗璀璨明珠。它通过丰富的想象、奇特的幻想和夸张比喻等手法编写适合儿童欣赏的故事，具有语言通俗易懂、情节离奇曲折、引人入胜的特点。作为语文教师，自觉地引领孩子进入童话的宫殿，让孩子享受快乐的童年，是义不容辞的责任。

（一）什么是童话之美

童话之美，美在语言。童话文本的语言特征体现了成人与儿童在审美心理上的沟通与对话，从而使童话语言呈现出双向思维的汇流与融合，字里行间散发着独特的美感。童话世界万物皆可有思想，会说话，语言生动活泼，这些语言亲切真实，十分贴近儿童。

童话之美，美在形象。童话中的人物，有着最纯真，最朴实的情感，容易被孩子所接受与理解。从童话人物所经历的事件中小学生能辨识真善美和假丑恶的区别，体会到人性的光辉。

童话之美，美在幻想。童话作品通过丰富的想象、夸张和象征等手法来塑造形象。故事情节往往离奇曲折，引人入胜，同时又往往采用拟人的方法，举凡花鸟虫鱼，花草树木，以及家具、玩具等皆可赋予生命，注入思想情感，使它们人格化。童话有着神奇瑰丽的幻想色彩，幻想构成童话的主要美感成分。幻想可以带给读者美的享受，给读者新奇的阅读体验。

童话之美，美在内涵。童话是儿童不可或缺的精神食粮。童话故事往往简洁明了而又意味深长，富有哲理的意蕴美。优秀的童话作品往往能在孩子们的心田播下"真善美"的种子，引导孩子们去发现并感受世间万物的美好。

童话之美，美在结构。童话文本中常见的反复叙事看似简单，但那些经过认真选择的词语，反复强调主题，推动情节发展，起到一波三折、引人入胜的叙事效果。

（二）为何要感悟童话之美

童话深受儿童喜爱，其动人的故事、有趣的形象、优美的语言、曲折的情节，让孩子们深深着迷。当童话选入教材，承担起语言运用和精神奠基的双重作用时，我们除了带领儿童在跌宕起伏的童话故事情节里穿行，也应该引领儿童获得语言训练和精神浸润的双重教益。[1] 感悟童话之美能强化学生的语言感知能力，童话通过语言来表现鲜明的人物形象、生动的故事情节、深厚的情感和独特的艺术风格。童话语言浅近，既通俗明白、晓畅而又有艺术的美感。童话语言具有幽默性和模糊性，这些特点都是儿童喜闻乐见的，因此，童话教学能够强化学生的语言感知能力，儿童根据自身的生活经历和想象力感知语言，同时拓展想象的空间，发展儿童的想象力和思维力。

感悟童话之美可以培养学生的审美情感。儿童不善于控制自己的情感，情绪多变，心境持续时间短。童话是以一种儿童可以接受的方式抒发：爱与恨、情和仇、喜和悲、乐与苦、敬与畏等世间情感，丰富了儿童的生活体验。在肯

---

[1] 卢望军.探索童话之美[J].湖南教育，2019（05）：36-37.

定或否定的心理冲突中，儿童体会到了喜欢、愤怒、悲伤、爱慕、厌恶、赞赏等情感体验，对儿童的个性发展有好处。①

儿童在阅读童话的过程中，会进入光怪陆离的童话幻境，体验现实生活中未曾体验的事物，感受童话作家独具特色的审美个性，例如，粗犷的美、幽默的美、抒情的美以及喜剧的美、悲剧的美等。阅读童话会使儿童的情感日渐丰富，审美品位不断提高。②

我们应该重视语文课程对学生思想情感所起的熏陶感染作用，注意课程内容的价值取向，树立社会主义荣辱观、培养良好思想道德风尚，同时也要尊重学生在语文学习过程中的独特体验。小学语文部编新教材在原有教材的基础上，增加了童话的篇幅。童话中的审美教育对促进学生的审美能力的提高和人生观、价值观的奠基，具有重要的意义。

感悟童话之美可以培养学生的想象力和创造力。想象是在外界刺激的影响下，在头脑中对先前感知过的事物进行加工改造，是形成新形象的过程。想象是创造的基础，它在人类认识事物、改造世界的过程中有着重要作用。没有想象力就没有创新精神。儿童因为知识经验的不足，很难对一些千奇百怪的现象作出科学的解释，要解开这些疑团，唯有借助想象去解读童话。儿童比起成年人来，更喜欢想象，在某种程度上比成人更富于创造性。③在儿童对丑小鸭的遐想中，在对卖火柴的小女孩的同情中，在对动物们的生活的向往中，都是离不开儿童想象的。

通过语文教学，引导学生感悟童话之美，利用有效的童话教学强化学生的语言感知能力，促进儿童审美能力的发展和想象力、创造力的提升。④

（三）如何引导学生感悟童话之美？

童话之美需要通过传递才能留于学生心底，构成这座心灵桥梁的，正是教师的教学。教材中的一篇篇童话，正是我们引导学生感悟童话之美的蓝本。下面结合余梦蝶老师《我是一只小虫子》、董琼老师《卖火柴的小女孩》和张苏琴老师《沙滩上的童话》等课文的教学做具体阐述。

---

① 岳琴.童话特征及其教学意义［J］.文学教育（上），2018（31）：180.
② 李莉.阐述童话与语文教学的关系［J］.中外交流，2018：226-227.
③ 赵政雄.童话特征及其教学意义［J］.文学教育，2018（03）：119.
④ 姜英.让童话之美绽放于童心——以小语部编新教材为例谈童话的审美教学［J］.新课程，2020（22）：82.

1. 品读关键词句，欣赏表达之美

童话教学应当自始至终关注课文的语言表达形式，揣摩、品味、欣赏童话中富有表现力的词语、句子、段落，领悟其精妙、传神之处。

在教学中，抓住关键词语，进行品读，能够帮助学生对人物形象有更加深刻的理解。教学中引导学生抓住关键词赏读，感受童话通俗而生动的语言，体会到小虫子小而可爱的形象特点。

《我是一只小虫子》教学片段：

学习第四段，体会小虫子的形象特点。

（1）起床后的小虫子还干了什么呢？谁来说说看。

生：用一颗露珠把脸洗干净，把细长的触须擦得亮亮的。

（2）小虫子用什么洗脸啊？

生：一颗露珠。

（3）瞧，这就是一颗露珠，小小的、圆圆的，小虫子靠它就能把脸洗干净。你感觉这是一只怎样的小虫子啊？

生：可爱，个头小。

（4）洗完脸，小虫子还要擦触须。它可不是随便擦擦，这个词语谁会读？（出示词"亮亮的"，指名读，齐读。）

（5）这只小虫子可真——

生：爱干净。

在教学中，抓住关键句，品味细节，让学生更加全面深刻地了解童话中的人物形象。在《卖火柴的小女孩》一文的教学中，抓住关键句子品读，让学生在品读中感受小女孩的贫困与可怜，体会现实的残酷和她对美好生活的向往，理解作者对小女孩的同情。

品读课文，感受女孩的"可怜"与"可爱"。

师：卖火柴的小女孩到底是怎样的一个女孩呢？请同学们自由朗读课文，抓住文中的关键句子来说说。

生：读到"那是一双很大的拖鞋——那么大，一向是她妈妈穿的。"，我知道女孩家里很贫穷，根本没有属于自己的鞋，这么冷的天，还下着雪，她穿着这样大的一双拖鞋，连袜子都没有，根本不能御寒。"一向"这个词告诉我们，这双鞋妈妈穿了很久，偶尔有机会，女孩才能穿到。所以这是个贫困可怜的女孩。

生："雪花落在她的金色的长头发上，那头发打成卷儿拉在肩上，看上去

很美丽。"读到这里，我觉得小女孩长得实在美丽可爱，但她自己因为又饥又冷，根本不会注意这些。这短短的一句话，楚楚可怜的女孩形象便跃然纸上。

师：（提示补充。）"虽然它只能发出柔弱的光芒，但是它却显得那么漂亮，那么绚丽！""火光燃烧得多么热烈、多么温暖、多么漂亮啊！""她又取出了一根火柴，朝墙上一擦，于是火柴点燃了，它的火光照亮了周围的一切，在这明亮的火光中，小女孩看到了疼爱她的奶奶。"这些句子表面上是写火光，可这小小的一根火柴发出的光，却是小女孩全部的希望，作者通过对火光的描写，表达了小女孩对美好生活的热切渴望。

师：是啊，这可真是一个美丽又可怜的女孩，她即使身处不幸，内心却依然向往美好，渴望幸福，这样的一个女孩怎能不叫人喜爱呢？

阅读教学，必须要立足文本，关注语言文字本身。教学中除了让学生在朗读中感受语言表达之美，更重要的是引导孩子们关注语言文字背后蕴藏的精神，让学生具有丰富而深入的阅读体验。

2. 创设教学情境，体验美的感受

童话是具有浓厚幻想色彩的虚构故事，它最显著的特点就是幻想与想象，童话故事就是作者通过丰富的幻想、想象和夸张创造出来的，因此，在教学中一定要把学生的思维带进童话的幻想世界里去，启发学生想象。教师在教学童话时，要因势利导，挖掘文本中各种有利因素，创设情境，培养学生的想象力。例如在《我是一只小虫子》的教学中，老师借助音乐画面，并结合文本内容改编歌词，再现小虫子的"音乐会"，让学生加入小虫子的音乐会一起唱起来，想象作为虫子的快乐。

师：同学们，小虫子的叫声在告诉我们什么呢？

[指名答。（预设告诉我们当一只小虫子很快乐，很自豪。）]

师：听草地上，小虫子的歌声响起了。让我们再次化身小虫子，加入这场音乐会吧！

ppt出示图片与改编歌词。（配乐《虫儿飞》。）

黑黑的天空低垂 亮亮的繁星相随 虫儿唱 虫儿唱 弹奏音乐会

地上的螳螂贪吃 树上的天牛暴躁 小蜣螂 不看路 我得小心了

苍耳睡 小鸟飞 跳来又蹦去才美 不怕天黑 只怕心碎

不管累不累 也不管东南西北

在师生共读创设教学情境中通过音乐渲染，引发学生的情感体验，从而能够让学生更好地理解童话背后的精神内核。

《卖火柴的小女孩》教学片段

创设情境，深化感情。

师：同学们，为什么小女孩死的时候，手里还紧紧捏着一把烧过了的火柴梗？

生：手里"捏"着的是对未来的憧憬、向往，新年的阳光是温暖的、无私的，但不属于小女孩。

师：如果你是安徒生，看到这样一个长着金色的长发和本应有着金色童年的小女孩冻死街头，会作何感想呢？让我们伴着音乐，去体会安徒生当时的心情吧！（配乐，生齐读。）

（饱含激情地朗读，同时播放音乐《沉思曲》。）

师：安徒生怀着对小女孩深深的同情写下了这篇不朽的童话。（板书："同情"。）

教学时，先让学生思考：同学们，为什么小女孩死的时候，手里还紧紧捏着一把烧过了的火柴梗？学生思考后不必下结论，老师引导学生通过有感情的朗读在课文中找到答案，自然会心生同情，像小女孩儿一样即便生活遇到不幸，也应当学会在寒冷中播种温暖，去大胆追求美好的生活。

3. 通过对比分析，凸显美的形象

小学语文教材中的童话，作者常运用对比的手法，凸显人物形象，使人物更鲜活。因此，教师在进行教学时，要引导学生抓住人物的动作、语言、神态，以及故事结局等方面的描写，进行对比。对比其在故事发展的不同阶段的不同变化，帮助学生更好地把握人物特点。[1]

《卖火柴的小女孩》一文中，作者把美丽的幻想与现实的悲惨形成了极致的对比。在教学中，教师可以引导学生进行对比分析，加深对女孩形象特点的把握和文本思想内涵的理解。

联系上下文，理解两个重点句子。

师：联系上下文来理解，"她们俩在光明和快乐中飞走了，飞到那没有寒冷、没有饥饿、也没有痛苦的地方去了。"

生：说明小女孩已经死去。

---

[1] 姜英.让童话之美绽放于童心——以小语部编新教材为例谈童话的审美教学[J].新课程,2020(22):83.

生：也指小女孩在现实生活中得不到光明快乐，只有寒冷、饥饿、痛苦、孤独。

师：小女孩在现实中充满痛苦，只有死才能摆脱现实中的种种不幸，那么对这句"谁也不知道她曾经看到过多么美丽的东西，她曾经多么幸福，跟着她奶奶一起走向新年的幸福中去。"中的两个"幸福"，你是怎样理解的？

生：第一个"幸福"是幻想中的幸福，现在同学们一定知道了小女孩为什么死后脸上还带着微笑了吧？第二个是她摆脱了寒冷痛苦，也就是指小女孩死去了。

师：小女孩死去是痛苦的事，作者为什么说是幸福的？

生：小女孩活着时非常痛苦，死去后就什么都解脱了。

如此可怜的小女孩，最后通往幸福的结局竟然是死亡。教师以两个关键句为抓手，引导学生关注文章前后的对比，在强烈的反差中不断刺痛我们的心。正如《儿童文学作品阅读欣赏之我见》一文所说：作家安徒生恰恰是把这个弱小生命的凄苦和悲惨命运与她对美好生活的向往与破灭叠化在一起描写的，增强了故事的艺术感染力。

抓住不同人物的语言、行为、态度等进行对比，能够帮助我们更加全面地把握童话人物的鲜明形象和文章背后蕴藏的情感。

《我是一只小虫子》教学片段：

对比探究，感受小虫子的苦与乐。

师：小虫子没觉得当一只小虫子一点也不好，而"我"却觉得当一只小虫子真不错。到底谁说得对，请同学们小组合作，完成下面的表格。

	观点	个人生活	对待同伴
"我"的小伙伴们	当一只小虫子一点也不好	害怕蹦蹦跳跳时遇到苍耳和深水	不喜欢、害怕小鸟
"我"	当一只小虫子真不错	自由地蹦蹦跳跳	觉得同伴有意思，对他们有礼貌

通过这样的对比探究，学生能够了解小虫子自信乐观、积极向上的生活态度。"我"的小伙伴都害怕蹦跳的时候被苍耳刺到，害怕蹦到小狗制造的那"很深的水里"，害怕小鸟。但是"我"这只小虫子喜欢蹦蹦跳跳，蹦到草叶上，那便是摇篮，蹦到小狗身上，那便是免费的旅行车。"我"对待身边的小动物也非常有礼貌，即使是对一直想吃掉"我"的螳螂，都觉得特别有意思，不抱怨，反而有点享受与其搏斗的过程，就是这样一个自信乐观的小虫子让我们领悟到，

其实不管是小虫子，还是人，快不快乐是自己决定的，心胸开阔、积极乐观，生活就会是快乐的。学生正是在这样的探究中体会到童话蕴含的深刻的思想内涵。

4. 引导深入思考，去探究美

一篇优秀的童话作品往往会包含丰富的内涵及审美价值。对这些深层次内涵的挖掘离不开教师的引导和学生对童话内容和寓意的思考，使他们能通过语言透过形象认识到童话所传达出的文学意蕴。与此同时，逐步养成由表及里、由感性到理性地认识生活的能力。

《卖火柴的小女孩》教学片段：

片段一：赏读第一次幻象。

（学生读这一句："哧！火柴燃起来了，冒出火焰来了！她把小手拢在火焰上。"）

师：她把小手拢在火焰上，"拢"怎么做？小女孩当时为什么做这个动作？（生举手。）

师：把你们体会到的这一句读出来。

师：同学们，为什么一根火柴发出的微不足道的光在小女孩眼里是如此奇异？（课件："寒冷"。）

师：作者为什么把一种幻想写得这么奇？

生：将美丽的幻想与现实的悲惨形成对比。

（自由读，指名读。）

师：相信在座的同学都能体会得这么深入。用同样的方法去朗读后面几次擦火柴的内容，可以选择其中的一次重点读，看着你从幻景中又体会到了什么？（读书。）

片段二：完整表格，整体梳理。

师：请同学们小组合作，完成下面的表格。

擦火柴	看到	美好的渴望	残酷的现实
第一次	暖和的火炉	温暖	手里只剩下一根燃尽了的火柴
第二次	香喷喷的烤鹅	食物	在她眼前的只是一堵冰凉的厚重的墙
第三次	漂亮的圣诞树	快乐	一颗星落下来，一个人要死了
第四、五次	慈爱的奶奶	幸福	坐在墙角，孤独地死去

师：从第五自然段开始，到十一自然段，小女孩一共划了5次火柴。如果将小女孩这些梦想像这样罗列在一起，不是更一目了然吗？

生：小女孩每次擦燃火柴的心情和愿望不一样。

师：作者一次次地反复描写，把女孩美好的幻想放在了五次点燃火柴的过程中，同时用女孩的动作"她敢从成把的火柴里抽出一根""她又擦了一根""她又擦着了一根火柴""她在墙上又擦着了一根火柴""她赶紧擦着了一大把火柴"，表现出女孩对于光明与温暖的执着追求。

在教学中，先从细节入手，逐个品读5次擦燃火柴的语段，感受女孩每次擦燃火柴时对于光明、温暖、幸福的渴望，深刻体会文本之中蕴藏的幻想之美。接着，整体把握5次擦燃火柴时，女孩内心深处情感的递进。也正是幻想与现实的交织出现，才有了5次擦燃火柴的经历；也正是将现实写得如此悲伤残酷，才反衬出幻想的美好动人。

5. 借助语言训练，去理解美

教学中，为学生构筑语言表达训练平台，能够引导学生在感悟童话语言之美、想象之美的同时，提高学生的表达能力。

童话的语言浅近、生动、简练、质朴，这对发展儿童的语言是有着积极作用的。同时，童话的故事有头有尾，情节完整紧凑，并常用反复叙述的方法。因此，在教学中要用好复述策略，让学生在把握故事情节的同时，训练口语表达能力。比如在《蜘蛛开店》的教学中，就设计了讲故事的教学环节。

学讲卖口罩的故事。

师：小朋友们，卖口罩的故事好玩吗？你想讲给大家听吗？

师：现在，咱们就练着讲一讲这个故事。要讲好故事，先理清故事的顺序。这一部分先讲了蜘蛛卖什么，然后讲了蜘蛛——（"挂招牌"。），接着讲了——（"来顾客"。），最后写结果。

师：请同学们按照白板上的提示词和同桌练习着讲一讲这个故事。

（请学生展示。）

师：小朋友们觉得他讲得怎么样呀？

师：对呀，加上动作可以让故事更生动，谁再来试试看？

教学中，借助课堂教学情境，让学生进行小练笔，进一步培养学生的书面表达能力。例如《我是一只小虫子》一文，把虫子当作人来写，让孩子们跟随虫子一起去旅行、冒险。作者笔下的小虫子聪明顽皮，它可以小心地跳到狗的身上，乘着这辆特快列车去旅行；它还可以虎口脱险，逃过螳螂的魔爪，然后向我们炫耀一番。它也可以在草叶上自由自在地伸懒腰，在草地里快乐地歌唱。这些独特而有趣的想象，让整篇文章充满童趣。

学习第四自然段，感受当一只小虫子的快乐。

能够坐上免费的特快车来一场说走就走的旅行，旅途中，小虫子经过美丽的花丛，睡在花瓣上，这可是免费的小床呀！

小虫子还会有哪些有意思的经历？请同学们化身小虫子，动笔写一写，说一说。

同学们写得都很有意思，老师选了几位同学的，我们一起来看看吧。

生：小虫子趴在水面的落叶上。这可是免费的小船呀！

生：小虫子蹦到草叶上。这可是免费的滑滑梯呀！

教学中，首先让学生结合生活深入理解"免费"一词，感受小虫子搭乘免费快车旅行的自由，引导学生进入情境，接着启发学生打开思路，想象自己就是一只小虫子，想去哪里玩就去哪里玩。在充分调动学生情感体验的基础上，适时为学生提供表达的支架。有创意的小练笔也就自然产生了。

6. 启发想象联想，去创造美

乐于想象是因为孩子的天性，童话恰好可以满足他们对事物的美好遐想。因此，教师在教学活动中要善于启发学生去想象、联想，让学生插上想象的翅膀，在感受作品中美的同时，获得审美愉悦。

激发想象，可以对童话故事补白续编。基于童话的文本特点，教师要善于利用文学作品中的艺术"空白"，如省略、言有尽而意无穷的地方，引导学生填补这些"空白"，以更好地理解文本的精髓，提高审美欣赏能力。续编的方式可以满足孩子爱幻想的心理，孩子们无限的想象力在续编童话中得以延续。这是学生对童话的二次创作。[1]

《沙滩上的童话》内容浅显易懂，贴近学生的现实生活世界，极富童真童趣，深受二年级学生的喜爱。从下面的教学片段中看看，老师是如何引导学生续编故事的？

师：听课文录音。思考——孩子们编的童话故事的内容是什么？

（指名回答。板书——"救公主"。）

---

[1] 姜英.让童话之美绽放于童心——以小语部编新教材为例谈童话的审美教学[J].新课程,2020(22):83.

师：自读课文。思考：孩子们为什么要去救公主？

根据回答出示有关句子，指导读出气愤、焦急的语气。（自由读、小组分角色。）

师：我们想了什么办法去救公主？（出示有关内容引读。）

城堡里发生了什么事？我们是怎样把公主从城堡里救出来的？有人说这样做会伤害公主，请你展开想象，想个更好的办法来营救公主，然后编个故事《沙滩上的童话——勇救公主》。

让学生们想一想，我们这群勇士们用什么办法攻打魔窟、救出公主？孩子们一下找到用飞机轰炸、挖地道、装火药把城堡炸平等办法。正当老师点头示意完全正确时，有个女孩举手说："把城堡都炸平了，那不把公主也一并炸死了吗？我觉得这个办法不好。"听了她的话，老师感觉很有道理，说明她在认真思考。老师表扬了女孩："看来，我们自己编织的童话故事存在着漏洞呢。你真行！边读边想，把这个不合理的地方说了出来。童话故事是需要想象的，但注意想象不能有明显的缺陷。"借着女孩的话题，老师让学生们再想一想，还有什么更好的办法吗？经过思考，有的学生说，我给公主送去一件隐身衣。在肯定这个办法不错的前提下，老师还鼓励学生把办法说得更具体。学生也开始绘声绘色地编织童话了：我假扮成魔王的仆人，偷偷溜进公主的卧室，把隐身衣给公主，公主穿上隐身衣后，神不知鬼不觉地离开了魔窟。老师点评：假扮仆人送隐身衣虽然放过了魔王，但还是达到了救出公主的目的，特别是"神不知鬼不觉"这词用得特别棒。细读这篇课文，不难发现，文章的语言符合孩子们的特点，就连孩子们跳跃和零散的思维也外显为生动活泼的语言。

激发想象，还可以在课堂上让学生进行角色扮演。角色扮演再现童话中的故事情节符合孩子们爱玩的天性。通过角色扮演不仅可以为学生提供表现自我的平台，还能加深学生对童话故事的理解，走进故事的主人公，体验童话的形象美，而这种感受的获得是其他的教学方式所不能达到的。[1]

例如，讲授《狐假虎威》时，教师先简单地介绍故事情节，让学生自主阅读，整体感知课文，然后让同桌学生分别饰演老虎和狐狸，在课堂上表演。为提升表演效果，教师给予引导："老虎是兽中之王，说话语气自然是很霸道傲慢的；狐狸狡猾说话阴阳怪气，模仿需要表现角色的本性。"课堂表演，学生非常投入，

---

[1] 姜英.让童话之美绽放于童心——以小语部编新教材为例谈童话的审美教学[J].新课程,2020(22):83.

阵阵欢笑声荡漾在课堂上。

正如《浅论小学语文童话审美教学》一文所说：优秀的童话作品赋予课堂教学更多的趣味性和美感，让小学生能保持一颗纯真的童心，纯真的才有可能是美好的，这就是童话教学的审美教化功能。教学中，不管是那些离奇荒诞的探险故事，还是充满了唯美情怀的梦幻童话，都能让学生们在想象空间中学会分辨善恶美丑，从而呵护他们幼小而纯真的心灵。可以说，读童话，体会的是儿童文学的语言之美；演童话，感受的是儿童文学的形象之美。童话教学给予学生足够的审美愉悦感，从而塑造他们独特的审美心理。

五、文言文之美

在中国历史长河里，文言文渗透着中国传统文化的精髓，数千年来薪火相传，直至今天仍然蕴含着汉语书面语的内在神韵。常读文言文，细品文言文，挖掘文言文所蕴含的中华传统文化之美，让中华民族优秀传统文化在新的时代焕发出新的耀眼的光芒。

（一）什么是文言文之美？

文言文之美，美在语言。语言承载着文明发展和文化传承的重任。历经数千年文明洗礼的文言文，其语言含蓄凝练，表达里还蕴含着深刻的文化内涵；文言文长短句错落有致，在诵读与欣赏中可以感受其抑扬顿挫的韵律之美。

文言文之美，美在形象。文言文中塑造的人物形象散发着巨大的人格魅力和浓厚的人文气息。读文言文作品就仿佛是与古人对话。那些形形色色的人物，令人连连称赞，使人深受感动、心驰神往……使人们在潜移默化里，陶冶着情操，完善着人格。

文言文之美，美在故事。文言文里的故事流传数千年而依然深受欢迎。那是因为这些故事富有传奇性和时代的特征。经典，方能代代流传，才能超越时代，与今天的人们产生共鸣。

文言文之美，美在情感。读文言文作品，或暗自神伤，或痛快淋漓，或喟然长叹，或热泪盈眶……都因作品而拨动了心弦。文言文作品里那些美好的、真挚的、浓厚的情感表达，能调动人的情绪，丰富人的情感，引发人们的共鸣。

文言文之美，美在思想。宋代周敦颐在《通书·文辞》中就指出："文所以载道也。"人们在文言文作品里惊叹古人的卓越智慧，感受作者凝聚于文章中的深刻思想。文言文之所以能经久不衰，是因为文言文作品所蕴含的思想穿透了历史、超越了时代，至今依然能引人深思，带给人心灵上的启迪。人们常读常悟文言文，以在其思想浸润下，将这美好的思想内化于心，进而外化于行。

（二）为什么要体会文言文之美？

学习和欣赏优秀的文言文作品，是继承和弘扬中华民族优秀传统文化的重要途径。朱自清先生在《经典常谈》中说："文言文，是中国传统文化的精髓，是中国人不能拒领的文化遗产。"[①] 优秀的文言文作品语言典雅凝练，内涵丰富深刻，不仅给人以美的享受，更能丰富人的情感，启迪人的思想，陶冶人的情操。文言文作品是经过漫长历史长河的冲刷，逐渐筛选、沉淀出来的中华优秀传统文化的结晶。语文课程对继承和弘扬中华民族优秀文化传统和革命传统，增强民族文化认同感，增强民族凝聚力和创造力，具有不可替代的优势。学生学习和欣赏优秀的文言文作品，就仿佛走进古人的世界，能够更加深刻地感受中华优秀传统文化的魅力，在长久的熏陶下，必将内化于心，外化于形，促进学生的健康成长。

学习和欣赏优秀的文言文作品，有助于陶冶情操，健全人格。《义务教育语文课程标准》提出："语文课程还应通过优秀文化的熏陶感染，促进学生和谐发展，使他们提高思想道德修养和审美情趣，逐步形成良好的个性和健全的人格。"部编小学语文教材所选编的文言文，其语言凝练而富有韵律，人物形象丰富而富有智慧，故事典型而具有时代性，作品思想深刻而富有韵味，能够激发学生热爱祖国语言文字的情感，培养学生健康的审美情趣，提高学生审美鉴赏能力，健全学生人格。

（三）怎样引导学生体会文言文之美？

阅读教学应引导学生钻研文本，在主动积极的思维和情感活动中，加深理解和体验，有所感悟和思考，受到情感熏陶，获得思想启迪，享受审美乐趣。文言文教学也是如此。那么，教师如何引导学生在文言文学习中有所感悟和思考，受到情感熏陶，获得思想启迪，享受审美乐趣呢？笔者将结合部编小学语文教材中的《学弈》《两小儿辩日》《猴王出世》《伯牙鼓琴》《王戎不取道旁李》这五课的文言文教学进行具体阐述。

---

① 朱自清. 经典常谈［M］昆明：云南出版社，2004：152.

1. 在声声吟咏中，知文言文韵律之美

钱理群教授说："文学的教育，有时声音极其重要，这声音是对生命的一种触动。文学是感性的，而不是理性的。所以，读，让学生感动，用心朗读是感受语言之美的一个重要方式。"[①] 吟咏，指的是有节奏有韵调地诵读。唐代孔颖达《疏》曰："动声曰吟，长言曰咏，作诗必歌，故言吟咏情性也。"文言文的语言简洁灵动而意蕴无穷，长短句错落有致，诵读时琅琅上口。吟咏是学习文言文最独特的方式，也最能还原文言文的原貌。

在《王戎不取道旁李》这篇文言文作品的教学中，教师便十分重视学生通过有节奏的诵读，读通文章，读出文章的韵律美。

《王戎不取道旁李》教学片段：

师：通过以前的学习我们知道，学习文言文首先要干什么？

生：读。

师：对，书读百遍，其义自见。反复诵读是学习文言文的好方法。下面我们就一起走进课文，走进这个故事。请同学们自由朗读这篇文言文作品，注意读准字音，读通句子。

师：老师要来检测一下你们读得怎样。请看大屏幕。

（师指名读第一句。）

师：字音准确，特别是"诸"字的声调读得很准。请男同学一起读一读这句话。

（师指名读第二句。）

师：这句话中也藏着两个生字，你也读准了，真棒！请女同学一起读一读。

（师指名读第三、四句。）

师：看来读句子难不倒你们。谁能来读读整篇文章？

（师指名读。）

师：同学们，古文是有节奏美的，我们不仅要读通读顺，还要读出节奏美。谁能来试试？

（师指名读。）

师：老师也想来读一读，仔细听，看看哪里需要停顿，在要停顿的地方画上节奏线。

（师配乐示范朗读。）

---

① 曹春生.朗读是语文课的灵魂［M］//2015年7月现代教育教学探索学术交流会论文集，2015：140.

师：你们是这样画的吗？

王戎／七岁，尝／与诸小儿／游。看道边李树／多子折枝，诸儿／竞走取之，唯／戎不动。人问之，答曰："树在道边／而多子，此必／苦李。"取之，信然。

（生自由练读，分组赛读。）

课堂上，教师以学生为主体，以读为主线，先引导学生读通课文，再读出文章的节奏。读通文章是读出节奏的基础，学生在读通顺的基础上读出文章的节奏美，从而感受文言文语言的韵律美。文言文原是没有标点的，要想读懂文章，需要为文言文断句，为其加上"标点"。小学生，对于准确读出文言文的节奏有一定的难度，教师先通过示范朗读，让学生的诵读有方法可循。学生在听示范朗读、改变朗读节奏的过程中主动调整自己对文章的理解，再根据老师的示范朗读和自己的理解读出文言文的节奏。学生仿佛与古人对话，这样的诵读是有过程的，有思考的，也是有趣的。学生把握了文章的诵读节奏，通过一遍遍的练读，加深自己对文章的理解，而小组赛读便是学生展示自己诵读成果的舞台。在这个舞台上，学生读出了自己对文章的理解，读出了个性化的文言文节奏与韵味来。

在《猴王出世》的教学中，教师引导学生用跳读、合作朗读等方法，在诵读中感受文言文的节奏和韵律，领略经典名著的魅力。

《猴王出世》教学片段：

师：一蹦，蹦出一个石猴；一跳，跳出一位猴王。这猴王的形象已经活灵活现地留在了我们的脑海里。那么，吴承恩先生是用怎样的语言把它写下来的呢？请同学们自由地、放声地读读第一自然段，感受感受。

师：同学们读书姿势特别好，读书的声音也好听。哪一句写石猴的写得特别生动？

生：那猴在山中，却会行走跳跃，食草木，饮涧泉，采山花，觅树果；与狼虫为伴，虎豹为群，獐鹿为友，猕猿为亲；夜宿石崖之下，朝游峰洞之中。

师：有同感的同学请举手。一起来读读，看屏幕读吧！

（生朗读文段。）

师：读这样的句子，你仿佛会看到石猴在干什么？

生：它在山中自由自在地活蹦乱跳，左走走，右走走。采一朵山花，饮一点涧泉。

师：这山中正是石猴的什么？快乐老家，自由天堂。谁再来读一读，读出它的快乐来，读出它的自由来。

（生朗读文段。）

师：同学们，请你把目光聚焦在语言文字上，从"怎么写的"这一角度你发现了什么秘密？

生：文字用了排比的修辞手法。

师：能读给大家听吗？

生：食草木，饮涧泉，采山花，觅树果；与狼虫为伴，虎豹为群，獐鹿为友，猕猿为亲。

师：同学们，刚才这位同学发现了三百多年前的排比句，两个排比句。

师：看看，作者吴承恩在写石猴遣词造句上非常讲究，里边有很多秘密。你发现了一个。读一读，你还能发现什么？

生：食草木，饮涧泉，采山花，觅树果。

生：每句话都是三个字，前边的字是动词，后两个字是名词。

师：是不是一个大发现？如果把句子读出来，应该是什么样的节奏呢？

师：很活跃，要读得有激情。谁能让石猴在你的声音里跳起来，动起来？

生：食草木，饮涧泉，采山花，觅树果。

师：我刚才看到这位男同学在朗读时还有动作，请他来读。

师：石猴跳起来没有？

生：跳起来了。

师：刚才的短句，三个字，跳跃的节奏让我们的石猴在字里行间跳起来，动起来了。继续读，你还有什么发现？

生：与狼虫为伴，虎豹为群，獐鹿为友，猕猿为亲。

师：你有什么发现吗？这是第二个发现了。

生：我发现这是四个字的排比句。

师：是随便排列的吗？

生：我发现前两个字是动物，后面是人与人之间的关系。

师：这些动物是猴子的——？

生：亲戚朋友。

师：有一个"虫"，这个虫不是咱们玩的毛毛虫，是昆虫吗？是长蛇。谁是石猴的朋友？

生：狼虫、虎豹、獐鹿、猕猿。

师：这是一只怎样的石猴呀？请你把它读出来。谁来试试？

生：与狼虫为伴，虎豹为群，獐鹿为友，猕猿为亲。

师：同学们，往下读，更有意思了。试试看，你又发现了什么？

生：夜宿石崖之下，朝游峰洞之中。

师：就像对对子，我们来对一对。夜对——？

生：朝。

师：宿对——？

生：游。

师：石崖之下。

生：峰洞之中。

师：谁能读出这样的石猴？

生：夜宿石崖之下，朝游峰洞之中。

师：一起读。

生：夜宿石崖之下，朝游峰洞之中。

师：连起来成长句子。你还能读好吗？

师：谁能读读？自告奋勇也行。

生：那猴在山中，却会行走跳跃，食草木，饮涧泉，采山花，觅树果；与狼虫为伴，虎豹为群，獐鹿为友，猕猿为亲；夜宿石崖之下，朝游峰洞之中。

师：最后一句读得最好，还要读得跳跃一点。我建议你们读完三个字以后，还要吸一口气，这样就会读得好一点。谁还来？

（生朗读文段。）

师：读得特别好，我们一起读，我起头，你们往下接。那猴在山中，却会行走跳跃。

（生朗读文段。）

在文言文作品的教学中，教师鼓励学生逐步把握文章蕴含的言语实践点，品鉴精妙的词句，咀嚼其中典型的句式和丰富的修辞，了解其中个性化的表达方式。教师首先让学生将目光聚焦在语言文字上，从吴承恩是用怎样的语言写猴王入手，引导学生发现作者用了排比的修辞手法。通过自由朗读、学生互读等形式，发现文章遣词造句非常巧妙，如三个字的短句中，前边的字是动词，后边两个字是名词；四个字的短句中前两个字是动物，后面两个字是人与人之间的关系等特点。教师引导学生理解，文章写的是一只活泼跳跃的石猴，在语言的运用上也是活泼跳跃的、有节奏的。这样学生朗读时就会读出文章的节奏韵律，从朗读中进一步感受石猴的形象。学生通过有节奏感的语言，读出了一只顽皮可爱、活泼跳跃的石猴。

在《学弈》一课的教学中，教师引导学生反复诵读全文，品味文章的韵律之美。

《学弈》教学片段：

（生自由读。）

师：老师配乐示范朗读课文。看能不能帮你解决一些刚才你读书时遇到的难题。要求标记停顿和字音。（随即出示文言文与音乐课件。）

师：听老师示范朗读这篇文章，我们应该可以感受到，朗读文言文讲究"断句"，读时应做适当停顿，速度较慢，注意抑扬顿挫。古人读文讲究吟咏，读得入情入境时还摇头晃脑。同学们也来试试，看看是否读得出滋味？

（生练读，小组合作练习。）

师：刚才大家又练习了一遍，下面请一位同学来给大家示范一下。（指名朗读。）

师：好,刚才读得已经很不错了,但个别句子的语气还是没读出来,比如——"为是其智弗若与？"大家读的时候一定要读出反问语气。下面我们全体学生一起来读一下课文。

（生集体读。）

（师指名个别读。）

学习文言文的最好方法是读，引导学生反复诵读全文，让学生经历初读寻疑—再读释疑—细读解析—精读入情—美读品味—熟读成诵的过程，在此过程中引导学生读思议相结合，促进学生对文言文的学习兴趣。这一教学环节，教师采取了自由读、配乐读、小组读、集体读、个人表演读等多种朗读形式，在反复吟咏、自然成诵中内化言语，厚积言语。教师还根据课文内容选择合适的音乐，通过诵读和音乐结合的方式渲染气氛、感染学生，使学生进入特定的情境，增加学生的语言感受能力。在音乐的陪衬下，文言文独具的韵味尽显无遗，使学生对文言文的韵味有了更深的体会。学生在读中把注意力集中到文章的语言本身，感受令人唇齿留香的语言美。不少学生在读到"为是其智弗若与？曰：非然也。"时情不自禁地摇起了头。虽是一个小小的动作，但这正是学生读懂课文的一个外在表现，文言文的美也在这沉浸式的诵读中产生了。看着他们摇头晃脑地背诵课文，笔者猜想，他们一定是因韵律之美而喜欢文言文了。

下面是《两小儿辩日》一文教学中，教师引导学生吟咏、品味两小儿辩斗的场景。

《两小儿辩日》教学片段：

师：分组朗读，思考并交流。两个小儿分别提出了什么观点？他们的理由分别是什么？

师：分角色朗读，读出两小儿辩斗时互不相让、胸有成竹的心态。

（学生交流学习任务单四，并随文翻译。）

（师相机纠正或补充。）

师：两小儿还具有善察、善疑、善思、善辩的形象特点。请同学们小组讨论一下，你从两小儿辩论的哪些内容中读出了孩童的善察、善疑、善思、善辩？

（学生交流。）

（生演绎朗读，读出两小儿的童真与智趣。）

在朗读"我以日始出时去人近，而日中时远也"这样的句式时，教师可以引导学生感受两小儿在阐述自己观点时的自信与坚定，语气不容置疑；再如引导学生朗读"此不为近者热而远者凉乎？"和"孰为汝多知乎？"这两个反问句时，教师可以带领学生通过重读反问句，感悟两小儿争辩时的针锋相对，引导学生想象两小儿情绪的激动与争辩场面的激烈。文中的"也"字没有实在意义，但同样能传递两小儿争辩时的态度和语气，展现出了两小儿对自己看法的确信无疑；还有两小儿对孔子称呼"汝"，而非"子"，使用平辈称呼"汝"，从这一称呼中似乎能感觉到两小儿对孔子的些许嘲讽。学生吟诵着人物的对白，想象着斗嘴画面，仿佛置身其中，品味文中之人物思想，语言的智趣之美就油然而生了。

在声声吟咏里，学生传递着古人的情感与思想，在那静态的文言文中便有了灵动的生命。

2. 从古今对照中，感文言文凝练之美

文言文之美，美在语言的凝练。学生感知文言文语言的凝练之美，是在古今语言的对照中实现的。古今语言的对照，从词开始，延展至句、文章。在对照中，学生不仅能感受文言文语言的凝练之美，还能在时代变迁中感受语言变化的魅力。

教师在引导学生学习《王戎不取道旁李》这篇文言文时，运用一问一答的方式，通过古今字义的对照来理解文章的内容，感受文言文与现代汉语的不同，

感知文言文语言的凝练之美。

《王戎不取道旁李》教学片段：

师：读准了字音、读出节奏了还不够，我们还要理解课文。请同学们借助注释默读课文，想想课文讲了一个什么故事，把课文读懂，完成以后举手示意给老师。

师：老师要考考你们能不能借助注释读懂课文。我们先来点简单的。

师："尝"字你们怎么理解？

生：曾经。

师："唯"字呢？

生：只有。

师："竞走"呢？

生：争着跑过去。

师："竞走"是争着跑过去，那"走"就是——？

生：跑。

师：对了！在《守株待兔》一文中有这么一句话，"兔走触株"。书中的注释就告诉了我们，古文中的"走"表示"跑"的意思。那你们能猜猜，"走马观花"是什么意思吗？

生：骑着马一边跑一边看花。

师：骑在奔跑的马上看花，多指粗略地观察一下。

师："诸小儿"你们怎么理解？

生：许多孩子。

师：那"诸儿"呢？

生：也是许多孩子。

师：字词顺利过关，接下来老师要考考你们有没有读懂文中的句子。

师："王戎七岁，尝与诸小儿游。"谁读懂了这句话？

生：王戎七岁的时候，曾经和许多孩子一起嬉戏玩耍。

师：正当王戎和小伙伴们玩得欢天喜地的时候，他们看到了什么？他们是怎么做的、怎么说的？谁能借助注释来讲讲故事？

生：他们看见路边的李子树果实累累，把树枝都压弯了。许多孩子都争先恐后地跑去摘李子，只有王戎站在那里一动不动。同伴们觉得很奇怪，于是问道："王戎，你怎么不去摘李子呀？"王戎回答说："李子树在路边竟然还有这么多李子，这一定是苦李。"

师：说得真好！故事你完全读懂了。故事的结果怎样呢？

生：伙伴们摘来一尝，果真如此。

师：现在我们互换一下，我来讲故事，你们来找找是课文中的哪一句？

（师打乱顺序讲故事，指名回答。）

师：看来你们读懂了故事。谁能用自己的话来讲一讲这个故事？

（师指名讲故事，相机评价。）

文言文语言凝练的原因之一在于文言文中单音节词占优势，而双音节词和多音节词比较少，比如在这篇文章中，"诸""尝"等词在现代汉语中表示"许多""曾经"的意思。学生对语言的感知是从点延伸至面的，所以，教师先通过一问一答的方式，让学生较为快速清晰地对比古今词语的异同，再连词成句，连句成文。教师以循序渐进的方式，在对照中引导学生发现文言文语言的简约精练之美。文言文语言凝练而富有韵味，还在于古人在遣词造句上的反复斟酌，在语言表达上注重简洁严谨的特点。在学生讲故事的环节，教师便可相机评价，引导学生重视表达时的遣词造句。

古今对照，道出古今语言的不同，道出文言文的凝练之美。在这样的对照中，学生习得文言文凝练之优点，在汉语言文学的遣词造句中获得更多的方法和启示。

3. 在品词析句中，赏文言文形象之美

《义务教育语文课程标准》提出，学生需初步鉴赏文学作品，丰富自己的精神世界。在文章的字里行间品味词句的精妙，加深对文章的理解与感悟，是培养学生鉴赏能力的重要途径。文言文的遣词造句尤为精妙，字里行间暗含读不尽的趣味。也许一个字，便道尽人生百味，令人回味无穷；也许一句话，便把人物刻画得栩栩如生，个性鲜明。

《王戎不取道旁李》一文，教师引导学生抓住关键词，品读文章，感悟形象。

《王戎不取道旁李》教学片段：

师：课文我们来来回回读了好多遍了，谁来说说文中有哪些人物？

生：诸儿和王戎。

师：当看到这棵果实累累的李树时，诸儿和王戎分别是怎么做的？

生：诸儿竞走取之，唯戎不动。

师：诸小儿都抢着去摘李子，王戎为何不动？

生：王戎认为，树在道边而多子，此必苦李。

师：一起读读这句话。

师：老师把"必"字去掉行不行？

（出示两组句子：①树在道边而多子，此必苦李。②树在道边而多子，此苦李。）

生：不行。

师：为什么不行？

生：从"必"字我可以体会到王戎非常自信。

生："必"是一定的意思，从这个"必"字我能体会到王戎非常肯定。如果去掉了"必"字就体现不了王戎的肯定。

师：是的，"必"写出了王戎的肯定与自信，去掉则无此意，作者用词非常准确。

师：王戎事先尝了李子吗？

生：没有。

师：那他怎么知道李子是苦的？

生：路边行人多，如果李子不苦，来来往往的人必定会摘来品尝，这样李子就会越来越少。现在李子却压弯了树枝，行人视而不见，说明此李必定是苦李。

生：树在道边而多子，说明人们不去摘它的果实；人们之所以不去摘它的果实，是因为李子（果实）是苦的。

师：王戎的推断正确吗？

生：取之，信然。

师：从李子的数量就能推断出李子的味道，真了不起！"道旁苦李"这个成语就出于此文，我们一起读读。

师：读到这儿，王戎给你们留下了怎样的印象？

生：善于观察。

生：善于思考。

（师板书："善于观察""善于思考"。）

师：你们能像古人那样夸夸他吗？（众人不禁叹曰："王戎真乃_____也！"）

生：王戎真乃聪慧也！

生：王戎真乃善观、善思者也！

生：王戎真乃神童也！

"诸儿竞走取之，唯戎不动。"短短一句，就道出了一众人物的不同特点。最初，在自主学习时，学生便可从"诸儿竞走取之，唯戎不动。"这一句中，对文中的人物有初步的认识。接着，引导学生从句子中找出体现人物特点的关键词。通过"竞走取之"与"不动"两组体现人物动作的词语，对比人物的不同行为，让学生感受少年王戎的不同之处，从不同中产生疑惑，带着疑惑进行下一步的思考和学习。学生顺理成章地思考"王戎为何不动"。教师再次通过引导，让学生在文中找寻答案。最后，学生抓住"树在道边而多子，此必苦李。"这一关键句子，引导学生关注句中的"必"字，主动思考王戎"自信""肯定"的原因。学生联系生活实际进行分析，便可理解王戎得此判断的原因，并在探寻原因的过程中去感受王戎善于观察和思考的这一人物形象。一个对比，一个"必"字，凸显了人物的形象，道出了人物的智慧。

《猴王出世》一文，教师引导学生揣摩文本，感知"王"的形象。

《猴王出世》教学片段：

师：这么一只小小的石猴，竟然成了美猴王，那它的身上具备成为"美猴王"的素质吗？默读课文，对照一下，石猴是因为哪些素质才称"王"的？

（生：默读、圈画。）

生：石猴为众猴找到了安身立命之所，是有功之人。

生：石猴找到了好去处，但没有一人独享，而是与其他猴子一起"有福同享"。这说明石猴有很强的团队意识。

师：独乐乐不如众乐乐。

生：石猴是从仙石里面孕育出来的，那仙石"四面更无树木遮阴，左右倒有芝兰相衬。盖自开辟以来，每受天真地秀，日精月华，感之既久，遂有灵通之意"。先天基因决定了石猴的不平凡。

师：天将降大任于斯人也！先天基因就决定了石猴的领导地位，有意思。

生：按理来说，猴子应该是怕狼、虎、豹，但石猴却"与狼虫为伴，虎豹为群，獐鹿为友，猕猿为亲"。石猴的灵性，可与天地万物和谐共处。

生：众猴商量谁进洞就为王，只有石猴敢进去，说明石猴是一个善于抓住机会的人。

师：说到这，你们看，石猴是一听到"进去不伤身体者即拜为王"就马上毛遂自荐的吗？

生：不是，是"连呼了三声"后，才应声高叫的。

师：你们不是说石猴善于抓住机会吗？"连呼了三声"才应，这是害怕了吧？

生：不是，我觉得石猴不光能抓住机会，还很沉稳，石猴肯定是先观察地形，估算可能性，然后有把握了才应声，而不是盲目地表现自己。

师：说得好！审时度势，权衡利弊，这正是一个王者应有的素质。

生：别的猴都不敢到瀑布之中，只有石猴敢于自告奋勇，说明石猴有足够的自信。

师：是呀！正所谓艺高人胆大。

生：众猴进洞后，一个个抢盆夺碗，占灶争床，只有石猴端坐上面，提醒那个"胜者为王"的约定。这可以对比发现，其他猴子都只顾眼前的小恩小惠，而石猴高瞻远瞩，看得更长远，这是一种王者风范。

师：好一个"王者风范"！追求不同，目标不同，导致石猴与众猴的关注点不同，这就是石猴大格局、大志向的王者风范。现在，大家能把你们感受最深的地方，通过朗读还原出你们心里的美猴王吗？

（生：学生练读、分享。）

《猴王出世》描述了美猴王孙悟空出生、称王的过程。这是一篇略读课文，阅读提示要求学生了解石猴是从哪儿来的，又是怎样成为猴王的。"石猴是从哪儿来的"，是基于内容层面的问题，可以在课文中直接找到答案；而"又是怎样成为猴王的"，则涉及人物形象的立体还原，需要结合课文，进行相应的归纳、对比、关联等一系列思维加工，以还原人物形象，进而认识石猴何以称王这一本质问题。以此思考便可以发现，《猴王出世》之中的"王"，就是本文的聚焦生发点。

成者为王，石猴得以称王，凭借的是天时、地利、人和这三者的和谐共生。在梳理出王者应有的素质后，学生关联先前经验，借助文字对比、解剖、还原，深刻地认识了石猴有勇有谋、果敢善思，以及极强的群体意识这一形象。这正是在"王"这个切入点上进行前后关联所呈现的思维发散。学生对课文逐步解构，从斩妖除魔的过程中认识嫉恶如仇的孙悟空，立体地感悟人物的多元性、丰富性。

对于塑造人物的叙述性文体来说，认识、还原人物形象，是教学的关键所在。本课中，我们就是以"王"为生发点，引导学生从"识王—悟王—说王"的思路，去立体地认识人物的。因而，在教学中只要抓住文章的关键切入点，进行链接、品读、转化，就能由此寻找到还原人物形象的路径。教学中还可以通过自主探究，在发现美猴王的王者形象基础上，设计美猴王"名片"，对前面的零碎感悟进行统合，全息地呈现孙悟空的王者风范。再通过美猴王"名片"的补写，进一步突出了孙悟空的性格特点。这样不仅关联了之前学生的阅读感悟，而且巧妙地进行了言语转述。

《两小儿辩日》一文，我们是通过抓关键词句，去品读人物形象之美的。

《两小儿辩日》教学片段：

师：他们争执不下，就招来了谁？孔子怎样给他们判决的？（"不能决也"。）

师：两小儿怎么说孔子的？怎样理解"笑"？是讥笑、嘲笑吗？

师：孔子的知识那么渊博，面对两个小孩的提问，他不知道就说不知道，可见孔子是怎样的一个人？

师：你们喜欢两小儿吗？为什么？

师：两小儿争辩的问题究竟怎样解答？你们愿意根据自己收集的资料帮他们解答吗？

师：分角色，四人小组合作练习，创造性表演。

师：拓展延伸，发挥想象排练课本剧《新编两小儿辩日》。一位现代少年穿越时空隧道，来到遥远的古代，巧遇两小儿辩日，两小儿请他当裁判……

两小儿的认识毕竟都停留在表面现象上，只能各抒所见而不能获得正确的答案。文章除了浓墨重彩地刻画了两小儿之外，还写到了孔子，教师引导学生一起看孔子在文章结尾时的"表现"，仅用了六个字——"孔子不能决也"。学生想象画面，并带着动作和神情来还原当时孔子的表现。通过这样的方式，学生可以从孔子的表现中读出一个怎样的孔子？那是一位谦虚坦诚的孔子。接着，教师引导学生从不同之处思考寓意：无名"小儿"与"圣人"孔子对决，两者在地位、学问、年龄等各方面都相差悬殊，可是故事的结局却是博学的孔子"不能决"。再从相同之处思考寓意。两小儿与孔子虽然在地位、身份、学识等各方面都不同，但其实他们距离真正的答案也都还很远。这又能从中得到什么启发？通过对比，学生感受到"吾生也有涯，而知也无涯"，天下至大，万物至多，知识无穷，从而领悟到要谦虚好学，勤思善观，保持对世界的探索心和好奇心，让自己学识日进。教师引导学生通过品词析句，体会这篇文言文在揭示知识无穷、学无止境的道理的同时，更从孔子的语言里体会到了孔子实事求是、敢于承认自己学识不足的精神。身为师表的孔子，没有因为两小儿年龄小而敷衍他们，对于有疑惑的问题，他勇于承认自己"不能决"，甚至在遭到两小儿嘲笑时，他也能做到不羞不恼坦然面对。学富五车却胸怀坦荡，他的学识、他的胸襟、他的为人处世，当为万世之师！这样，人物的美好形象，学生们就在品味文言文的关键词句中得以感悟。

最吸引学生兴趣的，便是文言文作品中的一个个饱满丰富而具有个性的人物形象，引导学生在字里行间品读人物的特点，让人物在心里扎根，同时人物身上所蕴含的优秀传统文化也在学生心里扎根。

4. 在情境穿梭中，品文言文情感之美

学生的生活经验不足，要引导学生品味优秀的文言文作品中所蕴含的真实而美好的情感，需要为学生搭建体验情感的支架，创设特定的情境，带领学生与古人对话，品读文言文所蕴含的情感之美。

《伯牙鼓琴》中用伯牙学琴来体现艺术源于生活的道理，其内涵是表达朋友间相互理解、相互欣赏的真挚友情，以及知音难觅、珍惜知音的情感。

《伯牙鼓琴》教学片段：

师："钟子期死，伯牙破琴绝弦，终身不复鼓琴，以为世无足复为鼓琴者。"这句话是什么意思呢？为什么钟子期死后，伯牙要破琴绝弦，终身不再弹琴？

生：这是因为伯牙认为钟子期是他的知音。（这是比较浅层的理解，学生可能会关注到这一因果，但不能体会其中深厚的情感由来。）

师：从哪里可以看出钟子期是伯牙的知音呢？（引导学生细致描述。）

生：当钟子期听到伯牙在弹"高山"时，他可能看到了巍峨的大山，山势连绵起伏，山峰高耸入云。当钟子期听到伯牙在弹"流水"时，他可能看到了河水浩浩荡荡，奔流向前。

师：伯牙将子期视为知音，是否只是因为他能听懂自己的琴声？（引导学生回到文本，关注"志在太山""志在流水"，琴声包含着伯牙的情操与志向。子期听懂的不仅仅是外在琴声，更重要的是琴声中包含的志向。由此，伯牙才将其视为知音，与那些表面上赞扬他琴声的人相比，子期才是真正明白自己的人。因此，只有"知志"才是真正的"知音"。）

师：此时此刻，伯牙的内心是这样的呢？

生：激动的，欣喜的，不再感到孤单的。

师：当钟子期死后，伯牙的心情又是怎样的呢？他为什么一定要破琴绝弦？

生：伤心的，悲痛的，甚至是绝望的。这个世上再无明白自己的人，那么所弹奏的乐曲也就没有了意义，因此，伯牙绝的不仅仅是琴弦，更是心弦与希望，

重回无边的孤寂。

（配上《流水》，生再次有感情地朗读文章，在旋律的跌宕起伏中体会伯期相逢之乐与分别之痛。）

教师引导学生沉浸于故事情境之中，引导学生一步步探寻文章的情感内涵。教师先引导学生抓住文中关键句子感受"知音"之意。学生抓住伯牙"志在太山"时，子期能够评论出"巍巍乎若太山"；伯牙"志在流水"时，子期可以感受到"汤汤乎若流水"。子期以"巍巍太山""汤汤流水"来隐喻伯牙的高远志向和宏大怀抱。接着，教师引导学生想象钟子期听琴的画面，进一步理解"知音"之情。教师再引导学生在情境中驰骋想象，感受人物的心情变化，从人物的心情中感受人物之间的真挚情感。

品味文章的情感，唯有沉浸其中，方能有所领悟。因此，为学生搭建体验情感的支架、创设特定的情境是极为必要的。学生在情境之中，与人物的情感更加贴近，所体悟出的情感也更加真实、丰富而深刻。

5. 在生活体验中，悟文言文哲理之美

文言文的精妙之处，在于它通过凝练生动的语言，传递丰富而深刻的哲理。但阅读是作品和读者的融合，所以，教师在语文教学中，要注重个性化的表达。教师需要引导在独特的生活体验里，品悟出文章中蕴含的深刻哲理。

例如《学弈》的教学片段中，教师引导学生研读探究，感悟道理。

《学弈》教学片段：

（师：课件出示"学弈"插图，指名并要求用自己的话说说图上的内容。）

师：弈秋是个什么样的人？用原文中的话回答。

师：其中一个"学生"是怎样学习的呢？你能用原文中的话回答吗？

师：另一个人当时是怎么做的呢？

师：二人师出同门，其结局完全不同，原因是什么？

师：作者首先排除了什么因素？你从哪句话得知？

师：从这两个人的学习结果中你得到了什么启示？

师小结：学习的好坏，不是全在智力高低，就算有好的老师教，也未必就能学好，关键是看自己是否认真向老师学习。做任何事，都要专心致志，不能三心二意。

（师：课件出示名言警句，师生共勉。）

教师运用了对比的教学手法，比较了两个"学生"不同的学习态度以及他们不同的学习结果，从而说明学习态度对学习结果的重要作用。教师在这个片段教学中，让学生充分思考"师徒"三人的发言，既培养了学生口语交际的能力，又让学生结合自身实际，进一步认识专心致志对于学习的重要性，学会用正确的思想指导自己的学习，拓展了学生思维的空间。《学弈》全文只有四句话，却清晰地写出了两人的学习表现、结果及其原因的探究，层次清晰、语言精炼，篇幅短小而富有内涵。短短的70个字，一个简简单单的小故事，至今还带给人们以思考和启迪。这就是文言文中所折射出来的内涵之美，也是古人的智慧之花。学生通过学习与欣赏优秀的文言文作品，从作品中悟出许多深刻的道理，从而引导学生形成正确的人生观和价值观。

部编小学语文教材中的许多文言文作品充分展示了古人对生活哲理的思考与无尽的智慧，是传统文化的精髓所在。品读这些文言文其实就是跟古人进行思想交流。古圣先贤的博大胸怀和非凡智慧对学生认识社会、思考人生、修身养性都有启迪。

文言文是中华民族文化的水之源、木之本，蕴含了古人对人生、社会、爱情、自然等深刻的思想。教师在文言文的教学中，应当引导学生通过多种方式，与文中的语言交汇、与文中的人物交谈、与文中的情感共鸣、与文中的思想碰撞，从而走近文言文，亲近文言文，在文言文里感受中华文化的博大精深，传承优秀传统文化！

参考文献：

［1］王加娟．享受古文之美［J］．神州，2011（9）．

［2］王焕．依托文本巧设计，精准教学识古文——以《王戎不取道旁李》为例［J］．新课程，2021（3）．

［3］陈静．统编教材《王戎不取道旁李》文本解读及教学建议［J］．小学教学研究，2020（2）．

［4］郭志华，余必健．读、解、品，让文言文教学有法可循——《王戎不取道旁李》教学实录及评析［J］．江西教育，2021（4）．

［5］邵伟．新教材初中文言诗文教学的思考与策略［D］．上海：上海师范大学，2010．

［6］尚莹．小学第二学段文言文作品的教学价值与策略研究［D］．天津：天津师范大学，2021．

［7］曹春生．朗读是语文课的灵魂[M]//2015年7月现代教育教学探索学术交流会论文集，2015．

[8] 陈小丽.《两小儿辩日》教学设计[J].新课程学习(下),2014(3).

[9] 孙玉屏,赵佳.搭乘文字的翅膀 体会艺术的魅力——《伯牙鼓琴》教学设计[J].语文课内外,2020(1).

[10] 夏艺.文言文寓言的理与趣:《两小儿辩日》教学设计[J].教育·教学科研,2021(5).

[11] 王春燕.《猴王出世》教学实录[J].人民教育,2009(2).

第三节　文化之美

一、学校文化活动之美

(一)"学校文化活动之美"的内容阐释

1. 什么是学校文化

人类的社会活动庞大而又复杂,需要文化来整合规范。在社会发展过程中,我们按照一定的范围划分出不同种类的文化,并通过这些文化实现物质和精神的积累和创造。在文化分类中,学校文化活动是其中一种。学校文化作为一种教化和育人的文化,它的功能是其他任何社会组织所不能比拟的。为了达成文化的育人功能,学校利用各种因素,形成自身独特的信念、手段、语言、环境和制度的文化。在广义上,学校文化是在学校中形成的特殊文化。依托社会背景,学校作为一种地理环境圈,全体师生在此环境中长期进行教育实践,积淀和创造出成员所认同和遵循的一种文化规范。从狭义上看,学校文化是一种校园文化,是学校校园环境中存在的文化现象。相关的说法有:学校文化是学校的各种规范、行为和风尚的"校风"说;学校文化是学校中开展各种歌咏、舞蹈、体育比赛等文艺活动的"文化艺术活动厅"说;学校文化反映的是学校教师的教学水平的"教风"说;学校文化反映的是一个学校的学习风气和氛围的"学风"说;学校文化实质上是一种隐性课程;等等。因此,可以通过学校文化这门隐性课程对学生进行道德熏陶，使学生在潜移默化中接受道德规范，实现道德成长。如果将学校文化划分类别，那么它既包括显性的校园建筑、环境布置等，也包括隐性的人际环境、心理环境等。

2.什么是学校文化活动之美？

从哲学的角度看，审美力是人的感知力和意志力之间的中介。教育之美，美在校园环境，更美在教育过程和教育结果。基于此，学校教育应"以美为旗"，不仅追求环境的雅致美观，实现无痕的熏陶、无言的教育，而且教育过程、师生交往、家校联系和沟通等，都应富有情感、充满美感。课程的开设、活动的组织，要充分关注学生身心健康、人格健全。从这一角度看，爱是教育的基石，而美是生命的完善至臻。将学校文化活动融入教育过程中，就丰润了教学的羽翼，赋予了知识生动的审美形式。这样，爱与美融通，"学"和"用"结合，由此推进以"美"为内涵的学校文化建设。

（二）"学校文化活动之美"的育人功能

1.学校文化活动的整合性、综合性有利于培养学生的整体观

小学生的语文素养不仅仅是在课堂教学和课外作业中形成的，还是在学生广泛运用语言的实践中形成的。学校文化活动重在交叉融合各个学科，促进跨学科的课程整合。在传统的教学中，要解决的问题往往随教学内容而产生，抑制了学生的问题意识和独立思考意识。然而，整合性的文化活动是有主题、有计划的，其环节完整，从收集资料到分析问题，再到解决问题分享收获，都有助于培养学生的整体观念和主体意识。

2.学校文化活动内容、形式的丰富性有利于学生完成自我认知

学校文化活动是围绕核心主题开展的系列活动，多元丰富的活动主题，赋予了活动多样的教育意义，也提供给参与者多样的选择机会与能力发展机会。文化活动形式丰富，不仅体现在竞赛类、参观类、实践类等形式，更重要的是活动参与者体验到参与方式的丰富多彩。在文化活动中，学生可以有多种身份去参与，并通过一些类别不同、分工不同的岗位，体验不同的角色，提升多方面素质。这种方式不仅使学生能够更好地理解活动过程，还有利于他们在角色体验中提升对自我的认知。

3. 学校文化活动时空的广泛性有利于拓宽交际面，增强沟通交流能力

文化活动内容丰富，持续时间一般较长。尤其是展示类活动，有利于扩大和深化对学生发展的影响力。小学生具有强烈的展示自我的欲望，在人际交往方面有着强烈的需求，而学校文化活动则可以拓展活动主体的交往空间。教师、学生、家长、社区人员等参与者借助于活动平台，获得了相互沟通、合作协调的新渠道。同时，同年级学生和跨年级学生之间的相互交往，有利于学生拓宽交际渠道。伴随着交际对象的丰富，会出现新的挑战和困难，因而也要求参与者提高自己的沟通交流能力和解决问题的能力。①

（三）"学校文化活动之美"与"大美语文"的实践融合

1. 美的环境：建设美雅和谐的生态花园

1）校园建筑为"学校文化活动之美"提供平台

一般来说，静态校园建筑不作为一种活动的方式呈现，它只是活动的场所。例如，现代学校创设的篮球场、足球场、塑胶环形跑道等体育活动区域，以及校史展览馆、创客教室等功能活动区域。这些建筑作为文化活动的场所，一定程度上体现了一种美的风格。例如，部分校园建筑参考人体比例，体现"以人为本"的教育思想；或是模仿名胜古迹，创建典雅文化氛围；或是融入书法艺术之美，建筑风格简约飘逸。学生在美的建筑中受到艺术熏陶，有利于培养美的感受。同时，我们还可以注意到，有些建筑是可以进行动态设计的，如现代学校都具备的教学楼的走廊空间和空白墙面，在这些场所张贴名人名言字画，制作学生风采剪影，不仅营造了文化氛围，加强了学校或学科的建设，更具有可操作性和实用性。这样，学生在不会"说话"的校园建筑里学习、活动，耳濡目染接受熏陶，在会"说话"的建筑里不断陶冶情操，与时俱进。如此一来，我们就能通过环境感受到高雅情趣之美和文化底蕴之美。

2）校园场地布置为"学校文化活动之美"烘托美的氛围

如果说校园建筑是进行文化活动的空间场所，那么场地布置更强调文化活动的功能设计。"罗方圆而绮错，穷海陆而兼荐。"场地的布置与美的层次感，在本质上是完全契合的。例如现代学校统筹规划的"三园一道""多元楼道文化"等一系列文化景观、活动场所。整体建筑分工明确，辅以精心设计、特殊布局，既展现了传统文化的内涵，又营造出多层次校园活动空间，突出了功能区分的

---

① 陆艳. 普通高中学校大型主题活动教育价值研究［D］. 上海：华东师范大学，2011.

和谐之美。

2. 美的课堂：打造读书求知的优质学园

语文与学校文化有着不可分割的交织关系，语文教材中文质兼美的课文是语言的艺术，也是为生活服务的艺术。

在学校文化教育中，语文素养的培养，将增强学生的品德修养，创建良好的人际关系。学生们在文化活动中碰撞思维，交换意见，交融、磨合，充分发挥学生的主观能动性，增强校园文化建设的主动性、积极性和创造性。课堂活动使学生获得对美的感知能力，在思辨性、竞争性、拓展性系列活动中，让课堂充满艺术之美、哲思之美以及诗意美和创造美。

1) 开展展示性活动，让课堂充满艺术之美

展示性活动，就是根据语文教材中文本的特点，引导学生进行听说读写、模拟表演等活动，以帮助学生理解课文，提高运用语文的能力。在语文课堂中常见的展示性活动有内容复述、分角色朗读、课本剧表演、模拟场景等。如在《犟龟》一课的教学时，学生在熟读课文的基础上将课文改编成课本剧，对各种动物的对话给予加工创造，并配以相应的动作、神态，进行分角色表演。通过表演活动，同学们对文本内容更加熟悉，对文中动物的性格特征、心理活动理解得更加深入，对文本中心的理解更加深刻。难能可贵的是，学生在表演中创造性地运用富有个性特点的语言，与其动作、神态的模拟相得益彰，让课堂富于艺术之美。

2) 开展思辨性活动，让课堂充满哲思之美

在语文教学中开展一些思辨性的活动，如争议辩驳、比较辨析、正话反说、调换词语、变换角度等，有利于启迪人的智慧，使道理更明白，思维更清晰，理解更深刻，认识更全面，视野更开阔，让课堂教学不仅具有形象之美，也具有理性逻辑之美。在《春》一课的教学时，学生们通过鉴赏例文，思考：①《春》中的比喻特色；②"春"的色彩美；③《春》的构思布局；④《春》中的写景艺术；⑤《春》的语言特色；⑥"春"的诗情与画意。引导学生多角度多方法地赏析这篇文章，从而收到了出人意料的效果。又如在讲授《济南的冬天》时，利用它的姊妹篇《济南的秋天》，教师引导学生比较阅读，讨论两篇文章的相同与不同之处，培养学生的阅读能力。

3) 开展竞争性活动，让课堂充满童真童趣之美

竞争性活动是最能激发学生学习兴趣的活动，诸如背诵比赛、抢答赛、听

写比赛、趣味知识竞赛、小组对抗赛等，这些活动既可以融入阅读教学和作文教学之中，丰富课堂教学形式，也可以组织单独的语文活动课，还可以让传统的语文课与活动课完美结合。近年来，采用学生分组合作，按照表现评选每日优胜小组、每周优胜小组，可以有效调动学生的学习积极性。同时，模仿中央电视台的《中国汉字书写大赛》在班内开展汉字书写比赛，也收到了较好的效果。在课堂教学中，老师们还经常开展名句名篇的即时抢记比赛、朗诵比赛等，让语文课堂洋溢着童真童趣的活力、参与的激情和收获的喜悦。①

4）开展拓展性活动，让课堂充满创造美

常见的拓展性活动有创编写作、续写故事、文体改写、想象迁移等。这类活动往往能让学生发挥丰富的想象，充分调动大脑里的原始积累，有利于培养学生创造性思维和创新能力。如在《空城计》一课的教学中，教师设计了情境想象的活动：诸葛亮在城楼焚香操琴时，心里会想些什么？想象一下，说出他当时的心理活动。"懿看毕大疑"，他疑的是什么？揣摩一下他的心理。同学们各抒己见，这样既有利于学生对课文的理解和对人物的把握，又有利于培养学生的创新思维。经常开展拓展性活动，语文课堂会延伸出无限的空间，从而激发出学生的创造热情，给人以美的享受。

3. 美的文化：营造师生互爱的精神家园

语文素养的核心是学生在生活中运用语文的能力和思维能力的不断发展。教师全程参与语文综合活动，可以提高师生语文素养。在参与活动的过程中，教师角色的转变也有利于增强学生的认同感。"亲其师方可信其道"，教师融入学生活动的过程之中，有利于激发学生主体意识，增强学生参与活动的积极性，营造师生互爱的精神家园。

1）主题活动：以"经典诵读 NO.1"的挑战赛活动为例

这场活动以诗词飞花令的形式展开，主题为"颂中华诗词，承文化基因"。首先，飞花令的形式内涵丰富，别具匠心。不仅可以引领学生欣赏中华诗词，还可以传承经典文化基因，提升学生对中华传统文化尤其是学校文化的认同感和自豪感。优美的古诗词也将在学生心中留下浓墨重彩的一笔。其次，诗词语言的艺术性，更是一种美的熏陶。如"春风又绿江南岸"的"绿"字，不着力细致描绘，却与诗人情感融合；又如"江作青罗带，山如碧玉簪"，比喻生动形象。学生感悟到古诗词浓浓的美，会有一种不吐不快的冲动。这时，教师及

---

① 丁雅静.语文教学应多份艺术美、活动美、表达美[J].内蒙古教育，2011（14）：28.

时为学生搭建平台，举办古诗词诵读沙龙，为诗词配画，或是随音乐舞蹈，表演古诗词歌曲演唱等，使活动妙趣横生。这样的主题活动为积极营造读书氛围，培养阅读习惯，打造书香校园，构建学校、家庭、社会三位一体的育人环境提供了强大的动力。此外，我们还可以开展"读书吧，少年"等系列文化活动，引领学生感受读书乐趣，交流读书心得，展示读书成果，感受文化魅力，让校园荡漾浓郁的书香。

2）体验活动：以"阅读+"活动为例

学生的文化活动与娱乐相结合，将阅读与播音、写作、演说、观影等融合，打造阅读舞台，以助于拓展学生思维。比如，低年级采用"小主播""陪你读"的活动方式在阅读中提升获得感和认同感。学生在网络平台上传阅读音频，不仅填补了阅读范例的空白，同时为其他学生做出了良好的示范。高年级采用"小小演说家""走进朗读亭""名家面对面"等系列活动方式，以娱乐形式联通课堂内外，让阅读有声有色。同时，学校还可以借助"互联网+教育"智慧校园的优势，为学生建设读书分享的平台，利用电子班牌、校园广播站、学校公众号、网络直播、"喜马拉雅"APP、"荔枝"APP、中国语文报刊协会写作教学专业委员会官方微信等进行读书分享。学生从读给自己听到读给伙伴听、读给网友听，人人都能站在"舞台"的中央，在"云"阅读中鲜活起来。阅读体验活动与信息技术交互作用，学生在沉浸式阅读的过程中体验着、想象着、欢愉着，体味文化之美。

3）实践活动：以《爸爸的咳嗽》活动为例

重视实践活动，有助于学生通过自身感知加深对知识的理解。语文学科拥有丰富的社会资源，这是一种天然的优势。在小学语文教学中，应扎根于社会生活，加深学生的社会体验，提高学生的认知水平，培养学生的探索精神。比如，在学完《爸爸的咳嗽》一文后，老师设计一次实践活动，让学生以小组分工的形式，去了解自己身边的环境状况。学生们通过调查获得资料，发现环境问题，老师在此基础上引导学生找出解决问题的办法，发出倡议，做好宣传。这样的实践活动，既锻炼了学生的社会适应能力，也提高了他们的交际能力和综合运用语言的能力。教学活动中，老师还可以带领孩子们用自己的方式，绘制书卡，写观察日记，做读书摘抄，用丰富的实践活动，探索奇妙的世界，传递爱心和温暖，记录成长的足迹。

4）亲子活动：以"书香校园"活动为例

通过开展读书活动，鼓励学生阅读充满人性美的文选或文学作品，激发其对真善美的热爱以及对假丑恶的憎恶。比如"晒晒我的读书角"活动，父母带着孩子，一起布置阅读小天地，让阅读成为一种生活方式。这样的富有仪式感的读书活动，促进了孩子养成良好的习惯。使"家庭图书角"逐步成为每个家庭成员的精神家园，成为生活的一部分。大手牵小手，亲子共阅读。这样，不仅提高了孩子们的识字量，拓展了阅读空间，而且让孩子们眼界开阔，心智明澈，阅读体验更深刻。

校园文化活动促进学生核心素养的提高。硬件设施的隐形感染能让学生在潜移默化中修正自己的言行，丰富的文化活动修炼学生的品性，培养学生的品德。因此，提高校园软实力，强化校园文化建设，将对学生核心素养起到重要的推动作用。

作为一种教学资源，学校文化活动以学校为主阵地开展语文文化活动，提高了学生的语文综合素养。语文教学中贯穿着语文知识和能力的学习与实践，在与社会实践的结合中，将有利于促进学生听说读写能力的整体提高。在语文综合实践活动中，学生获得学习生活、社会生活的体验，从中受到美的熏陶，这些都将沉淀在学生的生命里，成为其人格的一部分。我们还应高度重视课程资源的开发与利用，创造性地开展校园文化活动，增强学生在各种场合学语文、用语文的意识，不断提高学生的语文综合素养。

二、家庭文化活动之美

（一）文化之美的内容阐释

1. 什么是家庭文化之美？

家庭是历史的产物，家庭文化是人们在家庭中自觉地审视生活后的理性反思的结果，家庭是社会机体的细胞，家庭文化是确保家庭形态健康的重要因素。家庭和谐、家庭文化健康，家庭成员得到培养，社会才能稳定有序，家庭才能真正发挥连接个体与社会的"桥梁"作用。[①]

人的一生大多离不开家庭、学校与社会这三个集体，在不同的集体之中，人都会有不同的表现。家庭的要义，就是帮助孩子成长。不同家庭会产生不同的文化，但不同的家庭文化也会展现不同的家庭风貌、习惯，尤其是家庭文化，在教育孩

---

① 刘红梅.唯物史观视域中的中西方家庭文化对比研究[D].上海：上海财经大学，2020.

子的不同方式上会影响孩子的成长。其中的亲人之爱会使孩子感到暖心、舒心。

2. 家庭文化之美包括哪几个方面？

1) 家庭文化之美，美在传承

不同的地区不同的民族，存在着家庭文化的差异性。在广义上看来，这种家庭文化活动之美，让我们最容易想到的是每逢佳节海外华人家庭给孩子们举行的纪念活动。比如，端午节带着孩子包粽子，春节要跟孩子们一起剪窗花、贴对联，元宵节要跟孩子们一起去唐人街看看华人舞龙舞狮……虽然大部分时间里，他们的日常生活已经不同于中国本土的生活节奏和习惯，但是实际上，他们在不忘文化归属的同时，还铭记着国内家人遥远的祝福。

能体现文化之美的，不单单指的是活动本身。家庭的存在，使得文化的脉络从老人传承到小孩，薪火相传、生生不息。例如海外家庭之中的母语传承、春节写春联，在我们眼里，这就不光是中华语文的魅力，更是以家庭为单位的文化传承。

正是这样的家庭文化之美，使得海外华人首先以家庭为单位，接着扩大到社区、唐人街，甚至辐射到了整个文化圈，然后影响外国人。不得不说，这实在是一种值得欣赏的家庭文化活动之美。

2) 家庭文化之美，美在陪伴

现在的年轻人，当他们为人父母之后，摒弃了他们父母所惯用的权威方式，更喜欢去陪伴家人、亲近孩子。例如，近几年非常时兴的将客厅一部分改造成大书房的装修设计。客厅里摆上大书桌，旁边立起书架，孩子可以在书桌上写作业、画画，或是跟父母沟通交流一周所发生的事情。学习也好，玩乐也罢，家人们有一个大的空间去进行各种活动，并传递着一个信念：我们的家人永远在一起，一起学习一起进步，一起面对生活中的种种事情。

当一个家庭拥有了小小的阅读天地，有了父母和孩子的亲子共读、练字，在家庭文化的熏陶之下，语文学习也会更有乐趣。一棵树苗很难依靠自己长成为参天大树，一个孩子也很难独自长成为"栋梁"。虽然我们一直强调孩子在学习中应该有自觉性，而不是由家长全程陪伴，被动学习。但是孩子还小，他们的自觉意识还没有形成。如果家长可以陪伴孩子学习，以自身作为榜样，把学习当作日常生活，培养孩子良好的学习习惯，肯定是对孩子的长远学习更有利。

3) 家庭文化之美，美在活动

我们之所以如此强调家庭文化活动的作用，不仅仅是着眼于孩子的成绩，更是希望孩子在成材之前能先成人。每个孩子不可能都是学习上的佼佼者，但在家庭与学校的共同作用之下，孩子们能成为热情、善良、内心强大且有责任心的人。

总而言之，一个家庭里不可能没有文化的存在，家庭文化不是虚无缥缈的文化，而是日常生活中的文化。这是引人深思的问题。更为麻烦的是，如何让文化如同甘露一般慢慢沁入孩子心田，让孩子在润物细无声中产生积极的变化，这才是最难的。

语文的学习不光是书面上的学习，还要在生活实践中去学习，从而扩大孩子的眼界。如果孩子喜欢户外的环境，你可以把孩子带去家附近的公园；如果孩子对天文学感兴趣，那就到附近的科技馆，那里不缺天文望远镜，而且还有对于天文的解说；如果孩子对手工感兴趣，你得带孩子去参观一些陶艺工作室，还可以自己准备一些材料，对照着视频跟孩子一起做。你可以给予孩子鼓励和夸赞，让孩子更喜欢多样化的生活。

更高级的家庭文化活动，不仅是校园文化活动的一种承接，更是帮助孩子学会终身学习的温馨场所。

（二）家庭文化之美的育人功能

1.家庭文化之美对孩子具有潜移默化的作用

在教育家的眼中，学校固然是教育孩子的最好场所。但是于孩子而言，家庭实则是教育孩子的第一个"学校"，也是最好的、持续终身的学校。在教育的当下，家长很注意对孩子的各种培育，也有很多家长意识到了家庭文化活动对于一个孩子成长的关键作用。但家庭对孩子的影响不都是正面的。当家长要求着孩子时，孩子的成长同样也要求着家长，可以说家长的言传身教影响孩子的一生。

家庭对于孩子的影响体现在孩子的性格、习惯养成等方面，学校教育更关乎孩子身心的健康发展。所以我们在教育理念中倡导"家""校"共育，就是在家庭与学校之间搭起桥梁。只有当学校的老师负起责任，家庭中的"老师"拿起接力棒，我们对孩子的教育才会产生独特的影响。

2.家庭文化之美帮孩子培养良好的学习习惯

孩子越大，我们越能发现良好的学习习惯对于他们而言，是多么重要！写字读书保持良好的坐姿，用眼时注意保护眼睛，这些看似都是非常小的习惯，却会影响孩子们的健康成长。许多老师深知，孩子如果不在小时候把习惯养好，以后会走更多的弯路。

尤其是在孩子童年时期，学习习惯的培养非常重要，重点就体现在语文学习之中。孩子的语言表达和语言理解能力并不全是天生的，家庭也是关键。随着社会的发展，早期阅读的重要性受到社会各界的广泛关注。早期拥有良好的阅读能力，对幼儿的终身学习十分重要，同时对幼儿的环境适应能力及综合能力的发展也有推动作用。家庭是爱的发源地，也是孩子接受教育最先开始的地方，家长更是孩子们人生的启蒙老师。[①]

（三）怎样塑造家庭文化之美

面对首批入学的一年级新生，为了孩子们的健康成长，入学不再进行考试，也不再有书面的家庭作业，不给孩子加重任何课业上的负担。毕竟他们还是刚从幼儿园上来的六七岁孩子，我们得尊重他们教育上和成长上的规律。"减负"之后，家长和老师都面临着挑战。要求降低了，但是合格线还在那里。要以更好的教育方式，让家长参与其中，孩子也能收获更多体验。其目的是让孩子不仅明白学习的目标，更应该学会学习的方法，培养学习兴趣，最后达到孩子能主动独立完成作业，获得一辈子受用的学习能力的目标。

从小学一年级开始，我们的主要活动都是围绕着阅读，以为日后的语文学习打下坚实的基础，也让孩子们在阅读的海洋之中有着别样的人生体验。

阅读虽然可以贯穿于学校和家庭的教育，但为了达到最好的学习效果，也有许多准则需要遵循。我们经常发现，孩子们在小时候很喜欢看课外图书，经常是一拿起书，就忘记一切。但随着年岁的增长，对书籍的关注越来越少。难道是他们面对着更多的诱惑，见异思迁了吗？不过，还是有很多家长告诉我们，自己的孩子喜欢看书，而且几乎到了爱不释手的程度。看看这些家庭是怎么做的吧！

1）开放家庭读书角

图书角，对于很多人而言，并不陌生，但真的要实施起来，就很难了。当孩子还小的时候，许多孩子家里的绘本很多，孩子也常去阅读。但是随着孩子长大，绘本被扔掉了，取而代之的是越来越多的教辅资料。这不只是书本的位置被调换的问题，而是本属于孩子们心灵上的阅读空间在不断地被压缩。

阅读空间可以是家里的书房，也可以是阳台的角落，还可以是睡前床边的

---

① 陈彤彤.家庭文化资本与4-6岁幼儿早期阅读能力的关系研究[D].沈阳：沈阳师范大学，2020.

小柜子。孩子有自己的阅读小天地，就更会有阅读的归属感。他们知道了阅读是一件神圣的事情，就会更加珍惜书本，珍惜读书的机会。此外，读书除了跟地点有关，还在于家长能不能充分认识到阅读的重要性，并且帮助孩子养成坚持读书的习惯。家长陪着孩子在阅读的天地之中徜徉，让他们意识到这是一件值得坚持下来的事情。这就是我们希望达到的效果。

2）使用阅读储蓄卡

有很多家长认为，阅读是孩子的自主选择，是他自己因为感兴趣而坚持的一个活动。但孩子还稚嫩，往往除去兴趣，能够助力让孩子养成阅读习惯的人，最终还是老师和家长。颁发"读书能量储蓄卡"，就是将读书与奖励挂钩。让孩子在还小的时候，就知道读书能受到嘉奖，这不仅能够激发孩子们的好胜心，无形之中也帮助孩子将阅读的好习惯坚持下来。

同时，我们也准备好了方案。这些方案不仅对孩子提出了要求，也对家长的陪伴式阅读提出了高要求。

（1）发起读书倡议。坚持亲子阅读，丰富纸质阅读。

（2）推进读书活动。为了有效开展读书活动，帮助学生养成阅读习惯，阅读活动可以更加多种多样。家长与老师一起，共同利用好这个"能量储存卡"，记录孩子的"书式"成长，鼓励孩子们从课内到课外、从教室到家庭读书角以至校外"生态阅读基地"，广泛阅读、感受读书之乐，在"书式"生活中，为成长储存能量。

（3）共享亲子阅读。同样，对孩子提出要求后，家长的陪伴式阅读既是示范性辅导，又是温馨的督促。要知道，家长是孩子的一面镜子。家长不能自己成天玩着手机，却要求孩子读书上进。在繁忙的工作之余，家长应该管束好自己的情绪，留出空闲的时间，坐在孩子们的"阅读小天地"之中，陪他们读书。这样，在孩子心里就会觉得在阅读上跟家长是平等的。慢慢地，他们会觉得阅读不仅是一项任务，而且是一种生活习惯。

3）豆豆总动员

小学生对于文化的感知需要借助实物。比如，学习古诗《悯农》，"谁知盘中餐，粒粒皆辛苦"的诗文，孩子们都能背诵出来，但是能否真的代入自己的身份，意识到粮食的来之不易，从而能在生活中做到珍惜粮食，这就需要借助实物。

比如，豆子通过浇水和光照成长，慢慢变成一颗颗豆芽。在培育豆芽的过程中，孩子体会到自己责任重大，于是才会小心呵护。

但即便是这样简单的种豆子的活动，也需要家长的积极配合。家长最好陪着孩子一同去购买原料，在孩子亲力亲为的过程中，不时给予指导，但又不是完全替孩子做完，这其中要维持什么样的"度"，确实是家长应该根据孩子的实际情况来决定的。而且，孩子们在生活中离这些事物很遥远，有些知识不是课堂上教师可以讲清楚的。如果家长带着孩子到超市里买豆子，认识豆子的种类，豆子可以做成豆腐、豆浆等，则这些不仅能给孩子带来不一样的认知效果，还可以让孩子们发挥自己的想象，把五颜六色的豆子做成"豆"贴画。在这类活动中，孩子不光动了手，培养了美育意识，家庭关系也会变得更加融洽。

4）落叶成宝

面对着一堆落叶，你又能想到什么？秋叶凋零之际它确实很美，但最后的结局难道只能一把火焚之？让我们通过"落叶"去开展一次家庭文化活动吧。

将落下来的梧桐树叶洗干净并且泡软，放在阳光下略微晒过，便能通过折叠、卷曲、拼接等步骤，得到我们想要的图案，可以是好看的玫瑰花，也可以是可爱的小熊；再选取可以收纳树叶的废旧花篮等，最后就能将其做成具有观赏价值的摆件了。

说起来好像是比较简单、容易的事情，但是实际操作起来并不容易。由于"落叶成宝"的操作要求比较高，所以比较适合高年级的孩子来完成。很多家长为了支持孩子的手工梦，利用放假的时间，陪着孩子在小区收集好看的树叶，并且给孩子的手工提了很多创意。有的家长也会带着孩子去附近的公园、湿地景观园，无疑又为家庭的文化活动创造了一次机会。随着审美标准的提高，要让孩子知道：只要自己细心观察，生活中处处都有美。

家长还可以和孩子一起将这些美丽的落叶作品永远保存为一张小小的落叶照片，配上一段优美的心灵感悟，就是现下流行的"手账"；一次记录落叶作品的手工记录，就成了一本"落叶攻略"……低年级的孩子也可以用落叶制作漂亮的"叶"贴画，写上一段简短的介绍，这岂不是一件十分有趣的事？

5）家长进课堂

如今，学校非常重视家长在孩子教育中的作用，也提供了相当多的机会。比如说邀请家长参加亲子运动会、家委旁听会或者让家长进课堂。

以语文学科为例，每一个年级，衔接度都非常高，如果一个环节没有做好，最后都会影响全局。这也是学校教育与家庭教育不一样的地方，也是为什么学科教育要以学校教育为主,家庭教育需要配合的原因。当家长站在教师的角度思考,就能明白孩子的学习重点到底应该放在哪里,自己的家庭教育也会更有指导性。当家长以学生的角色坐在底下安安静静听老师授课,肯定能唤起自己小时候有关于学习的记忆。这样换位思考,家长对教师及自己的孩子都会有不同的认知。今后对孩子更能宽严并济,该要求的时候会严格要求,该体谅的时候能够体谅,亲子关系也一定会更加融洽。

家庭对孩子的影响毋庸置疑。短期来看,学校的作用更明显;从长远看来,家庭的作用贯穿孩子终身。孩子成长之中,家长付出的每个点滴,走的每一步路,都是有价值的。

你不能指望一棵小苗,不除杂草不去虫害,就能开花结果。天下父母之心,都希望孩子成为更好的人。让我们重视家庭文化活动的重要性,让孩子拥有更加温馨的童年体验,拥有更加美好的未来吧!

三、社会文化之美

(一)社会文化之美的内容阐释

社会文化之美是什么?广义而言,社会文化是人类社会发展过程中的精神载体。社会文化聚焦于人类社会发展过程中的社会生活、人际关系、语言习俗、精神观念、价值观念等,凝结出协同的社会文化,具有其独特价值和美感。在漫长的历史长河中,人类社会在不断发展、演化,社会文化也在此过程中以更加科学、理性的方式展现出来,并具有一定美感。狭义而言,每一个人、每一个个体都在扮演着各自不同的角色,又共同组成了社会生态。如同自然界中的生态系统循环,人是社会生态系统循环与运行的关键。独立个体所联结构成的美就是社会文化之美。不同的人有不同的美感,对不同的社会文化有不同的判断,有独特的审美趣味和价值判断。社会文化之美是可以涵盖人类社会中文学、科技、音乐、美术、戏剧、影视等诸方面的美学文化。因而也可以说,社会文化之美,是以人为核心的。其本质也是人之美,是人在进行社会活动、社会交际过程中自主营造的文化之表现。

社会文化之美是一种精神自信。习近平总书记在庆祝中国共产党成立95周年大会上明确提出了"四个自信",即道路自信、理论自信、制度自信、文化自信。[①]"四个自信"中的文化自信,是更基础、更广泛、更深厚的自信。对于富有中华传统的文化和本土的社会文化,要有充分的文化自信,从中感受到我们社会文化中的美,而这份美始终由人传递、以人为核心。

(二)为什么要塑造社会文化之美

美能够很好地培养我们的感性和集聚精神力量,使整体尽可能达到和谐。社会作为人的生存环境,社会文化活动是育人的重要活动之一。作为中国人,以汉语为母语的中国人,我们在大美语文的整体体系中,以文化人、以美育人。这里,我们从口语交际、朗诵吟诵、阅读素养三方面,具体谈谈"社会文化之美"的育人性。在日常的社会活动中,我们提倡学生相互交流,学会吟诵,爱上阅读。同时也是以"交际""吟诵""阅读"为切入点,与语文核心素养充分结合,从而发挥"社会文化之美"的育人功能。

1. 社会文化活动有助于交际能力的提升

汉语作为中国人的母语,不仅具有工具性,也具有人文性。在"大美语文"的背景下,学校教师不仅要教授学生知识,包括语言基础知识、文学基础知识及其基本技法,而且还要培养学生的审美能力。学好语文对青少年的成长十分重要。叶圣陶先生指出:"教语文就是教做人,学语文就是学做人。应该使语文教育在培养社会主义一代新人的事业中,发挥更大的作用。"

在社会文化活动中,学生的交际范围相对较小、交际关系相对单纯。通过参与社会文化活动,让学生与各式各样的人进行交流,可以让学生学习更多的沟通交流技巧,从中认识到自身的不足,让自己变得更加包容、自信,从而提升个人的道德修养和审美情趣,逐步形成良好的个性和健全的人格。

在社会文化活动中,家庭、学校是相对小的文化环境,社会是大的文化环境。学校开展相关的社会文化活动,在口语交际中推广普通话,都是实践"交际之美"的有效途径。以实践育人,以环境育人,让学生在社会交际的语言环境中提高口语交际能力。

2. 社会文化活动有助于弘扬传统文化

"大美语文"重视语文的"吟诵之美"。吟诵源于中国古代传统,人们在曼声长吟中沉醉,使诗意深深印刻于人的精神世界。吟诵是一种心灵的美学享受。

[①] 人民网。从"三个自信"到"四个自信"——论习近平总书记对中国特色社会主义的文化建构[EB/OL].人民网,2016-07-07.

在语文教学中,要重视学生的朗读方式,除了在课堂上朗读外,还要鼓励学生在家诵读,在社会活动中吟咏。这将更能激发学生的兴趣,使相应的社会文化活动更具有吸引力与积极意义。当前国学传统进校园,掀起了传统文化的热潮。学生在诵读中,感受中华诗文独特音韵的美感,重塑社会文化中的"吟诵之美"。

吟诵是让学生认识语文,培养语文素养的方式。在诗词、散文的优美语句中,感受诗一般的生活,并将这种感受带到生活中,带到社会上,以塑造良好的社会文化。诵读之美,美美与共。因此,学校要经常组织经典诵读指导等活动。以活动育人,以审美育人,让学生充分认识传统文化中的吟诵之美,并与其他学习活动充分结合。

3. 社会文化活动有助于阅读素养的培养

"大美语文"重视学生的审美,引导学生发现美、欣赏美、尝试创造美。阅读是一种很好地提升学生审美情感的方式,这种提升不应该仅仅局限于学校和家庭,而应该走向社会。当学生无法行万里路时,读万卷书是一种很好的认识世界的方式。通过阅读,可以让学生看到不同的社会生活和社会活动,也能对复杂的社会文化有一个初步了解。孩子热爱阅读,注重欣赏身边的美,发现社会文化之美,从而就会追求更深层次的心灵之美。

人生之美,重在心灵;书香之美,惠及人生。阅读是获取知识的渠道,是提高人文素养的有效途径,也是涵养心性的摇篮。阅读,不是教师对学生的说教,而是学生的内在体验。社会可以营造良好的书香环境,如阅读书吧、共享书店、读书交流、新书展览会等,学生参与其中,在社会体验中不断成长。

(三)如何塑造社会文化之美

社会文化是社会全体成员在长期的社会生活中形成的具有持久性的语言、价值观念、道德规范、审美观念、宗教信仰以及世代相传风俗习惯的综合反映。在"大美语文"的特色背景下,通过实践活动去影响社会文化,塑造良好的社会文化,关键在于人。只有学校、家庭、社会共同努力,才能彰显文化之美。"纸上得来终觉浅,绝知此事要躬行。"对于文化之美的探索,绝不能仅仅停留于理论层面,只有进行社会实践,方显其美。

1. 社会文化活动搭桥,为学生提供展示的舞台

陶行知先生指出,"生活即教育、社会即学校、教学做合一"。由此阐明了生活与教育的关系——教育向生命的回归,这对于素质教育的实施和基础教

育改革都具有深远的意义。①

社会文化活动是提升学生语文文化素养的有效途径。"一平方米是朗读亭的面积，它很小，小到只容得下两三人站立，但它又很大，大到可以倾听数以万计的心底的声音……"2020年10月，央视的《朗读者》第三季"如约而至，并在武汉分会场设置了朗读亭。二百多名经预约走进朗读亭的武汉朗读者，将他们的声音和故事通过一场连续72小时的慢直播，传递给全国各地的观众。雷同学是一名小学三年级的学生，也是来自武汉的二百多名朗读者中的一员。她的老师在语文教学中，十分注重朗读、注重学生的表达、注重语文素养的培养、注重美的熏陶。正是在"大美语文"的背景下，雷同学爱上语文、爱上诵读。她用自己的声音、自己的情感，诵读朱自清先生的《春》，同时表达着自己对于诵读、对于散文的热爱。

这次朗读经历，雷同学觉得有趣极了，也觉得非常有意义。能和全国各地收看直播的听众，共同分享她喜欢的《春》，也能让更多的人听到她的朗读，是非常珍贵的体验。这样的社会活动，能够让我们的学生和社会充分连接。通过朗读的方式，介绍自己、表达自己，同时也使学校语文教学的内容能够走向家庭、走向社会、走进孩子的生活。

"朗读亭"的活动，让传统的吟诵从线下课堂转向线上，从静态转向动态，这对学生而言是新鲜而独特的体验，更是提升其语文素养的有效途径之一。对于语文文化素养的培养，仅仅局限于学校教育是远远不够的，需要丰富多彩的社会文化活动。而这样的朗读，说明语文都是美的，如同春日灿烂的阳光。当每个学生都有这样的经历和期待，才会在未来成长道路上，共同塑造我们美好的社会文化。以学校教育为本，生出的根，在社会这片沃土上，定会茁壮成长。

2. 社会文化机构的开放，给学生拓展活动的空间

对学生的培养，不应仅仅局限于学校和家庭。人作为独立的个体，也具有社会的属性。教师的职责是教书育人，让学生能够学习知识、获得能力，最终走向社会、回报社会。而在学生成长的过程中，必不可少的社会文化活动，以及与校外机构、社会机构的合作，共同创设的良好体验活动，是在帮助学生获得认识生活的能力和参与生活的本领。

武汉卓尔书店与多所中小学共同创设生态阅读基地，积极开展"阅读分享""新书发布会""小小店员体验"等活动。相较于普通的阅读基站式的合作，

---

① 谌安荣.陶行知生活教育理论的内涵及其意义[J].广西社会科学，2004（09）：189-191.

更加多元，不仅为学生提供看书、读书、交流的场所，还能够让学生成为书店的小主人，从而真正地爱上书店、爱上阅读。

为了让学生感受阅读带来的快乐，锻炼人际交往的能力，提高社会责任感，培养尊重劳动、热爱劳动的传统美德，首批"小小图书管理员"走进了武汉卓尔书店生态阅读基地，学生参与图书管理。学生们在店员的带领下进行了上岗培训，并将实践体验分为服务岗和书籍整理岗。服务岗主要负责接待顾客，运用书店的书籍查询系统，帮助顾客进行书籍查找，进行柜面区域清洁卫生管理等。书籍整理岗的职责则包括书籍从进店到上架的整个过程，学习如何塑封图书，帮助整理书柜归还散书，引导小读者安静阅读。①

学生们在体验"收银、整理书架、塑封、散书归类"的过程中，也进行了交流并明确思想，要爱护书本，从书本上获取知识。作为祖国的未来，孩子们的成长离不开书籍，从书中他们可以学习知识，感受文学和艺术的美好。通过阅读，孩子们得以锻炼心智、健全人格、完善自我。学生在丰富多彩的阅读活动中，体验阅读、爱上阅读、推广阅读，使读书活动蔚然成风，构建良好的书香文化。

除了阅读分享活动、新书发布活动、店员体验活动，本书笔者所在的学校还开展过湿地系列活动。在2月份的国家湿地日，学校还组织学生在湿地认识鸟类，与它们交朋友，学会区分夏候鸟和冬候鸟。同时学校与卓尔书店合作，参加了卓尔书店举办的湿地科普课堂，让学生们了解更多专业知识。湿地是城市里蓄水防洪的天然海绵，了解湿地，了解候鸟，不仅能让学生掌握更多知识，也能更好地参与保护环境的活动，这也是一种社会文化。面对当前资源短缺、环境污染的现状，不论是学校还是社会，都要树立尊重自然、顺应自然、保护自然的理念。

学生爱护书籍、爱护鸟类、爱护环境，都凝聚着学生的爱心。图书管理员、书店推销员、候鸟科普员，每一个小小的角色，都助推着学生的成长。在"大美语文"的背景下，卓尔书店定期开展读书会、朗诵会、亲子课堂、研学活动等，与全市有关学校进行深度合作，让书店成为学生们放学后的图书馆、假期中的实践基地、学习中的知识加油站。学生在参与社会文化活动的过程中，开阔了眼界，获得深切的社会体验，从而促进其健康成长。

3. 社会文化活动让学生成为社会的小主人公

社会文化活动能为人们提供精神享受，这是一种内在的、物质条件无法替

---

① 整理书架，帮顾客找书……这群"小小图书管理员"是那个事[EB/OL].长江日报，2021-04-23. https://baijiahao.baidu.com/s？id=1697825248722432873&wfr=spider&for=pc

代的享受。在此过程中,要精心打造和设计以学生为本位的文化活动,如参观文化馆、科技馆、图书馆、博物馆等。

此外,参加"推广普通话"的社会实践,也是笔者所在学校的特色活动之一。学生们向路人推广普通话,将制作的书签送给路人,传播文明新风。学生精神饱满,着装整齐,胸前鲜红的红领巾和"红领巾志愿者"绶带格外引人注目。他们教小朋友们读儿歌、读绕口令;教老人们说标准的普通话。琅琅书声,成为一道亮丽的风景,人们纷纷驻足观看,留下了一片掌声。在这次活动中,学生参与整体活动策划、海报制作、活动设计,学生从传统的活动的参与者、执行者转变为活动的策划者、设计者,将自己在学校课程中所学习的推广普通话知识,与已学过的其他知识有机结合,在活动中学习,在积累经验的过程中成长。

面对肆虐的新冠肺炎疫情,家长和学生都能认真履行社会责任,积极参与疫情防控,做好防护。在居家隔离的日子里,很多同学用自己的文字记录了这段特殊的经历,收获孩子成长中的感动。当时,疫情虽延迟了开学的脚步,却挡不住大家与知识的亲密接触。停课是对生命的保护,不停学是对梦想的追求。学生们不仅关注医护人员的生活,还主动积极地给医护人员写信,以抒发自己对白衣天使的感恩之心。

在抗击新冠肺炎疫情的过程中,每位学生的坚守、对生命逝去的悲痛、对医护人员的感谢,都汇聚成一封封信件,一篇篇文章,通过文字的方式传递温情。而这份温情也影响着更多的人,进而影响整体的社会文化,凝聚成社会文化的暖意温情。浓浓温情中,有学子的努力、有无数白衣天使的努力,有每一个平凡的你我的努力。

学生们感觉自己突然成长了,他们以医护人员为榜样,在逆境中学会关爱与责任、成长与担当、自律与坚守,正是这段刻骨铭心的经历让同学们逐渐成长。孩子是祖国的未来。作为一名小学生,能力或许微薄,但只要不怕挫折,就能营造良好的社会环境,促进其精神成长。

在社会文化活动中,需要从设计、策划、组织实施等多方面进行考量。应以学生为主体,从青少年的实际出发。与社区、书店、社会组织等进行合作,举办各类文化活动,为学生们创设良好的精神文化平台,开展知识普及活动、文化培训活动,与"大美语文"充分结合,提高学生对精神文化的鉴赏力。学生的实践活动,是从家庭和学校走向社会的过程。共同构建良好的社会文化,体现社会文化之美是我们共同的责任与义务。

第三章

教学随笔

第一节　点燃思维火花，开启语言智慧

——武汉市"黄鹤英才"董琼名师工作室教研沙龙实录

董琼：

《义务教育语文课程标准》指出，在发展语言的同时，发展思维能力，学习科学的思想方法，逐步养成实事求是、崇尚真知的科学态度。据此可以看出，在语文教学中，发展学生的语言能力和发展学生的思维能力密不可分，相得益彰。本次教研沙龙，大家围绕语文教学中语言和思维的关系，结合教学实践，从不同视角各抒己见，是言语的交流，也是教学智慧的分享。

张农（武汉市华侨城小学）：

语言是人们交流思想的工具，实践性是它的本质属性。人类语言能力的获得、发展，始终伴随着语言训练实践活动，离开这种活动，语言能力就无法形成。训练的目的，并不仅仅是为了获得知识，更主要的是为了启迪智慧、激活思维。著名心理学家朱智贤说："思维是人在实践活动中，在感性认识特别是表象的基础上借助于词、以语言为工具、以知识经验为中介而实现的。"因此，语文教学不在于学生有没有获得正确的答案，而在于学生是否经历了一个思考的过程，是否在听说中学会听说、在阅读中学会阅读、在写作中学会写作。语文教学，不仅仅作用于学生的认知层面，更重要的是作用于学生的思维层面，去帮助学生领悟如何发现问题、如何思考问题的思维路径。

钱艳玲（武汉市常青树实验学校）：

当今小学语文课堂教学着眼于"语用"研究应该是一大发展和进步，语文本体意识普遍开始觉醒，语文教学的有效性，普遍开始转向对"语用"的考量和评估上来。然而，"语用"虽可以成为语文学科教学的鲜明特征，但绝不应该是最终和唯一目标，语文学科的核心素养培养绝不应只停留在正确使用语言

文字上，应更进一步，"思维"才是其内核，"思想"是标志独立人格的核中之核！语言是思维的外壳，是人类精神家园外在表达的一种形式。"语用"之用，从根本上说乃是生命之用、精神之用，而"思维"正是搭建"语用"和"思想"之间的桥梁，"语用"必须触及思维内核。遗憾的是，我们日常观课中还是发现，一部分教师满足于"有感情地朗读""有个性地表达"，自认为这就是"语用"了，这就足够了。这些教师还未意识到、触及和把握到思维能力的培养上来。

董琼：

两位老师的发言，都说明在语文教学中，语言和思维的关系是一个绕不开的话题。学中思，思中学，是教育的最本质规律。过去，我们关注的主要是通过发展思维来促进语言能力的提高，其实，通过发展语言以促进思维能力的提高，同样重要。当前，我们不仅要培养学生理解和运用语言的能力，还要培养学生的思考力、鉴赏力、批判力、决策力、反思力、创造力，使语文教学不仅是工具之学而且是智慧之学。本次教研沙龙，并不想过多地从理论层面探讨语言和思维的关系，而是想发挥大家的优势，在教学的创新实践中，把发展语言和发展思维落到实处，使语文教学成为启迪学生灵性的智慧之学，成为打开学生心智之门的创新之学。

一、善于发现矛盾，挑起认知冲突

李光（武汉市育才可立小学）：

成人的学习始于学，儿童的学习始于问，儿童的思维过程往往从惊奇开始。这种以问为发端的学习正是儿童的天性使然，是一种应该提倡的思维品质和学习方式。记得张农老师讲授《麻雀》一课时，设计了这样的教学环节：默读课文，在不理解或觉得含义深刻的句子旁做上记号。时间给得很充足，学生在静思默想中勾画圈点。全班交流时，孩子们提出了以下问题："小麻雀为什么会掉下来？为什么说小麻雀分明刚出生不久？""为什么老麻雀飞下来像一块石头落地？扎煞起全身羽毛说明了什么？""老麻雀为什么全身发抖，发出嘶哑的声音？""为什么老麻雀要呆立着不动，要去准备一场不可能胜的搏斗？""老麻雀为什么要发出绝望的尖叫？""'一种强大的力量'指的是什么力量？"……学生牢牢抓住了麻雀身躯的弱小与态度的坚决这一矛盾点来质疑，提出的问题几乎是教学重、难点的再现，在质疑过程中产生了强烈的探究欲望和浓厚的学习兴趣。可见，在教学过程中引导学生提出一些有语言训练价值和思维训练价值的问题，在难点处、困惑处、关键处、无疑处、易错处求疑，这样的阅读教学，就能"撑一支长篙，向青草更青处漫溯"。

二、练就慧眼识珠，直指问题核心

黄宁（武汉市光华路小学）：

让学生敢问、会问，应该从增强"问"的意识、教给"问"的方法、培养"问"的习惯着力。其中，教给"问"的方法尤为重要，因为从长远发展来看，能真正起到促进作用的，是一种学习的方法，以及在掌握这种方法的过程中思维的发展。毕竟，思维能力将是伴随学生一生的能力。我在初讲《小兵张嘎》这篇长文时，学生们一口气提了上十个问题，目不暇接带来的是"乱花渐欲迷人眼"，结果导致指向不明、目标游移。反思之后，我第二次教学就着眼于小说的三要素——情节、人物和环境，在学生提问的基础上，筛选出三个方面的问题：①讲了一件什么事？②为了将手榴弹送进韩家大院，嘎子是怎么做的？给你留下了什么印象？③和我们年龄相仿的小嘎子为什么能做到这些？对这些问题的作答，必然涉及小说的三要素，教学中自然能提纲挈领、纵览全局、带动局部，一"问"立骨。从这一课的教学中我体悟到：教学需要对问题进行取舍，取舍的原则是，不仅要把课文看成是"一篇"，更要把课文看成是"一类"，立足于写景、叙事、抒情、状物、说理等不同文体的行文思路，确定诸如地点转换、事情发展、情感变化、特点概括、推理逻辑等的教路、学路，让文路、教路和学路"三路合一"，把握表层结构，聚焦核心问题，进而体悟到学习此类文本的基本方法。

陈丹（武汉市常青第一学校）：

黄老师的一番话让我想起曾经讲授的《索溪峪的"野"》。这篇美文最突出的表达特点是，抓住事物的主要特征，先概括叙述，再具体描写。在学生质疑后，我引导他们聚焦如下三个问题：①索溪峪的"野"表现在哪些方面？②山的"野"表现在哪些方面？③"随心所欲的美"表现在哪些方面？尤其在"这种美，是一种随心所欲、不拘一格的美……"这一句的教学中，我引导学生用简笔画的方法理解山的形状怪异多变,实现了从抽象到具象的过渡,再读文本,进而领悟了先概括后具体的表达方式。在学生愤悱之时,我将本单元的习作——《美丽的校园》抛出,在阅读课上先作铺陈:试着用先概括后具体的方法,说一说我们的校园。学生举一反三,异彩纷呈。我的教学感悟是,文本的语句生动是一种形象之美,文本的结构严谨是一种逻辑之美,高水准的教学是将语言训练和思维训练完美结合,让理解与运用同步,阅读与表达共生。

三、立足具体形象,着力抽象概括

魏欣(武汉市钢城二小):

小学生的思维特点是,由以具体、形象为主的思维形式,逐渐向抽象逻辑思维过渡。如果在阅读教学中能充分发挥形象的作用,必然能唤起学生的头脑中对人物、景物、场景的表象,如见其形、如闻其声、如临其境,自然对文字的理解就会更深刻而持久。我长期在低段执教。低段语文教材图文并茂,色彩鲜艳,插图形象逼真,这不正符合学生的思维特点吗?在讲授《泉水》一课时,我引导学生借助插图进行想象说话:"想一想,泉水会流到哪里去?可能碰见谁?它会怎样说?"学生略作思考,争先恐后举手作答:"泉水流进花丛,看见蝴蝶在丛中飞舞。泉水说,'跳吧!跳吧!我的琴声很美很美,正好给你优美的舞姿伴奏……'""泉水流过草原,小羊、小牛纷纷跑来喝水。泉水说,'喝吧!喝吧!我的水是纯天然的,喝饱了你们会更加健康……'"此时此刻,学生凭借表象、借助想象,放飞思维,做到了言之有物、言之有序。不得不说,这是语言和思维的比翼齐飞。

胡攀知(武汉市前川五小):

思维是什么?思维是人脑借助于语言对客观事物的概括和间接的反映过程。思维最显著的特点就是概括性。阅读的核心能力集中体现在理解概括和综合分析两个方面。朱自清先生在总结自己的阅读经验时曾说:"读过的文章,只有用自己的语言将它的主要内容概括出来的时候,才觉得读懂了。"钱梦龙老先生曾提出,阅读教学要扎扎实实过"四关"——认读关、概括关、感悟关、探究关,指的就是这个道理。因此,概括能力的培养,应该成为阅读教学中思维训练的重头戏。儿童是用形象、色彩、声音来思维的,但这并不意味着其只停留在具体形象思维上,有目的、有层次地进行抽象概括训练,不可或缺。可以这么说，在小学语文教学中，具体形象思维是发展抽象逻辑思维的依据，抽象逻辑思维又为具体形象思维向更高层次的发展提供了条件。

杜珺（武汉市洪山一小）：

抽象概括能力，是较高层次的思维能力，同时也是阅读过程中一项必不可少的能力，它直接影响到学生对文本的解读，关系到阅读的质量。有人甚至认为，一个人的阅读能力主要体现在他的语言概括能力上。新课改后没有提"分段""概括段意"的要求，但不等于说可以不管不顾概括能力的培养。不会概括，就抓不住重点，读不懂课文。然而，我们课堂上对阅读的关键能力——语言概括能力——的培养被老师们忽视了，这并非个例，或者说，很多课堂对学生概括能力的培养都是粗放的、低效的，甚至是无效的。学生的语言概括能力得不到训练和强化，直接影响他们阅读的质量、思维的质量。

詹智梅（武汉市光谷四小）：

学完一篇文章，要能够概括些什么？我想至少要包含以下三点：第一，概括文本的主要内容。作为学习型阅读，大致了解是远远不够的，毕竟，阅读教学不同于走马观花似的休闲性阅读，它是在教师的引领下，为提升言语智慧而进行的学习型阅读，要能够用自己的语言较为精准地表达主要内容。教学过程中，教师可引导学生运用"列小标题""中心句串联""抓要素"等方法概括，文本体式不同，方法自然不同。第二，把握文本的主旨情感。要对言语背后的要义，即作者究竟要说什么、表达什么情感，有一种敏锐的直觉和体察。第三，明了行文的顺序结构。了解作者先写什么、再写什么、为什么按这样的顺序行文，也就是要在文本中"走一个来回"。

四、搭建学习支架，促进思维外显

李文燕（武汉市常青实验小学）：

记得在讲授《如梦令》一课时，随着课堂的推进，学生对整首词的意思逐步理解、形象也渐渐清晰，于是我让学生在三个场景中选择自己最喜欢的场景（"溪亭日暮""藕花深处""一滩鸥鹭"）并写下来。伴着悠远的曲调，学生托物兴辞，情动辞发。虽然经验背景不同，每个人头脑中"溪亭日暮""藕花深处""一滩鸥鹭"的画面可能大不一样,但我仍欣喜地看到,学生借助语言在头脑中唤起的形象,掺杂着主观体验的审美意向,不少是取景独特、描绘生动、文笔流畅之佳作。如"藕花深处",看到了"接天莲叶无穷碧,映日荷花别样红"的壮景;看到了"小荷才露尖尖角,早有蜻蜓立上头"的羞涩;看到了"莲叶何田田""鱼戏莲叶东"的俏皮;……不难发现,在学生用自己的语言描绘的画面中,他们逐渐走进了李清照的精神世界,和词人一起,陶醉在溪亭日暮的景色中,陶醉在藕花深处的清香里,陶醉在一滩鸥鹭的惊飞中,余味绵绵、余音袅袅,都写在了孩子们稚气的脸庞上,留在了孩子们纯真的心灵里。课下反思,三个练笔的选择,将文本置于更广阔、更开放的背景,突破了时空限制,思维与情感的火花被瞬间点燃!

高婷(武汉市育才小学):

虽没有身处其间,但仅从李老师的描述之中,仍能感受到《如梦令》是一节兼具外在形式之美、内在科学之美、结构有序之美、韵律变化之美的语文课。李老师的课,让我联想到华东师大刘濯源教授的"基于思维可视化的学习力策略培养"。刘教授认为,语言是感性的、抽象的、模糊的,思维是内隐的、即时的、个体的,让学生在阅读和习作时,把文字提炼成要素形成结构链,引导学生从感性材料中提取信息、整合分析,让"思维可视",将是语文教学探索的又一重要命题。在《如梦令》一课里,李老师设计的书写"溪亭日暮""藕花深处""一滩鸥鹭"三幅图景,就是学生学习语言、理解语言、运用语言的"可视的""思维""支架"。"思维可视化"策略,既能运用于阅读理解,也能运用于口语和书面表达。当然,不同学年段,应有不同的操作策略,如低段以"连续的画面"达成思维外显,重在对表达顺序的领悟;中段以"不同的图示"梳理思维线条,重在对承接、并列、总分、因果等构段方式的揣摩;高段以"列提纲""思维导图"梳理骨架脉络,完成主题的确定、材料的筛选、关系的厘清等工作,以此训练思维的流畅性、逻辑性、严谨性。当然,"思维可视化"也并不是什么新鲜事物,传统教学中的板书设计、图表罗列,都应该归入"思维可视化"的范畴。

彭兆琪(武汉市红领巾学校):

高老师对"思维可视化"的介绍,让我想到了语文教学的常用教学手段——

朗读。朗读，是书面语言的有声化，是化无声的文字为有声语言的阅读方法。朗读文学作品，还是对作品的艺术再创造，从视觉扩大到听觉，赋予作品以新的艺术生命，是眼、口、耳、脑并用的创造性阅读活动。《义务教育语文课程标准》要求小学生"能用普通话正确、流利、有感情地朗读课文"。"有感情地朗读"必须经历感情的内化、感情的外化两个过程，内化和外化都离不开思维。学生要有感情地朗读课文，必须先感知、领悟作品中的形象，以形象来触发情感，感悟作者在作品中表达的思想感情。随着《朗读者》《见字如面》等高品位语言文化类综艺节目的推出，我越发深切地感受到，好的文学作品不仅能触动人们敏感的神经，还能引发思考。我在班上做了如下尝试：每学完一篇课文，在班级QQ群里发起"半小时读书会"。晚饭后，孩子们在我的召集下会以发音频的形式选择重点段落"赛读"，这种主动参与的朗读比要求他们读三遍课文的"倒头经"要好得多。对于需要复述的课文，我会推荐学生用朗读播音类APP完成，比如"荔枝"等，孩子们争当小小电台主播，主动讲述。我想，引导学生"有感情地朗读课文"，是不是也可以纳入"思维可视化"的范畴呢？

唐国芬（武汉市光谷豹澥一小）：

说到"有感情地朗读"，我们不难发现如今的课堂有这样的误区：有的教师十分注重有感情地朗读的指导，强调重音、节奏，但没有归结到语言文字的依据上来，也就是为什么要这样读？其实，我们的语文课不是要培养播音员、朗诵家，朗读指导应建立在对语言文字的感悟上，让"有感情地朗读"成为理解和感悟的自然外现。一堂语文课，朗读的次数再多，感情再丰富，如果学生的思维参与不够，只停留在单一层级的认知或者止步于浅层的信息提取上，是远远不够的。从这个意义上讲，语文课上的理解读、想象读、感情读、质疑读、概括读、分角色读……应该各美其美。相较于"有感情地朗读"，我更青睐课堂上的"静思默想""默读心通"，惟其如此，才能创设与文本对话、与思维对接的时空，让学习得以真实发生。

柳云（武汉市钢花小学）：

在一次语文活动课上，我班熊鑫同学朗诵了一首台湾张金妹的《梦》。我灵机一动："这首诗的作者和同学们一样大，也才八岁呢！你瞧，她把梦写得多有趣呀，你们敢和她比个高低么？"于是，灵感的火花绽放。

——梦像一个魔法师。你想要什么，他就给你什么……（梦是神奇的。）

——梦像一片雪花，你想去捧捧它，亲亲它，它已经在你手心里融化了……（梦是短暂的。）

——梦像一部没完没了的电视剧，可是当你想看的时候，它却演完了……（梦是稍纵即逝的。）

——梦是影子的好朋友，影子白天陪着我，梦晚上陪着我……（梦是孤独的。）

——梦是一本童话书，你总想知道下一个故事是什么……（梦是美好的。）

"你们还能换一个角度思考，说说与众不同的想法吗？"真是一石激起千层浪，同学们都低下头，苦苦思索着。这时，李响同学缓缓地站起来，说："我有不同意见，我想说说噩梦……"

——噩梦像一枚定时炸弹，你想把它丢远一点，可是已经来不及了……（梦是恐怖的。）

——梦就像我，做了就忘，是一个不长记性的孩子……（梦是易逝的。）

站在学生中间的我，一阵阵惊喜，一阵阵感动，这就是他们对生活的理解，对世界的认知，带着如初生露水般新鲜的体验，用天真、自然、准确的语言表达出独特的个性和不凡的见识。

胡锦（武汉市前川一小）：

非常欣赏柳云老师班上那位说"梦像一枚定时炸弹"的小朋友。我们教学是为了让孩子们越来越聪明，有自己的想法、有自己的判断、有自己的选择，归根结底，是让他们学会思考。我们今天的课堂，需要独立的思考、思维的创新，尤其要给予批判性思维以应有的宽容和尊重，尤其应珍视个性差异和独特的感受、体验、理解。同时，我们应该在写作教学中尝试表象创意、迁移创意、想象创意、话题创意等训练，让我们的阅读和写作教学，不仅"有意义"，而且"有意思"，让学生经历由具体到抽象、由抽象到具体的语言和思维双重训练。

董琼：

以上，老师们从教学实践的层面，对如何处理好语言和思维的关系，谈了自己的认识、体会及具体做法。有的是移植别人的经验，通过加工、改造，在自己的园地上开花结果；有的是在长期的教学实践中，自我感悟、总结提炼、发展提高证明是有效的、鲜活的经验。大家围绕主题，从不同侧面谈了自己的观点、经验，有共性，也有个性，这是智慧的交流、情感的沟通，也是教学资源的分享。不足的是，观点的交锋不多。教研沙龙鼓励发表不同意见，倡导反证、反驳别人的观点，因为不同观点的碰撞，常常会擦出智慧的火花。

其实，语言和思维的关系问题是语言研究中最具争议性又很有趣的问题。有这样几种观点：其一，语言和思维是同一的东西；其二，思维决定言语；其三，语言决定思维。现在学界公认的观点是：语言发展和思维发展密不可分，相辅相成；语言决定思维的发展，思维的发展对语言的发展又起着反作用。在语文教学中，如何发掘语言文字中的智慧元素，引导学生探究语言文字中隐藏着的关系和联系，从错综复杂的语言现象中发现蕴含着的意趣、意境、意味，都有利于启迪学生的智慧，同时也有助于提高语文水平，发展语言能力。到此，也还不是终极目标，还要通过语文教学，实现以学为核心的目标，探索丰富的教学策略，提高学生的思维品质，例如思维的目的性、深刻性、准确性、逻辑性、灵活性、批判性等，从而逐渐让学生形成良好的思维习惯、思维品质和思维能力。

（董琼 二〇一七年四月）

第二节 放言纵论：语文教学中的有效提问策略

——武汉市董琼名师工作室教学沙龙实录

董琼：

提问，是教师进行教学的重要方式之一，"问""答"之间，实现了师生、生生之间的思想交流、情感交融。教师应如何根据课堂教学的目标和内容，精心设计有效问题？在师生问答中，学生的主体精神何在？言语实践和独立思考如何落实？今天，我们工作室就围绕"有效提问策略"展开讨论。希望大家针对以上问题，联系教学实际，谈谈认识和体会，并提出自己的改进意见。

彭兆琪（武汉市红领巾学校，市优秀青年教师）：

当前，课堂教学提问存在一些误区。我们常常看到这样的课堂：教师提问方式过于简单，诸如"是不是""好不好"之类，表面上营造了热烈的气氛，实质上没有学生思维和情感的参与；有的教师照本宣科，面面俱"问"，提问显得肤浅、随意、琐碎；有的教师提问频率过高，问题数量过多，学生应接不暇；有的提问超出了学生的认知范围，过难，抑制了学生的思维热情和信心；……

张农（武汉市华侨城小学，市学科带头人、全国阅读教学竞赛一等奖获得者）：

彭老师所说的情况在我们听课中并不少见。有的课从表面看热热闹闹，仿佛学生的主动性、积极性很高。深究一下，就会发现这些提问多半是教师为疏通课文内容的需要、按课文情节的推进依序提出，学生依次回答，回答完毕，课也就结束了。教师用"问题"牵着学生在课文的表层徘徊，既控制了课堂，又束缚了学生。师问生答，生不得不答；教师不断提问，学生匆匆应对。这样的课堂，学生的主体地位并未真正确立，学生自主的言语实践也并未完全落实。既然今天沙龙的主题是"有效提问策略"，我就先说说对"有效"的理解。我认为，语文课堂教学提问关乎"有效"的判断，很重要的一点是：不仅着眼于疏通内容，更有一个"金标准"——有没有围绕课堂教学的总目标，实实在在地促进学生发展。

李光（武汉市育才可立小学，市先进工作者、市优秀青年教师）：

特别是在新课程背景下，我们的课堂提问应不仅仅是着眼于掌握基础知识、理解教学内容，更重要的是为了培养学生发现问题、提出问题、解决问题的能力，促进学生思维能力的发展。一堂好课往往起源于一个好问题，一个学生的优秀往往在于他能提出有价值的问题。好的教师将提问设在重点处、关键处、疑难处，这样，就能充分调动学生思维的每一根神经，极大地提高语文课堂的教学效率。

柳云（武汉市钢花小学，市技术能手、市优秀青年教师、区首席教师）：

著名教育家陶行知说："发明千千万，起点是一问，智者问得巧，愚者问得笨。"课堂提问作为课堂教学的重要手段之一，是教师开启学生心智、促进学生思考、增强学生主动参与意识的基本途径。在动态的课堂教学过程中，教师要针对教学内容及生成情况，有效地设计课堂提问，拨动学生求知的心弦，引领学生自主参与学习。准确、恰当、适时的课堂提问能激发学生的学习兴趣，提高课堂教学效率。

董琼：

前面几位老师结合当前课堂教学的现状，从不同角度谈到对"有效提问"的意义和作用的认识。如何提问？怎样使提问变得有效？相信大家在教学实践中有不少探索。请大家敞开思想，谈谈自己的体会。

胡攀知（武汉市前川五小，市学科带头人）：

在我看来，有效提问应具有"三性"：一是超越性，即提出需要学生思考后才能回答的问题；二是开放性，这种问题有助于学生打开思路；三是创生性，问题的答案不追求"唯一"，更无"标准答案"，而是要求学生根据自己的感悟，作出与众不同的解答。正因为"独特之见""与众不同"，才可能有创见。有效提问的前提是教师必须深入钻研教材，精心设计每一个问题，以"精问"促"深思"。

唐国芬（武汉市光谷豹澥一小，市优秀青年教师）：

我的体会是，研读课文，抓矛盾点，引导思维向纵深处延展。在进行《我的老师》课文教学时，我没有在课文理解方面设置太多的问题，而是抓住"排解纠纷"这一小事进行了下面的提问："同学们，作者说'占据过我的心灵'，却又说是'一件小事'，'不知道值不值得提他'，你觉得这种说法矛盾吗？""占据心灵"的大事与一件"小"事，针对这一矛盾点提问，引导学生深化对蔡老师高尚人格的认知，理解了作者为何对蔡老师如此思念。抓住矛盾点设问，学生会在恍然大悟的愉悦中，升华阅读意识，增强学习能力。

魏欣（武汉市钢城二小，市优秀青年教师）：

记得有位老师讲授《捞月亮》，一开始就板书"捞"，然后走到讲台上拿起一本书问：这是不是"捞"（拿）？又从地上捡起一个粉笔头问：这是不是"捞"（捡）？那么"捞"是什么意思？在学生理解了"捞"的意思后板书："月亮"。又问：月亮在天上，能"捞"吗？而文中却说捞月亮，这是怎么一回事呢？这样的提问开启了学生探求的欲望。诸如此类，教材中有许多耐人寻味的矛盾之处都是作者有意安排的点睛之笔，抓住这些地方提问，不但能激起学生的探究欲望，而且能把课文理解得更透彻。

钱艳玲（武汉市常青树实验学校，市学科带头人）：

如果能从最开始由教师指出"矛盾"，通过一段时间训练，逐渐过渡到让学生自己有一双善于发现"矛盾"的眼睛，就更妙了。因为学生学习语文不是从"零"开始的，每个学生都有着自己的生活经验、生命体验、情感世界与精神世界。尊重学生的理解基础，引导他们发现问题，支持并鼓励他们探究性地学习，是《义务教育语文课程标准》提倡的学习之路。在常规教学中，我在引导学生初步感知语言材料后，必定完成一个规定动作——"主动质疑"。我常常采取"小组比对筛选"的方法，引导学生确定有价值的问题，提高"问题"质量，在此基础上开启教学活动。当然，学生质疑的兴趣、能力、习惯和方法都不是一蹴而就的，需要教师长期坚持指导和培养。

高婷（武汉市育才小学，市优秀青年教师、全国多种风格教学竞赛一等奖获得者）：

《小英雄雨来》这篇课文情节紧凑，跌宕起伏，可读性很强，正因为篇幅太长，生字词多，学生读来不易。第一次讲授，三个课时还没有教完。课后我就反思，问题何在？如何寻找统领全文的核心问题，巧妙设问？于是在第二次教学时，我就尝试在开课后，利索地将学生的视角引向课文的第四部分。"面对敌人的花招，雨来是怎么回应的？"这是统领全文的核心问题，围绕核心问题扩散开去，学生就能了解雨来是如何同敌人斗争的。在这一核心问题的观照下，前后勾连、左右逢源，走稳一个完整的语言逻辑"圈"，对"长文"进行了"重组重构""过滤筛选""删繁就简"，实现了"长文短教"，进而达成了语文课堂的有效优质。

陈丹（武汉市常青第一学校，湖北省特级教师）：

高老师所言极是。有效提问应注意"瘦身""精简"，整体把握、宏观调控、"核心问题"、贯穿全篇。这也是所谓"线性提问"和"立体式提问"的区别之所在。语文是一门工具性学科，有效提问还需要在"语言文字运用"上下功夫。大家熟知的《海底世界》关于描写动物声音的语段教学，教师问学生："你从哪些地方体会到海底世界的景色奇异、物产丰富？把这些词圈画下来。"这是教师着力象声词的理解和运用，可谓语言实践的第一个层次。接下来，教师问学生："我把这个句子改一下，去掉几个部分（出示："如果你用上特制的水中听音器，就能听到各种各样的声音：有的嗡嗡，有的啾啾，有的汪汪，有的在打呼噜……"），这样好不好？"这是以句子为切入点，引导对修辞手法运用的内化、储备，是语言实践的第二个层次。最后，教师引导学生发挥想象进行仿写练习："海底还会有哪些声音？你能不能发挥想象，像书上这样说一说，写一写？"学生灵活运用文本语言，仿中有创，异彩纷呈，可谓以段为单元进行语言实践的第三个层次。教学中的有效提问应紧紧围绕语言的理解与运用，日积月累、由浅入深，日子久了，学生自然能够口若悬河、下笔千言。

詹智梅（武汉市光谷四小，市劳动模范、市学科带头人）：

平时，我在布置每一课的前置性学习任务时，都会要求学生提出自己感兴趣、不懂的问题，至少两个，写在课题处。我也常常引导学生归纳、总结质疑的方法，如根据课题、课前导读、课后问题、关键词、中心句、过渡句、总起句、总结句乃至标点符号，甚至是文章的矛盾处、重复处、对比处等，去质疑。我还有一个体会：文体不同，教学的切入点便不一样，问题的设计自然也不相同。景物描写类文章可设问：文章是按怎样的顺序写的？分别写了哪些景物的什么特点？是怎么写的？人物描写类文章可设问：她是怎样的一个人？请抓住人物的语言、动作、神态、心理或外貌描写的句子加以体会。叙事类文章可设问：哪些情节让你印象深刻？说明类文章可设问：文中运用了哪些说明方法？说明了事物的什么特点？……以上的问题既能帮助学生理解课文内容，又能提示阅读方法，学生运用这样的方法举一反三，再读同类其他文章就不愁找不到突破口了。同时，这样的问题设计和写作的联系也很紧密。如：写景就要关注表达顺序、抓住景物特点来写；写人就要抓住"外语动心神"五字要诀去写；叙事就要写让人印象深刻的主要情节；……这样把理解内容、学习阅读、指向写作三者有机地结合在一起的提问，无疑能提高教学效率，并且是有效的提问。

黄宁（武汉市光华路小学，市学科带头人）：

前几位老师的举例和观点都是围绕胡老师所说有效提问的超越性、开放性，我就接着说说"生成性"。古希腊哲学家赫拉克利特有一句名言："人不能两次走进同一条河流。"我们的课堂也是如此。正是因为课堂具有生成性的特质，才使得我们的教学生活如此迷人，让我们充满探索未知的兴趣。固然，绝大多数有效提问是教师在研读教材之后、备课过程之中，明明白白写在教案本上的，但师生之间、生生之间的对话交流，常常会碰撞出新的问题，这就是所谓提问的"生成性"。聪慧的教师不妨在问题的关键处适时点拨，激活学生的思维，起到"四两拨千斤"的作用。

李文燕（武汉市常青实验小学，市学科带头人）：

我对黄宁老师的观点有切身体会。围绕某一问题提问，的确能起到"四两拨千斤"的作用。季羡林先生的《自己的花是让别人看的》一文中，描述了德国街头耐人寻味的景象。透过那一扇扇窗户，读者不难感受德国人爱花的真切。教学过程中，我就是采取提问的方式讲解"应接不暇"一词的。

师：还有哪个词让你心动？（生：应接不暇。）

师："暇"字表示空闲的意思。应接不暇就是——（生：眼睛都看不过来。）

师：是啊，这里的花那么多，看了左边还想看——（生：右边。）

师：看了楼上还想看——（生：楼下。）

师：看了近处还想看——（生：远处。）

师：难怪眼睛——（生：看不过来。）

一个简简单单的"应接不暇"被演绎成了向前、后、左、右、上、下不同方位看窗台上的花。此时，学生对"应接不暇"的理解就不仅仅是停留在字面上了，呈现在脑海里的是那"花团锦簇、姹紫嫣红"的奇景。如果没有教师所设的层层追问，对词语的理解只会浮于表面，缺少了意象和情味。

刘萍（武汉市育才小学，市百优教师）：

我理解黄老师、李老师的意思，就是说善于提问的老师，要善于接好学生抛过来的"球"，是吧？除了对学生的回答进行追问外，我通过对名师课堂的研究分析，将教师提问的主流类型进行了大致归整：①"描述型"问题，句式为"说说……是什么样的？"；②"比较型"问题，句式为"……和……有什么不同？"；③"分类型"问题，句式为"……属于其中哪一种？"；④"假设型"问题，句式为"如果……，会……？"；⑤"选择型"问题，句式为"你认为哪一种更好，为什么？"；⑥"反诘型"问题，句式为"你是怎么知道的？"。教师应在不同的教学情境中，恰当选择、灵活运用以上的提问方式，让学生的思维和语言比翼齐飞。我在平常教学时还有一个体会，就是我在备课的时候，会在心里给每一个问题标一个"难度系数"；在课上，我会将不同难度系数的问题，分别抛给不同能力发展水平的学生。这方法挺奏效的，我的班上原本语文能力弱一些的孩子，也渐渐恢复了语文学习的自信，爱上了语文课。

杜珺（武汉市卓刀泉小学，市优秀青年教师、全国教师素养大赛特等奖获得者）：

教学的艺术，很大程度体现在教师"问的艺术"上：教学重、难点之处要深究提问，发现语言感悟积累的契机时当点拨详问，找到综合运用语言文字切入点时可拓展补问……说到这里，我忽然感到，在课堂提问这一行为背后，其实更深层次反映的是一种教学理念。我发现在有的课堂，特别是公开课，有的老师就比较心急，提出一个难度较大的问题后，没有很好控制学生的等待时间，就迫不及待地让学生回答。我认为，有效提问一定要做到——"问"中有人！所谓"问中有人"，就是教师要把学生真正当作学习活动的主人，切实站在学生的角度，设身处地去揣摩：他们回答问题有什么难处？哪些地方需要"架梯子"？只有在平等、宽松、和谐的课堂氛围中，提问才会有效。反之，教师居高临下，以审视的目光去逼问学生，学生怎么会敞开胸怀、放开胆量、打开话匣子呢？我的经验是：紧盯目标，蹲下来问。学生得到尊重，拉近师生的心理距离；蹲下来问，学生听得更明白，思考的方向更明确。

胡锦（武汉市前川一小，市优秀青年教师）：

听了各位老师的发言，很受启发，我试图把问题梳理一下，谈谈以下几点体会：一是有效提问要有针对性。学生的学习能力参差不齐，理解也不可能整齐划一。教师虽然无法为每个学生设计一套问题，但只要注意提问层次和梯度，实现"面向全体"还是能办到的。二是有效提问要有启发性。有效课堂教学是一个动态的师生交流过程，在这个过程中，教师既要善于发现矛盾点，精心设计问题，也要在课堂上善于捕捉，及时引导，不失时机地用新的生成性问题开启学生的思维之门。三是作为一门工具性学科，教师的问题要具有双重价值，既有思维训练价值，也有语言训练价值。

董琼：

大家围绕主题各抒己见，有的认识很深刻，有的体会有新意。总的来看，认识、体会、做法都比较切合教学实际，既能"接地气"，又具有一定的前瞻性。如何对"有效提问"进行价值判断？我认为，一看有无语言训练价值，二看有无思维训练价值，三看有无人文教育价值。有效提问应体现上述价值，否则就是低效或无效提问。从老师们的发言中，我初步归纳如下：

一是，有效提问应尽可能体现语言训练、思维训练、人文教育的综合价值，指向学生的言语运用，指向学生语文综合素养的提高。

二是，有效提问是能激发学生"发问"的提问；是"以问促思"，引发学生生疑、质疑的提问；是能使学生在教学对话中不仅学习语言而且增长智慧、萌发创新精神的提问。

三是，有效提问要从单向度的师生问答转变为师生之间、生生之间、多向度、交互式的教学对话。不是"孤独主体的单语独白"，而是多角色、多声部的和谐交响。

当前，在课堂对话中，仍然存在着重"内容"、轻"表达"的现象。教师主要关注学生回答得正确与否、全面与否，而不太关注语句是否通顺、语流是否顺畅、语态是否自然大方等。因此，课堂提问指向学生的言语表达是我们应予关注的问题。

诚如老师们所言，课堂提问应强调"少问精讲"、问到点子上、问到精彩处，要给学生留下静心思考和自主言语实践的时间和空间。此外，课堂提问还应适时、适度。所谓适时就是要看准火候、把握时机，即把学生的思维点燃、调整到"愤悱"状态，在学生"心求通而未得之意""口欲言而未能之貌"之时，抛出"问题"，从而迸发智慧的火花。适度，即把握"问题"的多少、难易之度。过多的"问"，使教学"碎片化"，有碍学生整体把握；过快的"问"，学生不假思索即可回答，只是匆忙应对，失去了自己的主动性；过深的"问"，学生听而却步，如坠云里雾中，容易丧失学习的信心。适用，就是提问要指向学生言语实践，有利于学生的言语运用。

还要强调的是，"提问"虽是一种教学策略，但要受正确的教育理念的指导——"以生为本，以学生的发展为本"。因此，"提问"要"目中有人""心中有学生"；从学生实际出发，一切为了满足学生学习语言、发展语言的需要。

讨论会就要结束了，但对"有效提问"的实践探索，必将延伸到我们的教学实践之中。教学无止境、教研无尽期，这大概就是教师专业发展的特点之一。老师们，让我们一起努力吧！

（董琼二〇一五年三月于武汉市花桥小学会议室）

第三节　一期一会，世当珍惜

——写在《小学语文教学通讯》创刊二十周年

又是一年春回大地。收到裴海安主编的《小学语文教学通讯》创刊二十周年约稿信，丝毫不敢怠慢。夜晚，灯前，回想二十年来与期刊的点点滴滴，犹如听一首老歌、看一部老电影、翻一本旧相册，往事一桩桩、一幕幕浮现在眼前，我的心也变得温暖而充实起来。

一、菜鸟的"高光时刻"

每个人的高光时刻，就像是遗失在时间洪流里的珍珠，等着我们去一一捡拾、珍藏。这些珍珠，在黑暗时刻，曾给予我们光明和力量。

对于2000年那次全国赛课，我至今仍记忆犹新。那是《小学语文教学通讯》创刊后不久举办的竞赛——全国中青年教师小学语文教学风格竞赛。我有幸得到如此高规格赛课的参赛资格，这对于当年那个参加工作仅五年的青年教师而言，可谓是千载难逢的机遇，我因此不敢有丝毫怠慢，自是倍加珍惜。

我怎么也忘不了备赛过程中"试教"的惨烈。当我向满教室黑压压的人群望去时，脑子里顷刻间一片空白。虽然努力稳定情绪，课堂还是有些乱了，弄得学生不知所措，结果是令人难堪的"试教"失败。我由此痛悟：功底不深，事无所成。从那天起，我下定了"十年磨一剑"的决心，深入研读理论，琢磨实践细节。朗读课文，是语文教师的基本功，于是我拜师学艺，请武汉市儿童艺术剧院的老演员逐字逐句指导朗读。为了查找资料，我双休日成天"泡"图书馆；为了找到一段音像素材，我顶着烈日到人流如织的市场"海淘"；为了记熟教案，我在公交车上演绎"朗读者"，旁若无人，甚至无暇顾及周围乘客投来的诧异目光。

赛期临近！我坐上从武汉开往北京的列车。那不是一辆普通列车，对我而言,更像是一趟开往春天的高铁。抵达北京,组委会老师接站,驱车一个多小时,到达位于京郊昌平的北京汇佳学校。当年的办赛办会条件还是比较艰苦的,来自全国各地参赛代表队成员和参会教师,都住在汇佳学校的学生宿舍,六人一间,没有空调,共用一个卫生间。白天,大家专心聆听专家报告;晚上回到寝室,大家边准备参赛课,边天南海北地聊各地风土人情,别有一番滋味!

开赛了!因为正值暑期,站在讲台上的我,从孩子们的眼神中看出了游移。管不了那么多,豁出去了!也真是神奇。当我凝神静气专注于自己的教学时,孩子们似乎也跟随着我和课文作者的文字,渐入佳境。课后评委们说:"这是一节富有情感和美感的语文课。"颁奖了!当我手握一等奖金灿灿的奖杯之时,些许恍惚,些许迟疑,那一瞬间,或许就是传说中一飞冲天的"高光时刻"?此后,我又参加了湖北省和全国的青年教师阅读教学竞赛,均获一等奖。人民教育出版社著名编审、教育专家莘乃珍老师听完课后,给予的评价是"一位难得的、素质全面的老师";江苏省著名特级教师高林生老师的评价是"除了有声语言外,她善于运用体态语言与学生交流,达到此时无声胜有声的效果";著名特级教师王崧舟老师评价课堂具有"简约而丰赡之美";……"小菜鸟"渐渐找到了自信和方向。起点,就在2000年那个夏天。

二、主编的"动静之道"

人的生命状态无非这样两种:一种是"动",向外释放;一种是"静",向内延展。缺少向外释放,生命会显得封闭;没有了向内的延展,生命就没有支撑。

自《小学语文教学通讯》期刊创刊以来,我就成了它的忠实读者,还推荐给校内外语文老师积极订阅。每次收到刊物,我都如获至宝,从中了解前沿信息、借鉴优秀经验,却从未想到,有朝一日,自己的文字也会登上这大雅之堂。

我是个有些许惰性的人。这些年来,积极撰写并向杂志投稿,是鞭策我静下来、沉下去的法宝。从2001年开始到如今,我将自己的一线教学感悟与思考转化为文字,先后撰写了《逐层引导,拨动情弦》《浅谈情感体验式教学》《新理念指导下的科学小品文教学》等论文,以及《只有一个地球》教学片段点评、《好吃的水果》习作教学设计、《让诚信与我们同行》教学案例等。其中,《新理念指导下的科学小品文教学》获得《小学语文教学通讯》主办的全国教学论文竞赛一等奖。2007年，我有幸登上杂志封面成为封面人物，这对我而言真是莫大的激励与鼓舞。记得当年按杂志要求，需提供本人大头照和工作照。没有专业摄影师，我临时"抓壮丁"，让家人和学生给我拍照；没有美颜软件，我索性素颜。我想，如果今天能再有一次上镜成为封面人物的机会，我定要把自己狠狠"P"图一下。

除了向期刊投稿，我也有幸跟随裴海安主编参与了《名师同步教学设计》《特级教师新设计·新课堂·新说课》《同步作文名师导写》《同步作文特级教案》等书稿的编撰。2016年，我成立了以个人名字命名的武汉市"黄鹤英才"名师工作室，将工作室老师们关于"语文教学中的有效提问策略"教学沙龙实录发表于期刊。之后，我将自己的硕士生研究论文进行了重新整理，完成了近二十万字的书稿——专著《文化视野下中美小学写作教学比较研究》，由湖北教育出版社出版。在写作的过程中，我真正体悟到，一名教师要有长足发展，既要在课堂艺术上下功夫，又要能坐得住"冷板凳"。

在我的印象中，裴海安主编是一位深谙"动静之道"的人。

十多年来，我与裴主编谋面不多，多是书信、网络交流。主编给我的印象是——永远严谨扎实（从每一封约稿信可见，简约且详尽，对细节交代得清清楚楚，无一遗漏）；永远亲力亲为（从约稿、收件、复信到改稿，主编都是亲自上阵，未让助手代劳）；永远充满热情（在主编周围，集聚了一批在全国颇具影响力的名师团队，大家都是因主编的人格魅力而来）。2020年2月中旬因疫情宅家期间，我收到了主编的催稿信："董老师好！明天就到《小学语文教学通讯》2020年7-8期的交稿时间了。期盼着您的稿件（四上1）。来稿时请附上最新个人简介和照片，还有精心设计制作的课件……"当读到裴主编最末这句"非常时期，多多保重！如有困难，延缓一段日子也行……"时，我这个武汉伢顿时"泪奔"。感恩！

回望《小学语文教学通讯》期刊二十年，也是自身历练的二十年。似乎冥冥之中，我与期刊有此约定：经历蜕变，突破自我；滴水穿石，渐行渐远；少一点聒噪和虚浮，多一点沉潜和务实；……回望二十载，是一趟心灵的溯源！一段珍贵的记忆！一笔宝贵的财富！一次温暖的旅行！祝福你，二十岁生日快乐！祝福你，越来越好！

一期一会，世当珍惜！

（董琼 二〇二〇年二月）

第四节 读懂那本"无字书"

"天地间有两种书,有字书和无字书。"(张舜微语)乍一听,同学们会丈二和尚摸不着头脑:"有字书"自不必说,那"无字书"倒是从没见过!是盲文?是天书?还是用蓝精灵的神奇药水将铅字一一褪尽的魔法书?告诉你们,历史学家张舜微所说的"无字书",指的是自然界,是生活,是一种经历,一种体验,更是一笔真正的精神财富!

武汉市读书竞赛高年级试卷中有这样一题:长着不死1000年,死后不倒1000年,倒地不腐1000年;这种植物叫什么?阅卷的老师们发现,知之者寥寥无几。我也是批改试卷的老师之一,当时我就在想:为什么同学们能够把古代经典名言警句一字不漏地默写出来,而对于同样古老的植物——胡杨木,却不得而知呢?为什么对于课本中写到的、老师讲过的知识,同学们掌握很牢,而对世界上正在发生的、生活中正在上演的,我们却很少去关注呢?可见,相比较而言,我们更多的时间花在了读"有字书"上!

如果那一题让我答,我会。因为我去过新疆,亲眼见识过胡杨木!2003年暑假,我来到了向往已久的新疆。我到了葡萄沟,品尝了吐鲁番葡萄。我驱车十余小时,就为了目睹传说中有湖怪出没的喀纳斯湖。汽车在寸草不生的茫茫戈壁中行进。突然,我发现了胡杨木——那在天宇间默默站定千年的植物。走下车来,当我用手触摸那看似腐朽的枝干,当我回想这千年的沧海桑田,那一瞬间,我懂得了什么是奇迹!什么是感动!什么是"念天地之悠悠,读怅然而泪下"!那一瞬间,我懂得了人生的短暂,人类的渺小,生命的脆弱!也就是在那一瞬间,我记住了胡杨木,并且永远都不会忘记!而这一切,都不是我仅从书本中就能够获得的。

有同学听出来了,不就是旅游吗!"寒暑假,我也和父母出去旅游。无字的书,我也读过……"其实,不论读有字书还是无字书,都得要——用心!神话中的二郎神有三只眼睛,多出的一只眼睛长在额头上,能看到别人看不到的东西。一位六岁的小朋友就有着这样一双眼睛。一天，她牵着妈妈到公园去玩，春风、花香，太美了！小女孩不由得说出了这样一句话："妈妈，我看见了，风有颜色。吹在花儿上，花就红了；吹在叶儿上，叶就绿了……"我们什么时候看见过风有颜色？小女孩看到了！她的第三只眼，不在额头上，是在心灵中。如果只是"眼中了了，心中匆匆"，那么：再美妙的音乐，你也是充耳不闻；再美好的画卷，你也是视而不见。

著名美学家朱光潜也曾讲过这个事例："阿尔卑斯山谷有一条大汽车路，两旁景物极美，路上插着一个标语牌劝告路人：慢慢走，欣赏啊！"我对这句话很有感触。"慢慢走，欣赏啊！"多么可贵的心境！同学们，当你们匆匆赶去"培优"的路上，能否放慢脚步，看一看沿途的风景？或许你能听到鸟儿欢歌，能看到风儿跳舞！当你一刻不停地赶写作业时，能否抽空停一停笔，看一看窗外更替的四季？或许，你能听到种子拱地的心跳！同学们，别再让汽车疾驰而过，别让自己忙碌得无暇顾及流连风景，更别让读书变成一件了无生趣的苦差事。"慢慢走，欣赏啊！"那本无字的书，需要我们用毕生的经历，慢慢读……

（董琼 二〇〇五年十月）

第五节　教师专业成长发展路径

大家上午好！非常荣幸与大家共度上午的美好时光！今天，我与在座老师分享的主题是——"教师专业成长发展路径"。我主要从如下两个方面进行汇报。

一、回顾——成长历程中的关键事件

"关键事件"的概念，是一个叫沃克（Walke）的人在研究教师职业发展时提出的。它指的是发生在教师个人专业生活中的重要事件，这些事件对教师的教育观念、专业态度和专业行为都能产生重要影响。为了进行详细描述，他还把教师成长的关键事件分为"成功型事件""挫折型事件""启发型事件""感

人型事件"四种类型。现在，我就请在座的老师回忆一下，自己成长历程中的关键性事件。教师通过对"关键事件"及问题的梳理与思考，可以揭示内隐观念，触动教师"灵魂深处"的隐性教育观念，改变教师的教学行为；可以促进缄默知识与外显知识之间的转化；有助于教师个体生存方式的改变，启迪教师去追求一种智慧的教学生活方式。

从一个普普通通的老师成长为特级教师，肯定有老师会问，你有什么秘诀呀？一定是机遇很好吧？对了，机遇相当重要，但是对"关键事件"的把握，也让我的成长得以加速。下面，请允许我给老师们做一个简要回顾吧。

关键事件一：武汉市教师基本功大赛崭露头角，亦步亦趋步入模仿性教学阶段。

说起在基本功大赛中获奖，还要感谢我的父亲。刚从师范毕业的我，在事业上并没有什么宏图大志，基本功比赛的事校长大会动员了好几回，我压根没往心里去，觉得跟自己没太大关系。一天，我正在办公室改作业，收到了门房师傅送来的一封信，信封上熟悉的字体让我一眼认出——是爸爸写来的。我迫不及待地打开看，原来是关于基本功大赛的事情。原话我不记得，但主要内容我记得清楚，就是鼓励我参赛，让我报名去试一试。我与在座很多老师应该算是同龄人，大家也许都有体会：像我们父亲那一辈人，情感大都比较内敛。在我的记忆中，父亲很温和、很民主，甚至还有些对女儿的溺爱，他从不对我提过多要求。但是，为了让我参赛，他竟然煞费苦心地写给我一封信，也许就是这样一个非同寻常的举止，让我能揣摩到父亲那份沉甸甸的心境，以及对我未能言说的期待。我打小就很听话，完全是为了了却爸爸的心愿，我报了名。比赛项目我依稀记得，除了现场授课、写毛笔字等内容外，还有一个自选项目，我选择的是舞蹈。比赛准备阶段，我心无旁骛，每天下班后，喧闹的校园一片寂静，就剩我一人在空荡荡的舞蹈教室练习。我当时跳的是《烛光里的妈妈》，舞蹈中有一个跪地动作，因为每次练习跪地动作重复的次数太多，膝盖先是磨红了，也没怎么太在意，过两天再看，破了，流血了。也不知怎的，根本没感到疼。我在之后的初赛、复赛中过关斩将，都荣获一等奖，也就是凭着这个一等奖，我获得了武汉市青年岗位能手的荣誉证书。这个证书可了不得，现在我还珍存着，上面盖满了八个部门的公章，红艳艳的。虽然这十多年来我得到的荣誉证书有一大摞，但唯有这一份证书对我而言有着非同寻常的意义，因为它是我教师生涯中的第一份荣誉。由此开始，我一发而不可收拾，正式迈上了优秀教师的道路。刚踏上工作岗位经历的这次竞赛，成了我教师生涯中的关键事件，极大地调动了我的内在潜质，激发了我努力向上的信心和决心。正是因为这一关键事件，我明显感到周围的同事、领导、学生和学生家长对我提出了更高的要求；也正是因为这一关键事件，我找到了扬眉吐气的自信，成功的愉悦也让我收获了第二次、第三次乃至更多的成功。真的，感谢我的父亲，是他为我打开了事业之路的一扇大门。

关键事件二：在市研讨课中惨败，痛定思痛，进入独立性教学阶段。

由于自己的专注和投入，我终于获得了在全市范围内上研讨课的机会。我自定内容——《卖火柴的小女孩》，可以说这是我课堂教学的第一次登台亮相。由于缺乏教学经验，缺乏必要的心理准备，尽管备课时做了充分的预设、反复演练，但当我向台下黑压压的一片望去的时候，我的思维停滞了，从而导致对课堂节奏的把握未能做到收放自如，对课堂上的突发事件和生成资源未能恰当运用，完全是在一种半晕厥状态下，结束了40分钟的教学。我总认为，老师对自己的课堂教学，有着一种天然的、准确的感性认知，就是说一节课下来，不用专家、同事评说，好与不好，自己就已了然于心。记得当时上完课我就感觉非常不好，自尊心又强，觉得无颜见父老乡亲，课刚一结束，我就找了个地方躲起来，以至于市教研员李希才老师到处找我，也见不到我人影。不过，这次我自认为的失败并没有打垮我，相反，更激发出我的斗志和决心。我痛定思痛，自加压力，总是在试图找寻重新证明自己的机会。我开始广泛阅读，多方吸收，在模仿中创造。课堂教学方面，我向他人学习，在"移花接木"中寻求超越，完成了《迷人的张家界》《鸟的天堂》《争吵》《看图想象作文》《一年级口语交际》等课的教学。这种亦步亦趋的教学阶段，让我对课堂的感觉、对教材的把握、对临场的调控，都得到了基本要领，在常规教学中经常可以上一些轻松平稳、自己教得比较舒服而学生学得比较投入的课了。之后不久，我接到了参加湖北省创新教学竞赛的通知，那时正值新课改之后不久，我深感这是一次好的机遇，一定要把握好。再向虎山行，还是上《卖火柴的小女孩》。那段时间，我在公交车上背教案，每天一回到家就练习朗读课文，用了不多久的时间，教案记得滚瓜烂熟，那么长的文章都能倒背如流了。那一次展示课上，当我伴着悠扬、舒缓而又略带哀怨的小提琴曲朗读完文章最后两段（描写小女孩死去的段落）时，上千人的会场起先是一片寂静，稍停顿片刻后，竟然爆发出一阵热烈的掌声，这真是让我始料未及。那天的课堂上，我没有像第一次上市研讨课那样去顾及听众，我不断告诫自己，别往台下看，看了也只当那都是"木桩子"，这样一想，什么压力也没有了。眼中、心中只有学生，我把全部的精力投入到学生身上，效果很好，可以说在当时引起了小小的轰动，最后我当仁不让地荣获了比赛一等奖（第一名）。2001年，我参加武汉市优质课竞赛，荣获一等奖（第一名）；2003年，我代表武汉市参加湖北省的语文教学竞赛，讲授的是《只有一个地球》。教学设计无懈可击，课堂互动精彩纷呈，遗憾的是超时达五分钟之久。因为当时我已经小有名气，各地常常请我执讲观摩课，所以养成了在课堂上随心所欲讲授的一种自负，对时间关注不够。那次比赛进行到尾声，本来到40分钟可以戛然而止的环节，我却旁若无人地延长时间，只管把自己的教学设计进行完毕。记得比赛结束的当天晚上，我在会场碰见了国家级培训班的同学，襄樊市（现襄阳市）樊城区教研员张运敏老师，谈到了我白天的课。总的来说，她对教学设计、师生对话交流等均表示认可，唯有对超时感到不可理喻，最后竟然用这样一个词来形容我的超时，她说那叫——"狗尾续貂"。今天回想起来，我真的感谢她，谢谢她的直言不讳，谢谢那源于同窗之间真诚的友善，就是这个"狗尾续貂"，让我在取得了一点点成绩、有那么一点点自我感觉良好，甚至有一点儿飘飘然的时候，开始了新一轮反思。这种反思，让我开始触及自己的教学理念，也让我学会在成功和荣誉面前保持冷静。我想，从市赛课到省赛课，这一征程让我直面成长过程中的挫折性事件，让我懂得了反思，让我学会了用失败焕发成长的激情。

关键事件三：在全国赛课中一举夺魁，实现飞跃，步入创造性教学阶段。

2004年11月份，我作为湖北省的唯一代表，以省赛课一等奖第一名的好成绩，当之无愧地获得了全国赛课参赛资格。在当年7月份于北戴河召开的预备会上，我得知那一届全国比赛调整了比赛规则：以往历届都是一位选手准备一节课参赛，而恰好到我们那一届改为每位选手准备三节课，比赛前一天通过抽签方式决定第二天正式比赛的课题。可以说这是一个比较残酷的规定！因为以往历届选手准备一节课都要磨破一层皮，更何况要备三节课？没有退路，只有往前冲了。经过反复思考、酝酿，我确定了《草原》《长征》《只有一个地球》三节课作为我的参赛内容。大家可以想象，每次试教都非常辛苦，安排是一个上午连上三节课，第四节课专家评课，中间就连喝一口水、上趟卫生间的工夫都没有。即使是10月份的天气，三节课上下来，也常常是汗流浃背。除了体力上的消耗，更多是精力、智力的挑战，三节课连轴转的试教，需要你不断切换情绪，不断调整思路，与学生的应答对话不得有一丝懈怠。好不容易上完三节课，你本以为可以歇下来松口气，但是专家的评课常常是一针见血，有时甚至把你原先的设计批得体无完肤，要全部推倒重来。白天，自己班上的常规教学工作不能落下，我那时带的是住读班，只有在8点钟送走学生回到家之后，才能静下心开始备课。晚上，当整理完手头的杂事的时候，眼皮子又开始打架了，真想躺到床上呼呼大睡。但是，任务没完成，只能硬着头皮坚持，冲上一杯浓浓的热咖啡，打起精神，继续战斗。有时实在熬不住，先把闹钟上到半夜三更，蒙头睡一觉再来备课，一直备到天亮，再背着包去上班。说也奇怪，每次夜深人静渐渐进入到工作状态后，疲劳会渐渐消失，越来越清醒，往往还能迸发出一个又一个灵感。当然也毋庸讳言，在那段备受煎熬的日子，我也曾想过逃离，也曾想过放弃，但我真的发现自己身上就有那样一股子劲，一旦接受一项任务，就会投入100%的精力，付出100%的努力。由此，我对如下几句话有了切身体验——

"饭要一口一口吃，路要一步一步走。"

"前途是光明的，道路是曲折的。"

"人生的道路是漫长的，但关键处却只有几步。"

二、描绘——教师专业发展运动轨迹

（一）出发点：践行人生理想

这两样东西大家并不陌生：陀螺和风筝。如果请您从中挑选一个来形容教师这一职业，您会作何选择呢？有老师会说，我选陀螺，因为我就是这只陀螺，整天周而复始地旋转；也有老师会说，当然是风筝，教师是打造精神家园的光荣职业，需要志存高远，如同风筝一样，蓝天白云是教师追逐的方向。在我看来，教师成长是分阶段的：最初是对工作的积极，但它是短暂的；如果进一步加强责任感，积极性就变得稳定了；上升到第三个层次就是事业心。因此，对于一名初上讲台的年轻教师，要学会把理想落实到现实的点点滴滴之中，像一个勤奋旋转的陀螺，用辛劳的汗水描摹出每秒的弧线。而积累了一定经验的老师，则要避免简单的重复，要在量的累积的基础上争取实现质的飞跃，做一只向往蓝天的风筝，在现实与理想间寻找向上的张力。我想说：践行职业理想，是教师成长与发展的出发点。

（二）着力点：追求内涵发展

有老师曾经开玩笑说："小董呀，你年纪轻轻，就把该得的荣誉都得到了，以后几十年，你做什么呀？"有时我想想，问得蛮在理呀，要说荣誉呀、职称呀，不正是该得的都得到了吗？以后还真就没事干了嘛！在我们学校，有80％的教师都已经评上了小学高级教师，由于分配名额有限，想要在职称上更上一个新台阶，达到预期目标，可以说是凤毛麟角，难上加难。不过我又在想，如果说教师成长的动力仅仅来自于外在的职称、评先，那我们那么多年轻优秀的教师岂不是年纪轻轻就走到了事业的穷途末路？我想说的是，其实人的生命状态无非是这样两种：一种是向外的扩张，就好比气球，越吹大爆炸的可能性也就越大；另一种是向内的延展，就像大树的根系，默默地吸收营养。当然，外界的积极评价对我们成长的确很重要，缺少了向外的扩张，生命就会显得封闭。但是反过来说，如果没有了向内的延展，无限的扩张就失去了意义，那就像一只气球，越吹大则爆炸的可能性就越大。我个人认为，教育教学是一份需要宁静的工作。教师的成长，无非是越来越趋向内化的精神生活。宁静中，你的视野变得开阔，你的见识变得独立，你的胸怀变得宽广，你的心灵也由此变得自由。因此我想说，追求内涵发展，是发展的着力点。

（三）落脚点：实现共同发展

不论是发展主体性，还是追求事业成功，我们最终都是为了追寻幸福。刚才我给大家讲到自己在各级赛课中获奖，我要非常坦诚地说，奖状是颁发给了我个人，但我心里很清楚——荣誉是属于大家的！回想自己的成长历程，一路有专家、朋友和领导的帮助、扶持，才能一步步走向成功，大家用自己的肩膀，托举了我、成就了我、荣耀了我，这也正是我最开始说到的"我是一个幸运的人"的真实心境。不能忘记华中师范大学陈佑清教授，为了让我上好《高粱情》一课，当他得知我当时需要高粱的实物在课堂上演示，以让学生直观感受高粱的坚韧时，他冒着大雨，踩着稀泥，到华中农业大学实验田里为我拔了一株带着泥土气息的、根须茂盛的高粱；不能忘记吴良珍校长，当时处于乳腺癌康复期间，医生叮嘱她每天需要吃药、静养，但是为了在全国比赛的时候给予我最大的心理支持和现场的技术指导，她毅然决定与我同行……我想说的是，教师成长固然是主动发展、自我建构的过程,但同时也是个体与环境、个体与群体相互影响、相互依存、相互作用的过程。这就好比鱼和水的关系,鱼因水而生,水因鱼而活。我想,一个教师的终极幸福是学生的成长,是与同事分享智慧的喜悦,是在团队中与学校同呼吸共命运的执着追求。正所谓,实现共同发展是发挥主体性的落脚点。

(四)生长点:追求简单生活

1. 读一点经典书文

其实,如果按人生有 80 年来算,是 29200 天;按有 70 年算,是 25550 天;按 65 年算,是 23725 天;按 60 年算,只有 21900 天。还有人说,在这两万多天的生命里还要扣除最先 20 年的幼稚和最后 10 年的老迈以及其他耗费,剩下的时间最多 30 年,真正属于我们自己可以恣意挥霍的生命只有一万多天。于是有人开始质疑,我们在用自己这点少得可怜的岁月做着什么?如果我们只是机械地复制前一天,机械地做着和前一天一样的事情,那么我们工作期间的生命就像钟摆一样,只是在不停地重复摆动,除此以外毫无意义。对于这个问题,人能够活多少天,其实还有一种说法,那就是人只能活一天——就活在今天。所以我要说:快乐起来吧!快乐是你的选择,也是你的权利。尽情享受当下的快乐,不要拖延。

2. 破一点心灵定势

有一个著名公式表明了教师成长的路径,那就是——"经验+反思=成长"。不知大家注意到没有,学生当中存在两种现象,我自己将它们分别命名为"耶现象"和"啊现象"。当学生课表临时有变动,在老师向学生宣布将某某课与某某课调换的一瞬间,学生当中会产生两种截然不同的反应:一种是听说要上某某老师的课,高兴得欢呼雀跃,我称其为"耶现象";另一种正好相反,一听说要上某某老师的课,顿时就像泄了气的皮球,"啊"了一声,然后就蔫了。如果学生这种不加掩饰的表现,正好被当事老师碰上,我猜想那位老师心里多多少少会掠过一丝尴尬的情绪。这个时刻,这个瞬间,也许一晃而过,但对于一个具有教育智慧的老师,他就会去思考、追问:为什么?当代社会,生活节奏加快,生存压力增大,人们往往不是眷顾内心,注重体验,而是过于在意外在的得与失。付出一点点努力,就想收到丰厚回报,立竿见影,缺乏等待的心情，缺乏从容的气度。成年人如此，会影响到孩子，难怪有人说现在的孩子是"对人不感激，对己不克制，对事不努力，对物不爱惜"。作为一名优秀教师，应该保持对环境的变化有绝对的敏感性，让自己生活在思考的世界里。建议老师们每天读一点书，练一点字，发一会呆。每天给自己一小段闲暇时光，让自己的心绪不再漂浮，让自己的思维变得清晰。

3. 树一点个性风格

优秀教师要努力形成自己独特的教学风格。之前经常有老师参加各级赛课，特别能感觉到：赛课级别越高，指导的专家层次就越复杂；区里专家这样说，市里专家那样说，好不容易听了区里的，又"得罪"了市里的，还没搞清楚市里的又来了个省里的……所以有人把准备一节课叫"磨课"，这个"磨"一方面指雕琢、打磨，还有一层意思就是"折磨"，接受各级领导、专家的"折磨"。我有一个主张，就是"照单全收，为我所用"。专家老师发表意见，一字不落做好详细记录，回去以后好好消化，认真领会，理解多少就实施多少，通过课堂教学实践来检验，寻找最佳方式。对于不能理解、无法操作的，我决不姑息，管他是哪位专家的……"顺着别人的脚印走，走出来的是坑不是路。"一个老师有个性，不是指他性格飞扬甚至有些跋扈，而是指能用独立思想来支撑自身。

回顾自己的教育教学历程，我深深感到——一个幸福的人，一定是一个"从事了一项自己喜欢的职业的人"。我想，要全心全意活着，全心全意地工作，"全心全意"是享受幸福的必由之路。

（董琼 二〇〇七年十月）

第六节 我和草原有个约定

——人教版义务教育小学语文五年级《草原》磨课经历

又是一年春回大地。接到上级领导罗昆霞主任布置撰写"磨课"经历的电话，我丝毫不敢怠慢。夜晚，灯前，回想七年前，也是春夏之交。犹如听一首老歌、看一部老电影、翻一本旧相册，往事一桩桩、一幕幕浮现在眼前，我的心也全因"重回草原"变得温暖而充实起来。

2004年，我以湖北省优质课竞赛一等奖第一名的成绩，当之无愧拿到了更高一级赛事的通行证，代表武汉市、湖北省参加全国第五届小学语文阅读教学大赛。面对来自全国各地的教学高手，其中不乏占尽语言优势的北京、哈尔滨代表队和教育强省浙江、江苏代表队，我最终从激烈竞争中脱颖而出，抱回一等奖奖杯。这奖杯的意义非同寻常：它是武汉市在此项赛事中拿到的第一个一等奖。那一年，我的参赛课文就是老舍先生的名篇——《草原》。

比赛结束后，有专家说："这是一节富有情感和美感的语文课。"著名特级教师王崧舟老师发来短信，对这节课给予了高度评价："你的《草原》，美得丰赡，美得富有内涵。"

的确，草原是美丽的。《草原》的磨课过程，也在经历了紧张、迷茫、感悟、思考、收获之后，显得越发珍贵和美丽。

一、美在冲突："磨教材"，在思维落差的矛盾对弈中形成能量

1）在研读教材上下苦功

"磨课"，最首要的工作就是"磨教材"。如何对文本进行取舍？如何找到"牵一发而动全身"的语言点？这些都是接到任务后一直萦绕在我脑海中的问题。在我看来，教师研读教材的功夫，就是进退取舍的功夫。只有教师学会做"减法"，牢牢抓住文章的"点"，学生才有可能在"点"的开凿中做好加法，将课文读懂、读深、读透，读出意趣，读出情韵，读出文字背后的意思，进而形成"点""线""面"整体推进的学习态势。那段时间，课文是陪伴我的朋友，白天读、夜晚读、晨起读、睡前读，甚至连梦中也在读课文。时而浅吟低唱，时而高声朗诵，如痴如醉，旁若无人。除了文本细读外，我还大量阅读了有关草原的小说和其他相关资料。量的积累形成质的突破。当我经过上百次研读，达到熟读成诵、倒背如流之时，终于有了惊人发现！我将教学的中心聚焦于文中的这句话："在天底下，一碧千里而并不茫茫。"后续，不论是问题设计还是情境创设等，都紧紧围绕这句话全面展开。

2）在问题设计上动脑筋

备课过程中，我阅读了不少优秀教师讲授《草原》的课例，发现他们大多采取"情境教学法"教学，让学生在阅读、感悟、朗读、想象中领悟语言文字蕴

含的情与理。的确，对于这样文质兼美的课文，"情境教学法"是比较适切的选择，但试教几次之后我发现其有不足：按部就班，学生学得没有挑战；平铺直叙，教师教得没有味道，课堂疲沓、慵懒而缺乏张力。原因何在？没有问题的设计，没有思维的参与。于是，我在问题设计上动脑筋，围绕课堂教学设计了一个主干问题和若干枝节问题：①主干问题：为什么同样是写草原，古诗里说"天苍苍，野茫茫"，而老舍先生说"一碧千里而并不茫茫"？这一问题抛出后并不要求学生马上作答，仅作为一个悬念，形成目标导向，待学生在学完全文后自然悟出其中奥妙。②枝节问题："翠色欲流"是什么意思？（绿色将要流出而没有流。）先说"翠色欲流"，紧接着说"轻轻流入云际"，这不是前后矛盾吗？课堂上我就是这样引导学生"于无疑处生疑"，围绕主干问题展开对"天苍苍，野茫茫"和"一碧千里，而并不茫茫"的互文比对；对"翠色欲流"与"轻轻流入云际"步步追问，将"情境教学法"和"问题教学法"结合并运用，不断制造认知的冲突，增强阅读的期待；"挑拨"探究的味蕾，激荡思维的涟漪，将情感体验和理性思辨双轨并行，让课堂真情流淌；迸发奇思妙想，让学生在如诗如画如歌的文字中触摸思维的暗流涌动、潮起潮落和轩然大波。

我的体会：美丽的课堂一定要有"冲突感"。语文课堂不仅是语言的训练，也是头脑的体操；语文学习的价值不仅指向语言本身，更是心智的对抗、智慧的交锋。有冲突，才有味道。就好像辣椒、芥末在菜肴烹饪中的提味功能一样，教学问题的设计功不可没。讲授《草原》之后，我总结了"磨教材"的心得，撰写论文《阅读教学的"点""线""面"》并在《小学语文教学论坛》发表。

二、美在丰富："磨学生"，在语文实践的广阔视界中打开天窗

"磨课"的过程，就是把教学理念融入教学实践、落实到教学行为的过程。学生是教学的出发点，学生的成长和发展是教学的目标指向和最终归宿。

1）让学生的错误成为宝贵的资源

好的教学思路，必须在课堂教学的实践磨砺中，得以鲜活、灵动。试教无数次，失败无数次。这是我对"磨课"的最直接记忆。几次试教，学生每每读到"那里的天，比别处更可爱，空气是那么清鲜，天空是那么明朗"一句时，总是把"清鲜"读成"新鲜"。有一次我灵机一动，在学生读错以后，立马将"清鲜""新

鲜"两个词工工整整板书在黑板上,让学生比较词义之间的异同。比较之后,学生们纷纷发表各自见解:"清鲜"除了有"新鲜"的意思,更有"清洁""干净"的意思在里面,用"清鲜"比用"新鲜"更能体现出草原空气的纤尘不染……这样对语言文字的咀嚼、品味,让学生更真切感受到语言大师老舍先生遣词造句的精妙。从学生的"误读"现场生成的这一环节,竟成为本节课教学的亮点。著名特级教师于永正老师对这一环节的教学做了如下评价:"学生读错了,很可惜,但聪明的董老师知道把它转化为教育的资源,于是'并不茫茫'由此找到了答案。一个'清'字用得多准确、多传神啊!"

2)让教师的情感鼓荡儿童的心灵

"读万卷书,行万里路。"为了备战《草原》,我推掉了学校组织去港澳游的活动,不远万里奔赴内蒙古锡林郭勒大草原,只为寻找教学的灵感与激情。我在目睹草原旖旎风光、呼吸草原清鲜空气、体验蒙古族同胞豪放热情后,也积累了执讲这节课的宝贵资源。当我将自己和牛羊嬉戏、与清风共舞、同蓝天共眠的照片与孩子们分享时,孩子们睁大了好奇的眼睛,思路纵横驰骋,情感穿越时空,用心去体验,用情去感受,用想象去补充,达到了教路和学路的和谐统一,实现了教师和学生的水乳交融。罗昆霞主任一向风趣幽默。在得知我甘愿如此付出时,说了一句颇为经典的"玩笑话",流传至今:"董老师呀,得亏你是上《草原》,你要是上《威尼斯的小艇》,还不得办个签证、出一趟国门呀!"一句"玩笑",道出教学的真谛。回想自己多年来执讲的几节语文课,文本风格迥异,五彩纷呈:《高粱情》,弥漫着黄土地棕色的深沉;《草原》,勃发出绿油油的活力;《鼎湖山听泉》,听出泉水的澄澈;《安塞腰鼓》,敲打出红红火火的激情……

我的感悟是:这个世界有多少种色彩,语文就该有多少种颜色。语文教师不再只是独坐书斋,而是要拥抱世界;不仅要有知识、学识,更要懂常识、有见识;语文教师,既要读懂文字表面的意思,更要读懂文字背后的河流山川、花鸟虫鱼,参透人生、读懂生命,最终实现工具与人文共舞,语言与精神共生,教师与学生共鸣。

三、美在追求:"磨精神",在滴水穿石的孜孜不倦中触摸理想

那年从北戴河预备会得知,那一届全国比赛的规则有了重大调整:以往都

是准备一节课参赛，恰巧那一届改为每位选手必须准备三节课，赛前一天通过抽签方式决定第二天正式比赛的课题。这样高级别的赛事，别说备三节课，就是备一节课都要磨破一层皮，更何况三节课！真是一个近乎残酷的规定！

没有退路，只有向前。试教，一个上午三节课"连轴转"，且不说思路调整，情绪切换，中间就连喝一口水、上一趟卫生间的工夫都没有，常常是三节课下来，衣服被汗水湿透。白天，我像上足了发条的闹钟；夜晚，我挑灯夜战，彻夜无眠……一个数据足以证明："磨课"之后，我的体重锐减到百斤以下，创个人有史以来体重最轻纪录，可谓是"为课消得人憔悴"。不仅是体力、精力的消耗，"磨课"更是对智力、精神的挑战：有殚精竭虑的焦躁、无奈，有试教失败的落寞、怅惘，有独具匠心的设计到最后迫不得已割舍的苦痛，有绞尽脑汁找不到突破口的迷茫……。每到这时，李希才老师激励的话语就在耳边响起："董琼啊，你的名字'琼'里的'王字旁'什么意思知道吗？'玉不琢不成器'，你是一块玉，要经得起琢磨啊！"

再难，也不是孤军奋战。专家的悉心指导，同行的热情帮助，我的身后，有一个强大的团队。为了听我试教，省市区教研员段宗平、李作芳、李希才、罗昆霞、李天恩、张凤英、张宇箭等老师多次来校听试教、评课，从武昌赶到汉口，马不停蹄；杨再隋教授学识渊博，为我在文本解读上提出了关键性建议；比赛进行中，谈校长、吕校长放下学校千头万绪的工作，亲自带队前往；学校特聘专家吴良珍校长在乳腺癌病情未完全稳定的情况下全程陪同，对我进行手把手的技术指导和心理辅导。记得当时她的老伴很不放心，却拗不过吴校长的坚决，临行前给吴校长装了满满一包的药物，并一再叮嘱"记得吃药！不舒服就别撑着！马上打电话回来！"李红路老师是我草原之行的忠实"保镖"，电教的李鸿翱老师为制作课件熬红了双眼，蒋卉老师将自己的教学资源无私提供给我学习，华中师范大学周美桂校长，语文老师陶佳喜、倪敏、邓文莉、王晓红……太多帮助过我的人，未能一一在这里说出他们的名字。因我较为含蓄的个性，他们中很多人我甚至未曾当面言谢，但这些温暖的记忆一直珍存于心底，并必将在未来陪伴我终身。我想，是语文让我的情感变得细腻，懂得了感恩。

CD机传来凤凰传奇的高亢歌声："我和草原有个约定，相约去寻找共同的根，如今踏上这归乡的路，走进了阳光迎来了春；我和草原有个约定，相约去诉说思念的情，如今依偎在草原的怀抱，就让这约定凝成永恒……"

似乎在冥冥之中，在当年那个春夏之交的时节，我就和草原有个约定：经历蜕变,突破自我,享受过程,实现成长,是人生永恒的课题;少一点聒噪和虚浮,多一点沉潜和务实,任何时候不失生命本色;滴水穿石,渐行渐远,沿途风景,不要错过……我深知,草原"磨课"已融为我生命中的一个重要组成部分,它是一趟心灵的溯源!一段珍贵的记忆!一笔宝贵的财富!一次温暖的旅行!它必将陪伴我在语文教学的未来征程中——幸福前行!

(董琼 二〇一〇年十月)

附录

经典课例赏析

附录A 《草原》课堂实录及评析

［董琼（执讲），谈宇贤、于永正（点评）］

教学目标

（1）认识本课4个生字，能正确读写下列词语：勾勒、骏马、无限、鞭子、疾驰、马蹄、奶茶、礼貌、拘束、举杯、摔跤。

（2）有感情地朗读课文。品味、积累课文中优美的语言。

（3）读懂课文，在草原自然美与人情美的熏陶感染下，受到热爱祖国和民族团结的教育，培养学生爱美的情趣。

教学过程

A1 激情导入，揭示课题

今年暑假，老师到过一个美丽的地方，还带回了两张照片，你们看！（演示老师在草原照的照片。）一起说，这是哪里呀？

生：（齐声地。）草原。

师：今天我们要学习的是老舍先生的《草原》。四十二年前，老舍先生到草原参观访问，记下了沿途的所见所闻所感。今天就让我们与老舍先生共同——走进"草原"。

（谈宇贤：以执讲者到草原的真实生活照片作为课件导入新课，容易引起学生的兴趣。教师在"一碧千里"的草原上与羊群嬉戏的照片，展示了草原独特迷人的风光，拉近了学生与草原的距离，起到了"激情导入"的作用。）

（于永正：读万卷书，行万里路。执讲者亲临草原，目睹了草原的旖旎风光，呼吸了草原的清鲜空气，体验到了蒙古族同胞的豪放与热情，就成了执讲这一课的宝贵资源。这里展示的照片，还有后面的有关介绍的感受，都是一般学生所未曾见过和体验过的。当电教成为一种教育资源时，它才姓"教"，而不姓"电"。）

A2 自主学文，勾画圈点

A2.1 整体感知

师：同学们已经预习了课文。现在请大家快速浏览课文，说一说课文是从哪两方面去写草原的？（板书："景""人"。）同意吗？

A2.2 自主研读

师：草原的景色是怎样的？请大家静静地默读课文第一自然段，边读边想象草原的美景。别忘了在你感受很深的地方做上记号。

师：（巡视。）有的同学在相关词语下面做了记号；有的同学用波浪线勾画了自己感触很深的句子；这位同学还把自己的感受写在了课文的空白处。

A2.3 放声朗读

师：来，让我们自由地、放声地朗读这一段，把那些让你感受很深、你认为写得很美的句子多读几遍，读出自己对草原的感受，一会儿再读给大家听。（生自由读。）

（谈宇贤：通过"静静地默读""边读边想"，给学生充分的时间去独立钻研文本，潜心会文，想象画面，体会感情，感悟意境，促使学生走进文本，体会景色美；又通过学生"放声朗读"，让学生自己体会、品味语言，让学生经历从语言到画面再到语言的阅读实践过程，引导学生学会阅读。这样为后面"合作研读"作铺垫，有利于克服用"集体讨论"代替"自主阅读"的不良倾向。）

（于永正：读书一定要整体感知。一开始就说"你喜欢读哪一段就读哪一段"和老师通过分析把课文肢解开来，同样都是不可取的。但是，任何课文都不可能句句精粹、字字珠玑。执讲者在巡视时说的话实际上是一种引导，即引导学生去发现最传神最传情的句子、词语并且去体会，这也是一种学法的暗示和渗透。）

A3 合作研读，品读并玩味

A3.1 引导想象，指导学法

师：谁愿意把自己感受最深的句子读给大家听？

生：我喜欢这句话，我来读一读："在天底下，一碧千里，而并不茫茫。"

师：（板书："一碧千里""并不茫茫"。）能不能说说"一碧千里"在你脑海中是一幅怎样的画面？

生：在我眼前是绿色，远一点的是绿色，再远一点的也还是绿色！草原非常辽阔，放眼望去，草原如同一张巨幅的绿色绒毯，一直铺到天地相接的地方。

师：我们都要像他这样读书，一边读一边想象画面。

A3.2 诗文联系，激起疑问

师："茫茫"是什么意思？

生：视线模糊不清。

师：还记得这首北朝民歌吗？"敕勒川，阴山下，天似穹庐，笼盖四野。天苍苍，野茫茫，风吹草低见牛羊。"同是写草原，为什么北朝民歌说"天苍苍，野茫茫"，老舍先生却说"一碧千里，而并不茫茫"呢？好，先不急着回答，看看能不能在接下来读书的过程中有新的发现。来，接着读你喜欢的句子！

（谈宇贤：联系"天苍苍，野茫茫"对比理解，激疑促思，强化学生对草原总的特征"一碧千里，而并不茫茫"的理解，为后面学习具体写景的句子起到总领作用，凸现阅读教学整体性，克服了"肢解文本"的弊端。）

（于永正：董老师动脑筋了。古人说"野茫茫"，老舍却说"并不茫茫"，为什么？老师在这里设了一个很有价值的悬念。悬念能激起学生探究的欲望，启迪学生思考。）

生：我喜欢这句话："这次，我看到了草原……我满心的愉快。"（学生读书，将"清鲜"读成了"新鲜"。）

师：你读书的声音真好听！就有一个小地方读错了，大家发现了吗？

师："清鲜"和"新鲜"区别在哪里？

生："清鲜"和"新鲜"都有新鲜的意思，但是"清鲜"比"新鲜"更多了一层"干净"的意思。草原的空气和城市的空气不一样，因为没有污染，所以更干净。

师：是呀，记得暑假里，当老师一踏进草原，顿时感到全身每一个毛孔都张开了，都在贪婪地呼吸这清鲜的空气。虽然我的歌唱得不好，当时我也禁不住唱了起来，（唱）"蓝蓝的天上白云飘，白云下面马儿跑……"来，同学们，我们把这种"高歌一曲"的喜悦读出来。

（于永正："生成性"资源啊！学生读错了，很可惜，但聪明的老师知道把它转化为教育的资源！于是，"并不茫茫"由此找到了答案。倘若学生没读错呢？没读错的话，老师肯定也得提出来。一个"清"字用得多准确，多传神啊！）

（学生齐读。）

师：草原的天空是那样明朗，它让视线变得更清晰。难怪老舍先生说"在天底下，一碧千里，而并不茫茫"。还有哪些句子让你感受很深？接着读。

生：我喜欢这一句，"那些小丘的线条是那么柔美，就像只用绿色渲染不用墨线勾勒的中国画那样，到处翠色欲流，轻轻流入云际。"

（学生读书，"勒"字发音不准。）

师：（板书"勒"。）这是本课的一个生字。大家要注意它的发音，跟老师读。

（于永正：我们教的是语文，而且是小学语文，就要实实在在。抓好识字、写字、读书、作文。教学因其真实、朴实、扎实而更美丽。）

师：老师也很喜欢这一句，就是有一个问题不太明白。翠色"欲"流，流了没有？为什么后面又说"轻轻流入云际"？这不是很矛盾吗？来，和前后左右的同学讨论讨论。

（谈宇贤：这个句子表达了老舍先生的独特感受，看似矛盾，实际意境相通。这就需要在教学中把语言训练与想象感悟有机结合起来。）

（于永正：这里可以讨论一下。但我不赞成动辄讨论，因为阅读、作文是"个性化行为"（"课标"语），谁读了谁有，谁写了谁有，谁思了谁有。学语文不同于学理科。不要搞形式主义的东西。当然执讲者也有她的苦衷。）

生：就好像是一杯水，倒满了就会流出来一样。草原就像一杯水，绿得像要流出来一样。

生："翠"字让人感觉特别通透，相比之下，"绿"显得死板。

师：嗯，有点感觉了。《翠鸟》这篇课文还记得吗？联系这篇课文，老师也比较了"翠"和"绿"，感觉"翠绿"比一般的绿更鲜亮，更有光泽，绿得更丰富更饱满，绿得好像都快要流淌下来。（流淌的手势。）班上有学过国画的同学吗？能给同学们解释一下什么是"用绿色渲染"吗？

生：当我画国画，用颜料在纸上渲染的时候，我发现颜料在纸上向周围慢慢扩散……

师：什么纸？

生：宣纸。

师：接着说。当你在宣纸上用绿色渲染的时候，你会发现什么？

生：我会发现绿色慢慢地向周围渗透。

师：向周围扩散、渗透、流动。请你们轻声再读"轻轻流入云际"这句话，看看这"翠色欲流，轻轻流入云际"，是一幅怎样的画面？

（学生轻声自由读。）

生：在我的想象当中，草原和天空像是融合在一起的。草原是那样的鲜亮，充满生机。

生：我觉得那些草原就像波浪一样连绵起伏。

师：你的朗读，让老师想起了古诗——"孤帆远影碧空尽，唯见长江天际流。"真是碧草与蓝天一色呀。老师也想读一读！

（教师范读，学生鼓掌。）

师：谢谢大家的鼓励。是呀，这哪里是绿色在流动，这分明是生命的泉水在流淌。（指着板书。）难怪老舍先生说"一碧千里，而并不茫茫"。我们读书就要这样去读，不仅要读懂文字表面的意思，还要用心去感悟、用情去体验、用想象去补充，读出文字背后蕴含的意思。

（谈宇贤：教师采取在无疑之处生疑，引导学生理解"翠色""勾勒""渲染"等词语，并激发学生用心去领悟、用情去体会、用想象去补充，反复涵咏，读出语言文字背后的无穷意境，体验翠色欲流、流入云际、草天一色的意境美。）

（于永正：这三个"去"——用心去感悟、用情去体验、用想象去补充——讲的是读书方法，有了这三个"去"，课文才能读懂。）

生：我有一个问题。

师：（意外！）请说！

生：既然"碧"与"绿"都是绿的意思，为什么要用两个不同的词语来表示？

师：你很善于提问题。来，找一找，在第一自然段中有哪几个词都是表示"绿"的意思？

生：（在书中找。）"绿""翠""碧"。

师：你们体会体会这样写的好处。

生：避免总是用一个词，有变化，读起来好听。

师：老舍先生真不愧为语言大师呀！

（于永正：又是一个了不起的发现。学生了不起，教师也很机敏。即使学生不提，教师也要讲。语文教学要让学生在阅读中去体会、感悟：怎样运用祖国的语言文字？）

生：我喜欢的句子是，"四面都有小丘……绿毯绣上了白色的大花。"

师：绿色和白色的搭配，多么清新明丽、自然和谐的图画呀！

（于永正：草原还美在它的色彩上。教师心里有数，才能点到点子上。）

师：（出示课件。）这是一幅多么美丽的草原画卷啊！天空赋予草原以明丽，小丘勾勒了草原柔美的线条，牛羊更是赋予了草原以生命的活力，难怪老舍先生说"在天底下，一碧千里，而并不茫茫"。置身于此情此景，老舍先生不由得发出这样的感慨——（全班齐读句子："这种境界，既使人惊叹，又叫人舒服，既愿久立四望，又想坐下低吟一首奇丽的小诗。在这境界里，连骏马和大牛都有时候静立不动，好像回味着草原的无限乐趣。"）同学们，当你置身于草原这样的美景之中，你想说点什么呢，你又会做些什么呢？把你最深的感受用一段文字记录下来，好吗？

（谈宇贤：重"读"轻"写"是阅读教学的一个弊端。在学生理解、体会到语言美、景色美的基础上，当他们为之陶醉之时，让他们及时表达，学生便会一吐为快，下笔有神。）

（于永正：董老师把写"挤"进去了，而且挤得巧妙、自然。张田若先生早就说过，阅读教学要把写"挤"进去，要读写结合。这一点我非常赞成。语文教学要读要写，这是语文教学的两根"柱子"。当然，读写结合要找准结合点，要顺理成章，不可牵强附会，也不一定课课都写。）

A4 音乐过渡，读中悟情

A4.1 音乐过渡，激发想象

师："我们访问的是陈巴尔虎旗。汽车走了一百五十里才到达目的地。一百五十里全是草原，再走一百五十里，也还是草原。""走了许久，远远地望见了一条迂回的明如玻璃的带子——河！牛羊多起来，也看到了马群，隐隐有鞭子的轻响。"听！（课件播放《赛马》。）

（于永正：音乐可以启发人的想象。一曲《赛马》，把学生带入草原的情境中去了。只要运用恰当，音乐绝对是一种教育资源。）

师：说说你仿佛看到了什么？

生：我仿佛看到蒙古族同胞骑着骏马在草原上奔驰，迎接客人。

师：老舍先生又是怎样描写见面后的动人场面的呢？请大家读2～5自然段，用你的朗读再现你所想象到的情景。

（学生自由读。）

师：谁能用最简单的语言说说看，这一部分主要写了哪几个场面？

（板书："远迎""相见""款待""话别"。）

A4.2 指名朗读，学习"远迎"

师：谁愿意为我们大家读"远迎"这一部分？（指名读。）"飞"字读得特别好，你们从中体会到什么？

生：马的速度很快。

生：蒙古族同胞的热情。

师：为什么说"像一条彩虹"向我们飞过来？

生：衣服漂亮。

生：可以看出前来迎接的人很多。

师：蒙古族同胞穿着节日的盛装，来到几十里外欢迎远客，多么热情呀！老舍先生一个"飞"字，为我们描绘了富有诗情的画面呀，更让我们感到蒙古族同胞那种扑面而来的热情。（全班齐读。）

A5 课堂小结，揭示目标

小结：你们的朗读让老师看到了主客相见时骏马疾驰、欢呼雀跃的动人场景。这哪里是马在飞、人在飞，分明是我们的心在飞，蒙、汉同胞之间的情在飞呀！老舍先生又是怎样描写相见、款待、话别这些场面的呢？又表达了怎样的情感呢？我们下节课接着学习。

谈宇贤总评——

教学的最高境界是真实、朴实、扎实。董琼老师在《草原》一课的教学设计中把握住了语文工具性与人文性的和谐统一，遵循语文教学规律，返璞归真，在提高学生语文素养上下功夫。表现如下：

（1）在师生关系上，把学生主动学习与教师指导有机结合起来。教师充分尊重学生的主体性，调动学生学习的积极性；同时在学生主动阅读的过程中，教师的指导作用也发挥得比较好。例如，学习"景美"这部分，教者从第一自然段句子内在的逻辑关系出发，抓住"在天底下，一碧千里，而并不茫茫"一句，总领其他各句，像一根红线把第一自然段的教学内容串起来，使第一自然段教学主线明确、内容集中、重点突出、整体性强，达到"顺学而导，教学相长"的境界。

（2）在语文工具性与人文性的关系上，把语言文字训练与学生心灵感悟有机结合起来。董琼老师十分重视听、说、读、写和字、词、句、段、篇的训练，抓住"典型语言"进行重点训练。与此同时，教者凭借语言，在语文实践过程中，引导学生用心去领悟，用情去体会，用想象去补充，既引导学生体会文本固有的人文价值，又鼓励学生有自己独到的见解。比如，"读写结合"部分允许学生有个性表达；在读书方式上既有统一要求，又允许有多样化的个性感悟等。

（3）在组织形式上，把自主研读与合作研读有机结合起来。董琼老师十分注意引导学生独立钻研文本，自读、自悟、自得，在学生充分自主研读的基础上引导他们就重点句、关键句、经典句来合作研读、讨论、品读、玩味。通过自由读、集体读、示范读、想象读、感情读等，读出感情、读出意蕴，并在此基础上积累语言，培养语感。

于永正总评——

总体来说，董琼老师这节课上得很有语文味道。

首先，读得很有味道。咬文嚼字，引导学生细细品味，品出了语言文字的美，品出了草原的"一碧千里，而并不茫茫"，品出了作者的欣喜激动之情。语文课教学有没有味道首先取决于执讲者。只有执讲者发现了美，读出味道来了，才能引导学生去发现美，并读出味道来。

其次，读写结合得好。读与写是语文教学的最重要的训练。朱作仁教授说："大量读写、读写结合是学习语文的基本规律，这是被龙口实验小学以及丁有宽等广大一线语文教师的实践所证明了的。"

还有一点要谈的是，执讲者的角色定位得好。自始至终，教师被"定"在"组织者和引导者"的位置上。课堂毕竟是学生的舞台。教学中，教师使用的是"伙伴语言"而不是"主持人语言"。教师的功力体现在哪里？体现在引导上——引导正确，引导深入，引导得法。没有对课文的准确把握，没有正确的教学观和学生观，是很难引导得好的。

最后要说的是，如果不是"赛课"，最后一部分也可以画上个句号的。抓住蒙古族同胞热情好客、蒙汉情深的句子品味一下（老舍先生是很善于抓细节的），读读、说说不就得了，何必说"下节课再说"？我们常常把小事情看大了，而大的事情呢，却看小了。慢慢来，年轻人得有个过程。

附录B 《安塞腰鼓》课堂实录及点评

[董琼（执讲） 杨再隋（点评）]

B1 导入"安塞"

师：（板书课题。）谁来读课题？

生：安塞腰鼓。

师："塞"是个多音字。读得很准！

师：（出示地形图。）大家看，这是一张中国地形图，安塞就在这里。它地处黄土高原，自古以来是兵家要塞，也是我们中华民族的主要发祥地。安塞腰鼓就诞生在这块土地上，被誉为"天下第一鼓"。（齐读课题。）

B2 感知"腰鼓"

师：请大家快速浏览课文，看看哪些段落是写打腰鼓的？

生：课文第6～17段是写打腰鼓的。

师：下面请大家默读课文6～17段。有句话说得好，"读书的时候要特别珍视自己的第一感觉"。请同学们边读边勾画让你印象很深的句子、段落。别忘了，在不懂的地方做上记号。

（生默读）

（杨再隋评：要学生快速浏览，意在使学生初知课文大意，以便从整体着眼，从重点段、句切入。浏览是小学高年段学生应予掌握的一种读书方法。老师提示"读书时要特别珍视自己的第一感觉"，既是激励，也是要求。）

师：读着读着，你对课文中哪些地方产生疑问？请大胆提出来。

生：我不懂什么叫"后生"、什么叫"元气淋漓"。

师：有谁知道？

生：后生是指年轻力壮的男子。

师：你预习得很充分。那"元气淋漓"呢？

生：元气淋漓是指？……我也不知道。

师：没关系。"知之为知之，不知为不知，是知也。"还有不懂的吗？

生：我的问题在第9、10段。我不太理解"山崖"怎么会"蓦然变成牛皮鼓面了"？还有"观众的心"怎么也会"变成牛皮鼓面了"？

生：我不太理解第7段的句子，为什么说腰鼓会"使冰冷的空气立即变得燥热了，使恬静的阳光立即变得飞溅了，使困倦的世界立即变得亢奋了"？

生：我对文章结尾的那一句有疑问，为什么写"耳畔是一片渺远的鸡啼"？

……

（杨再隋评：学贵生疑，循疑而进。小疑则小进，大疑则大进。老师对学生的"疑"一般不即时释疑，而是让学生带着疑问，在读书过程中自悟、自解、自得。）

师：大家的问题提得很有水平。看看在后面的学习过程中，这些问题能否得到解决。接下来，请同学们自由地、放声地朗读你勾画的句子、段落，读出你的感受。一会儿读给大家听。

（生自由朗读。）

B3 情动"腰鼓"

师：来，谁愿意第一个读给大家听？

（课文原文："百十个腰鼓发出的沉重响声，碰撞在四野长着酸枣树的山崖上，山崖蓦然变成牛皮鼓面了，只听见隆隆，隆隆，隆隆。百十个腰鼓发出的沉重响声，碰撞在观众的心上，观众的心也蓦然变成牛皮鼓面了，也是隆隆，隆隆，隆隆。好一个安塞腰鼓！"）

（生读句子。）

师：能简单说一说吗？

生：我在读这几个"隆隆"的时候，感受到了安塞腰鼓的气势。如果我是现场的观众，听着听着，也会渐渐融入这鼓声之中。

师：同学们注意到了吗？这一部分都是在写鼓的什么呀？

生：声音。

师：来，全班齐读这三段，读出腰鼓的气势。

（生齐读。）

师：作者说，"山崖蓦然变成牛皮鼓面了"，"观众的心也蓦然变成牛皮鼓面了"。你怎样理解？

生：我觉得观众在听安塞腰鼓的时候，他们都处于一种亢奋的状态，都进入了一种忘我的境界，所以就感觉自己的心都跟着鼓声一起隆隆地响。

师：体会得好。鼓声震耳欲聋，在山崖里回响，所以作者说"山崖蓦然变成……"；鼓声震撼力极强，撞击在观众的心上，所以作者说"观众的心也蓦然变成……"。多么奇特的想象！难怪你会喜欢！来，接着读让你印象深刻的句子。

（杨再隋评：先听其声，再见其形。隆隆鼓声和飞扬的舞姿组合成一个精彩的听觉形象和视觉形象。这是生命语文的交响，又是浓墨重彩的画卷。以声传情，以舞传神，情发乎中，神寓于心。学生的思维活起来了，想象也飞起来了。）

（课文原文："骤雨一样，是急促的鼓点；旋风一样，是飞扬的流苏；乱蛙一样，是蹦跳的脚步；火花一样，是闪射的瞳仁；斗虎一样，是强健的风姿。"）

生：（读句子。）我喜欢这一句，是因为我觉得这一句读起来很有气势。

生：我为他补充一点，作者还运用了比喻的修辞手法。虽然我们从来没有见过安塞腰鼓，但是通过这些比喻，我觉得很形象了。

师：正如大家所说，作者用整齐的排比、贴切的比喻、铿锵的短句，把打腰鼓的情景写得活灵活现。来，全班齐读这一句。

（全班齐读。）

师：你们读得很有气势，但老师总感觉缺点什么。"骤雨"和"雨"，有什么区别？

生：骤雨是很大的雨。

师：回忆生活中下大雨的情景，你耳边仿佛听见了什么？

生：打雷的声音。

师：还有呢？

生：雨点落在大地上噼里啪啦的声音。

师：是呀，一瞬间天昏地暗，茫茫雨幕中什么都看不太清，只听见噼里啪啦的雨声，多么急促！来，谁能读出"急促的鼓点"？

（师指名读。）

师：我们读书，就要像这样——抓住关键词，前后照应着读；联系自己的生活，想象着读。来，用老师教的方法读后面几行。

（杨再隋评：抓关键词，前后照应着读；联系自己的生活，想象着读。这是读书方法的指导。）

（生轻声自由读。）

师：后面几行中你印象最深的是什么？来，读一读，说一说。

生：我喜欢"旋风一样，是飞扬的流苏"。我查了字典，流苏指的是一种穗状饰物，在这里我想它是指鼓上的大红色绸子。因为前面说后生们打鼓是"发狠了，忘情了，没命了"，我想象中这大红绸子也会随着后生们的动作在空中旋转、舞动。

师：来，读出流苏的飞扬。

（生有感情地朗读。）

生：我喜欢"乱蛙一样，是蹦跳的脚步"这一句。我觉得这个"乱"字用得太好了。我理解这个"乱"不是指打鼓的动作不一致，而是表现出一种自由、一种不加修饰，也就是想怎么打就怎么打，把内心的一种活力完全释放出来。

（杨再隋评：学生妙解"乱"字，说明学生的思维已逐渐汇入文本的思路中。）

师：我记得白居易曾写过这样的诗句，"乱花渐欲迷人眼"，一个"乱"字写出了春天繁花似锦，让人眼花缭乱、目不暇接的感受。理解得这么深，你一定能读出这种蹦跳的火热。

（生有感情地朗读。）

生：我喜欢"火花一样，是闪射的瞳仁"这一句。我仿佛看见了表演腰鼓的后生们以及他们眼神中所迸发出的一种激情，可以让观众燃烧。我想来读一读。（生读句子。）

师：大家启发了我，感染了我。老师想把这几行连起来读，好吗？（师范读。）还有同学想读吗？

（生有感情地朗读。）

师：听你的朗读，我感到这一个个的文字，似乎从纸上站了起来，在和我说着话、唱着歌、跳着舞呢！同学们，想亲眼看看吗？

生：想！

师：（出示图片，相机配以教师朗读。）还想读吗？（男女生分行穿插读。）

师：读得这么好，能背诵吗？

（生背诵。）

师：把这一段放到文章中去，同学们的感受会更深。第6段，谁来读？

（师指名朗读第6段。）

师：大家发现了吗？他是怎样读"发狠了，忘情了，没命了"这几个词的？

生：越来越响，越来越重。

师：我们读书就要像这样，把自己置身于当时的情境之中，把词语和词语比较着来读，这样体会会更深。

（杨再隋评：又是读书方法的指导。把自己置于当时的情境之中，身临其境，方能感同身受。将词语和词语进行比较，更能体会作者遣词造句的奥妙。）

师：老师发现其他同学早就跃跃欲试了。这次采取叠加读的方式："发狠了"由第一组读，"忘情了"由第一、二两组同学读，"没命了"全班一起读；第7段，由老师引读，同学们跟读。明白吗？来，让鼓声给我们起个头吧！（播放节奏极强的鼓点。）（师生共同朗读第6～12自然段。）

师：同学们，你们现在还觉得空气是冰冷的吗？

生：（摇头。）没有。

师：你们现在还觉得阳光是恬静的吗？

生：（摇头。）没有。

师：你们现在还感觉世界是困倦的吗？

生：（摇头。）没有。

师：你们看，作者从表演情况和观众反应两个方面去描写安塞腰鼓，让读者如见其形，如闻其声。最后用一个感叹句抒情：好一个安塞腰鼓！作者灵活运用了叙述、描写、抒情、议论多种手法，值得我们学习。

（杨再隋评：感知语言的精彩，感悟语言的含义和语言背后的深意，感受语言的魅力，都是通过"读"来进行的。在这里，学生读出了气势，读出了语感。多种形式的读、不同语调的读，使语文教学的丰富性尽在琅琅书声之中。）

B4 感受生命活力的"腰鼓"

（课文原文："后生们的胳膊、腿、全身，有力地搏击着，急速地搏击着，大起大落地搏击着。它震撼着你，烧灼着你，威逼着你。它使你从来没有如此鲜明地感受到生命的存在、活跃和强盛。它使你惊异于那农民衣着包裹着的躯体，那消化着红豆角、老南瓜的躯体，居然可以释放出那么奇伟磅礴的能量。"）

师：还有喜欢的句子吗？接着读。

生：（读句子，说感受。）

师：读到这里，老师想问大家一个问题。既然是写后生们打鼓，为什么不说"敲击"，而要用"搏击"？（板书："搏击"。）

生：我觉得"搏击"比"敲击"显得更有力度一些。

师：你联系了上文，说得有道理。不过，老师请你们再小声读读这句话，联系下面的文字，看是否有新的发现？

（杨再隋评：为什么不说"敲击"而用"搏击"？值得深思。因为这里隐伏着一个作者虽未说明，却涉及课文中心的问题。抓住了"搏击"这个关键词，就是抓住了"文眼"。）

（生轻声自由读。）

师：后生们还要与什么进行搏击？

生：后生们还要与艰苦的环境进行搏击。我联系这一句来思考："……那农民衣着包裹着的躯体，那消化着红豆角、老南瓜的躯体……"我从这里知道了，黄土高原上的人们过着艰苦的生活，他们吃的是红豆角、老南瓜，穿的是粗布衣服。

师：生活在黄土高原上的人民，容易吗？结合课前收集的资料，谁来说？

生：我查找的资料是这样说的——"一道道水来一道道山，风刮起黄沙飞满天"；"荒河裸露无寸土，可怜江山贫到骨"。

生：我了解到，黄土高原是中国水土流失最严重的地区，植被的覆盖率不足百分之六。

……

师：（出示黄土高原图片。）你们看，这就是黄土高原：长年风沙肆虐、干旱无雨的黄土高原，被联合国教科文组织定为人类无法生存的土地。就是在这片土地上，我们的高原人民不仅活了下来，而且世世代代、生生息息。（出示油画《父亲》。）你们看！这是著名画家罗中立的油画《父亲》。画中的父亲是千千万万高原人民的一个缩影。说说你看到什么？想到了什么？

生：我看到了这位父亲的脸被晒得黝黑黝黑的，满是皱纹。我能想象得出他生活的艰辛。

生：我看到了他还端着一个瓷碗，碗里装着一点点水。我觉得高原人民非常勇敢，他们有勇气与恶劣的环境抗争。

……

师：还记得这句诗吧，"锄禾日当午，汗滴禾下土。"黄土高原人民日出而作，日落而息，面朝黄土背朝天，用勤劳与恶劣的环境——搏击；他们住土窑洞，穿粗布衣，吞糠咽菜，挑水打井，用坚韧与顽强与命运——搏击；劳作之余，他们打起安塞鼓，唱起信天游，用乐观向上的精神在这片土地上——搏击。

生：（指名读。）

师：我们感受到了生命的存在、活跃、强盛！现在你们懂了什么是"元气淋漓"吗？

生：懂了！（齐读。）

师：这样的土地养育了这样的后生，难怪作者说……

生："好一个黄土高原！好一个安塞腰鼓！"

（杨再隋评：作者写安塞腰鼓，其实是在写击打安塞腰鼓的人。这是黄土高原上的后生，这是一些和命运抗争、跟人生搏击的大写的人。正是这片贫瘠的土地造就了这些不屈不挠的、顶天立地的人。这些都是学生在教师引导下、在读书的过程中自己领悟出来的。这里，师生共同提升了语文课程的文化品位，充分体现了工具性和人文性的统一。）

B5 感悟生命价值的"腰鼓"

（"愈捶愈烈！痛苦和欢乐，现实和梦幻，摆脱和追求，都在舞姿和鼓点中，交织！旋转！凝聚！升华！"）

师：你们听，鼓声愈捶愈烈！（师范读。）联系前面所学的内容，能说一说你对这句话的理解吗？

生：（动情地。）对于他们来说，现实是痛苦的，但是他们没有被压垮，一直都在试图摆脱这种痛苦，在追求属于自己的梦想和欢乐。他们用舞姿和鼓点来寄托自己的希望和追求……

师：你被震撼了么？

生：震撼了！

师：对于我们这些衣食无忧的人来讲，这舞姿和鼓点，或许能给我们一点人生的启示。（播放动态画面。）你看，如黄河之水绵绵不绝，高原人民用舞姿寄寓着情感，用鼓点表达着心声，用生命在这黄土地上挥洒浪漫与自由呀！鼓槌敲碎的是痛苦，似乎也敲出了这样一句话："既然来到这世界，就不白活一回。"（全班齐读。）大到一个民族，小到一个生命个体，我们无法摆脱的是现实的痛苦，但我们永远不能放弃的是对梦想、对欢乐的不懈追求。（读第12段："后生们的……"）孩子们，请你们记住：只要心中有梦，舞台就在你脚下。只要生命还在,我们就不能停止"搏击"。让我们敲响生命的鼓点,迸发生命的激情。在无所畏惧的搏击之中,人——是有希望的!命——是有希望的!我们脚踏的那一片土地,也是有希望的!

(生齐读第16段。)

(杨再隋评:每一个人都是一定文化背景上的人,都是一定文化影响下的人。通过安塞腰鼓,同学们接触了黄土高原的文化,走近了人们的情感世界,精神上受到了感染,灵魂得到了净化。让我们永远记住老师掷地有声的嘱托——"只要心中有梦,舞台就在脚下。只要生命还在,我们就不能停止搏击。")

B6 体验生命意义在延伸的"腰鼓"

师:作者刘成章生在陕北,长在陕北,他用饱含激情的笔墨,赞颂了朴实的高原人民,寄托了对家乡的无限深情。之前有同学问到这样一个问题:文章结尾"耳畔是一片渺远的鸡啼"有什么特殊的含义?在这里,老师给大家布置一个课外思考题——文章开头和结尾的静态描写,妙在何处?下课!

安塞腰鼓

搏　击

人　　　　土地

附录C 放手自主学习，引导合作研讨

——《卖火柴的小女孩》教学片段与评析

[董琼（执讲），李希才（点评）]

C1 激情导入

师：在一个又冷又黑的大年夜，一个穷苦的小女孩手里拿着一把火柴沿街叫卖。在迫不得已的情况下，她擦燃了手中的火柴。那么，在一次次擦燃的火光中她看到了哪些幻景？最后的命运又如何呢？这节课我们继续学习课文。

C2 质疑问难

C2.1 先说一说，在第一节课的基础上你还读懂了哪些内容？

生：5次擦亮火柴看到了火炉、烤鹅、圣诞树、奶奶，和奶奶一起飞走了。

（投影出示：第一次～第五次；火炉—奶奶。）

C2.2 还有哪些不明白的地方？

生：小女孩死了是不可能微笑的，为什么死了嘴角还带着微笑？

生：为什么她敢擦燃一大把火柴？

生：小女孩为什么会在火光中看到奶奶？

生：奶奶为什么是高大的、美丽的？

生："在光明和快乐中飞走了，越飞越高，飞到那没有寒冷、没有饥饿、也没有痛苦的地方去了。"这个地方存不存在？

生："谁也不知道她曾经看到过多么美丽的东西，她曾经多么幸福，跟着她奶奶一起走向新年的幸福中去。"两个"曾经"是什么意思？（出示两个重点句子。）

生：我们都知道，火柴的光是有限的。为什么要写"强烈""奇异"？（板

书。）

师：这也是关于小女孩幻想到的内容。她为什么幻想得这么奇异？

生：第12自然段，为什么小女孩死后手里还捏着一把烧过了的火柴梗？

（李希才评：让学生说说，读懂了哪些内容？还有哪些内容不明白？这样教师不但了解了学情，而且调动了学生由已知向未知自主探究的积极性。）

C3 目标转化

师：从大家的提问中，我看到了大家思维的火花朵朵绽放。大家的提问涉及小女孩面临的现实和由这种现实而产生的美好的幻想，很有价值。今天这节课，让我们一起通过读书，通过有感情地朗读课文，去解开大家心中这些疑问，加深对两个句子的理解，从而体会作者是怎样合理想象的。好吗？

（李希才评：通过学生的质疑问难，将"教"的目标自然转化为"学"的目标，并指出达到目标的途径和步骤，让学生的自主学习成为向着教学目标不断探究的理性过程。）

C4 自主学习，合作研讨

（1）自主学习，带着问题读第2、3段，看看哪些问题能自己解决？（学生朗读课文。）

（2）组织研讨学习。

师：带着问题在4人小组中再来读一读、议一议。（讨论。）

（3）全班交流。

（学生读第一次擦燃火柴的情况。）（读第5自然段。）

师：你从"终于"一词中体会到什么？

生：小女孩抽出这根火柴是不容易的，是经过了激烈的思想斗争的。

师：小女孩当时可能会怎么想？

生：她可能会想，要是我把火柴都用完了，回家怎么向爸爸交代呢？

（积极思考。）

生：她还可能会想，天太冷了，我实在受不了了，擦一根火柴取取暖吧，就一根。

（学生读这一句："燃烧起来了，发出亮光来了。"）

师：她把小手拢在火焰上。"拢"怎么做？小女孩当时为什么做这个动作？（生举手。）

师：把你们体会到的这一句读出来。

师：那么，同学们一定知道了为什么一根火柴发出的微不足道的光在小女孩眼里是多么奇异。

（课件：《寒冷》。）作者为什么会把一种幻想写得这么奇？

生：将美丽幻想与现实的悲惨形成对比。

（自由读，指名读。）

师：相信在座的同学都能体会得这么深入。用同样的方法去朗读后面几次擦火柴的内容，大家可以选择像这位同学一样选择其中的一次重点来读，看看你从幻景中又体会到了什么？

（读书。）

生：小女孩从未见过火炉，第一次看到火炉，她非常渴望得到它。

师：现实中非常寒冷、饥饿，她是多么渴望得到食物啊。（课件：《饥饿》。）（指名读书。）

师：从刚才的朗读中体会到什么？

生：看到圣诞树，说明生活中缺少快乐，她面对的是痛苦、悲惨的生活。

（课件：《痛苦》。）

师：小女孩是我们的同龄人，她多么希望自己家里也有一棵又大又美的圣诞树呀。可随着火光的熄灭，她又一次跌入了无底的深渊。为了留住圣诞树，她第4次擦燃了手中的火柴，在火柴的火光中，她看到了自己的奶奶。为什么看到的不是别人呢？

生：从星星想到奶奶，奶奶是唯一疼她的亲人。

师：你很会联系上下文去学习思考。

师：作者为什么让奶奶在幻境中这么高大、美丽呢？

生：这样写更衬托出小女孩的孤独、寂寞，非常想得到奶奶的疼爱。

师：为了留住奶奶，她擦亮了一把火柴，难道这个时候，她就不怕爸爸骂她了吗？

生：她担心奶奶会像火炉、烤鹅、圣诞树一样消失了。

（自由读第8自然段。体会，齐读。）

（老师引读第9自然段，跟读"她们俩在光明和快乐中飞走了，越飞越高，飞到那没有寒冷，没有饥饿，也没有痛苦的地方去了。"）

（李希才评：个体的自主学习与集体的合作研讨，优化了学习环境。教师抓住"展开合理想象"这一教学重点，引导学生读书、感悟、发现，讨论交流，相互启发。这样，学生自主获取知识的能力、思维能力和语言表达能力以及团结协作精神都在潜滋暗长。）

C5 联系上下文，理解两个重点句子

师：联系所学的内容理解，"她们俩在光明和快乐中飞走了，越飞越高，飞到那没有寒冷，没有饥饿，也没有痛苦的地方去了。"

生：说明小女孩已经死去。

生：也指小女孩在现实生活中得不到光明快乐，只有寒冷、饥饿、痛苦、孤独。

师：小女孩现实中充满痛苦，只有死亡才能摆脱现实中的种种不幸，那么对下句中的两个"幸福"，你是怎样理解的？

生：第一个"幸福"是幻想中的幸福。你们现在一定知道了小女孩为什么死后脸上还带着微笑。第二个是她摆脱了寒冷痛苦，也就是指小女孩死去了。

师：小女孩死去是痛苦的事，作者为什么说是幸福的？

生：小女孩活着时非常痛苦，死去后就什么都解脱了。

（李希才评：学生的学习潜能在自主学习中得到了充分发展。）

C6 深化感情

饱含激情地朗读，同时播放音乐《沉思曲》。

师：同学们，为什么小女孩死的时候，手里还紧紧捏着一把烧过了的火柴梗？

生：手里捏着的是对未来的憧憬、向往。新年的阳光是温暖的、无私的，但不属于小女孩。如果你是安徒生，看到这样一个长着金色的长发和本应有着金色童年的小女孩冻死街头，会作何感想呢？让我们伴着音乐，去体会安徒生当时的心情吧！

（配乐，生齐读。）

师：安徒生怀着对小女孩深深的同情写下了这篇不朽的童话。（板书："同情"。）

（李希才评：用情感加强学生自主的语文实践活动，进一步提高学生的语文素养。）

C7 深化发展

师：课文学到这儿，你还有哪些新的发现、新的问题呢？

生：最后一自然段写着"人们说，她想自己暖和一下……"，后面为什么要打省略号？

生：这是一篇童话，作者为什么要把故事发生的时间安排在大年夜？

师：而且在课文中3次提到大年夜。

（李希才评：留下悬念，让学生再一次"跳一跳摘桃子"。教学的全过程就是全体学生积极主动进行语文实践的过程。）

附录D 我爱你，中国的汉字

［李光（执讲），董琼（点评）］

D1 教材分析

汉字是什么？汉字是民族文化的化石，是历史的载体，是前人智慧的结晶，是有着鲜活生命的"你""我""他"。在我们的方块字中潜藏着丰富的审美和诗意，有着深厚的文化意蕴，有着独特的文化魅力，有着深厚的爱国情结。在《我爱你，中国的汉字》中，作者刘湛秋把汉字的丰富多彩比作"活泼可爱的孩子"，比作"美丽多姿的鲜花"，比作"有着独特性格的精灵"。不仅通俗易懂，而且生动形象，富有文学意蕴和感情色彩，对孩子有着巨大的吸引力。

D2 设计理念

对这样一篇情感饱满、文辞优美的散文，要尽量避免繁琐的分析和零碎的讲解，牢牢把握语文教学的本质，始终植根于文本，紧紧扣住作者"无限钟情于汉字"这一真挚情感。文章语言优美，修辞手法运用丰富，一读就让人喜欢上中国的汉字，同时还会喜欢上文中的语言；训练学生用"有感情地朗读"来品味语言、积累语言，既了解汉字的特点，又学习语言，以读传情，感受汉字的魅力，积淀丰厚的情感，品味独特的语言。教学重点放在感受汉字的魅力，体会作者对汉字的喜爱之情上。

D3 教学目标

（1）学会本课10个生字。

（2）能正确、流利、有感情地朗读课文。

（3）了解汉字的特点极具魅力，体会作者对汉字的珍爱与赞美之情。

（4）欣赏本文的语言特点，品味、积累语言，学习基本的表达方法。

D4 教学重难点

引导学生感受汉字的魅力，体会作者对汉字的珍爱与赞美之情，学习文章基本的表达方法。

D5 教学过程

D5.1 激趣导入

师：同学们，今天李老师想跟大家做个有趣的猜字游戏，到底是个什么字呢？请看大屏幕（出示课件。）（介绍：这是中国最早的文字甲骨文，在殷商时期它刻在龟甲与兽骨上，距今已经有3000多年了。）

这个猜字游戏啊，不仅有趣，还让我们了解了汉字的演变过程。同学们，你们知道吗？汉字历史悠久，源远流长，与其他文字相比，最大的不同之处，是汉字具有丰富的内涵。在世界上，只有中国的汉字的书写形成了独特的书法艺术。有一位叫刘湛秋的作家，对祖国的汉字饱含深情，他用充满激情的语言写下了这篇文章。谁来读课题？（生读课题。）

你读出了什么？（对汉字的喜爱、汉字是独一无二的。）你能把这种感受读出来吗？

D5.2 初读感知，学习生词

师：作者从哪些方面表达了对中国汉字的喜爱呢？请大家自由地读读课文，注意读正确、通顺。

反馈新词。

①出示词语正音：框、沉坠、风韵、幽深、勾勒、驰骋、魅力。

②理解"幽深""徜徉"。

D5.3 再读课文，梳理文脉

（1）刚才大家初读了课文，那么作者从哪些方面表达了对中国汉字的喜爱？（生自由谈。）

（2）教师相机板书：　　☆ 独特性格的精灵

　　　　　　　　　　　☆ 诗的灵性

　　　　　　　　　　　☆ 交响乐队的总指挥

　　　　　　　　　　　☆ 自己存在的价值

（3）小结：是啊！在作者的眼中汉字是有着独特性格的精灵，带给人诗的灵性，它是交响乐队的总指挥，证实了自己存在的价值，难怪会如此受人喜爱！作者写着写着，常常为这一个个方块字而动情！（课件出示第一自然段。）

D5.4 学习课文第一自然段

（1）请大家自由读读这段生动的文字，你读出了什么？（动情、喜爱、赞美。）

（2）你是怎么读出来的呢？

（3）体会朗读。

①在作者的眼中，汉字是有生命，有颜色的！你感受到了他无比的喜爱！

②作者多么珍爱它们啊，就像对自己心爱的孩子一般精心呵护！真让人动情！

③这是作者从心底里的动情和喜爱啊！

D5.5 学习第二自然段

过渡：你们和作者一样也为这一个个方块字动情了！那作者还从哪里表达了对汉字的喜爱呢？请大家默读第二自然段，勾画出特别打动你的词句，并把自己的感受简单作批注。

（1）自主学习。

（2）全班交流。

· "真的，它们可不是僵硬的符号，而是有着独特性格的精灵。"

理解："精灵"，在你的印象中精灵是什么样的？（在各种传说之中，精灵族的特质可以归纳为以下几点：长寿，高贵，优雅，聪明，美丽；一定程度的洁癖和大自然几乎融为一体；擅长使用魔法和弓箭；居住在森林中，彼此之间平等友好。精灵长着翅膀，总是飞来飞去帮助别人；精灵会魔法，像《小飞侠》《睡美人》中的小精灵都能施魔法；精灵都是很机灵、很可爱的……）

师：作者把汉字比作了性格独特的精灵，可见他是多么的喜爱汉字啊！那你还从哪里也读出了这样的感受呢？

· "每个字都有不同的风韵。"

（1）太阳——热和力；月亮——清丽的光辉。

点拨：

A. 想象此时阳光照在哪儿？（鲜花、草地、大树、高山、孩子。）

（阳光让万物充满了蓬勃的生命力！）

B. 你想象一下月亮闪着清丽的光辉，会是一副怎样的画面？

（宁静的小村庄，泛着银光的湖面。）

评：这不正是一幅有影无形的图画吗？体会朗读。

（2）轻——漂浮感，重——望而沉坠。

点拨：轻字会让你想到什么东西？重字呢？（羽毛、雪花、落叶、巨石。）

评：汉字瞬间就走入我们的想象中！体会朗读。

（3）笑——令人欢快，哭——一看就想流泪。

点拨：这两个字为什么一看就让人欢快、流泪呢？

评：汉字真是越看越有趣啊！是个可爱的小精灵！体会朗读。

（4）冷霜——散发寒气，幽深——似乎进入森林或宁静的院落。

点拨：作者为什么会有这样的感受呢？

评：这些汉字给我们留下了无穷的回味！体会朗读。

（5）人——不禁肃然起敬，天和地——赞叹不已。

点拨：①生写"人"谈谈自己的感受。②一"撇"一"捺"相互支撑就是一个"人"字，我们人与人之间不就是要相互支持，相互关爱，和睦相处吗？书上有一个词道出了我们此刻最真切的感受。（肃然起敬。）③"天"和"地"的创造。谁还能联系你对汉字的了解来说说。

（仓颉造字的故事。汉字的创造列举：形声、会意、指事等。）

评：这真是横竖勾勒的奇妙组合！体会朗读。

（6）体会朗读。（连起来读。）

读着读着，我们感到这些可爱的汉字真像一个个有着独特性格的小精灵啊！用你声情并茂的朗读把你的理解和喜爱之情表达出来吧！

（7）发挥想象，拓展语言。

每个汉字都有不同的风韵，好一群小精灵让我们也如此动情！此时此刻，还有哪些字能够瞬间走进你们的想象？谁能说一说？（出示课件。）

（8）同学们说得真好！一个个方块字细细地看是一幅有影无形的图画，慢慢地品好似一则意蕴深远的故事，静静地赏仿佛走进了多彩的历史画卷，让我们和作者一同赞叹吧！

齐读——"这些有影无形的图画……可爱的小精灵啊！"

• "在书法家的笔下，它们更能发出无穷无尽的变化。"

师：在书法家的笔下，汉字又是什么样的呢？读读这段话，想想你对精灵有什么新的认识。

师点拨：边读边想象，你眼前浮现出了怎样的一幅画面？

（1）欣赏：相机出示各种字体的书法作品。（课件演示。）

师旁白："在书法家的笔下，它们更能生发出无穷无尽的变化，或挺拔如峰，或清凉如溪，或浩瀚如海，或凝滑如脂……"

（2）体会朗读。

师：让我们共同进入这想象的空间，尽情飞翔吧！

评：你分明读出了一幅幅的画！汉字居然会有这么多的变化，它让我们读出了一幅幅连绵的画卷！难怪作者会有这样的感叹——（师读最后一句。）

（体会朗读。）这份珍贵、这份动情能读出来吗？

（3）小结：印度前总理尼赫鲁对他的女儿说："世界上有一个古老的国家，它的每一个字，都是一幅美丽的画，一首优美的诗。"中国的汉字不仅有着丰富的思想和情感，而且可以生发出无穷无尽的变化，难怪作者如此喜爱——读。真的，它们可不是僵硬的符号，而是有着独特性格的精灵。

D5.6 总结

同学们，今天我们一起感受到了作者对汉字的深情——我爱你，中国的汉字；让我们也由衷地赞叹——我爱你，中国的汉字！

下节课让我们继续领略汉字的魅力！

我爱你，中国的汉字

☆ 独特性格的精灵
☆ 诗的灵性
☆ 总指挥
☆ 存在的价值

D6 现场评课

刚才，我校李光老师在这里向大家展示了一节《我爱你，中国的汉字》。我想与大家分享的观点是——不是"教课文"，而是"教阅读"。我个人认为阅读教学的意义并不在于让学生了解一篇课文的内容，其核心意义是，在教学中帮助学生建立起阅读的策略、掌握技巧、形成能力，培养良好的思维品质，特别是批判性思考的品质，这才是关键。同理，今天我不就这节课来说这节课，而仅以此为例，谈一点对小学高年级阅读教学的一点不成熟的想法，不当之处恳请各位老师批评指正。总体来说，李光老师这节课教学目标比较明晰，教学思路较为清晰，教学流程较为顺畅，教学重难点较为突出，是一节较为典型的高段阅读课。我们知道，"有效的课堂都是以学生发展为目标"，那么我今天的议课就立足于学生学习的三个方面，即"语言训练的落实度""思维活动的有效度""情感发展的清晰度"，来向老师们汇报。

D6.1 语言训练落实度

总体来说，在这节课的教学中，李光老师能够从整体入手，紧扣中心，板块推进，在学生读通课文、了解课文脉络的基础上，通过自主学习，勾画圈点批注，抓住文中的关键词、中心句展开教学，通过朗读、品味、想象画面等方式，理解、感悟语言。如：在检查生字新词环节，教师抓住难读易错的词指导学生认读、理解；在第二自然段教学的时候，教师抓住了最后一个问句设计了句式转换的练习；同样在讲解第二自然段"在书法家的笔下"一句时，教师抓住了一组四字词语，诸如"挺拔如山、清凉如溪、浩瀚如海、凝滑如脂"这样具有独特构词方式的词语，帮助学生理解。不过，就这一环节而言我想还可以进一步，继续做一点拓展，问问学生"像这样……如……"的词还有哪些？学生会想到诸如"师恩如海、父爱如山、笑靥如花"之类。那么这样的教学环节所具有的教学价值就不仅限于理解，同时也有了积累的功能，正所谓一石二鸟。课文学习即将结束的时候，教师设计了一个模仿表达的训练，起初是一个训练维度比较小的，多次试教是将"____使人____"调整为"____使人____一看____令人____似乎____"。二者比较后我们发现，第二种设计优势在于：①立足学生实际；②体现了训练的阶梯性；③也是最为重要的，引导学生运用这样的语言形式，借助想象，表达独特的感受。篇章训练是重点，教师不是在"教课文"而是在"教阅读"，加上我们40分钟教学时间极为有限，因此我对教师在组织教学中采用的阅读方式提出如下建议：以默读为主，采取多种阅读方式，如略读、浏览、整体把握等；再结合反复精读、探究性阅读，倡导个性化阅读；将自由阅读放到课前预习，因为对于六年级学生来说，自由阅读已经不再是训练的重点了。

D6.2 思维活动有效度

语言是思维的物质外壳。语言学习的价值不仅在习得语言，更是在借助语言，学会思考。进入高年级，学生的思维活动已经开始向抽象思维发展，因此教学应该增加问题的思维含量，提高思考的难度、坡度和跨度。我个人认为，李光老师的课在思维训练方面可以概括如下。

（1）主问题精心设计是基础，分部达成是关键。在今天的课堂上我们看到，李老师抓住一个关键词——"精灵"，作为第一课时教学的立足点，通过设计这样的问题，即"将汉字比喻成精灵，合适吗？"这个具有开放性的问题，让学生通过自读自悟去发现去思考，创造了学生思维活动的开合度。在这里我们首先看到的是李老师解读文本的功夫，思考的足迹以及将一大篇文字进行整合的能力。……在主问题抛出之后，李老师能够抽丝剥茧，层层深入，有侧重地去选读、精读，不断领悟文本的精髓、要害，让学生经历从独特的精灵到可爱的精灵这一认识、情感的变化……

（2）多种思维方式的参与。在教学重点句中，如在讲解"太阳""月亮""轻""重""笑""哭"等词语的基础上，出示"酷暑""寒冬""喜""悲""火焰""燃烧"这样一些字词，拓展思维，让学生谈感受，我认为这个环节设计较好。因为从汉字文化学的角度来说，汉字的结构独特，不仅具有读写的基本功能，还有观察、联想等多种功能，教师就是抓住了汉字这一独特之处，借助直觉思维，通过联想、想象、归纳、概括等多种思维的参与，让学生感悟汉字的独特魅力。

整节课我觉得稍显遗憾的是——问题意识还不够强。"有流量的地方才有落差"。只有形成思维的落差，才能产生思考的能量。落差从何而来？从问题中来。虽然教师教学时提出了主导性问题，但由于我们定位的教学目的不止于此，因此应鼓励学生提问、讨论，比如让学生针对文题《我爱你，中国的汉字》提出质疑，为什么不是《我爱你汉字》，值得推敲，唤起阅读期待。还有比如第二自然段"这些有影无形的图画"，为什么叫"有影无形"，"这些横竖勾勒的奇妙组合，同人的气质多么相近。"人的气质？人有哪些气质？汉字怎样会同人的气质相近？我非常赞同一种说法，那就是目前教学效率低下的一个根本原因，就是没有找准阅读教学的逻辑起点，没有充分了解学生的"已知"，每篇课文教学都是从零开始。当然，我个人认为在训练学生思维方面，教师还应有努力的空间，特别是以具有思考和探讨价值的问题为导向的语言学习，其力度还应进一步增强。比如在检查预习环节，教师需要了解学生已经学会了什么，特别是还有哪些困惑的问题，需要解决的疑难之处，以此来准确设定教学目标。只有让学生在语文课堂真正经历一个发现问题、思考问题、解决问题的过程，这样的语文教学才显得有味道，这样的语文课堂才能够有张力。这就需要教师在备课过程中能够设身处地站在学生角度去思考。当然，我们不可能在一节课上穷尽所有的问题，有些问题是需要随着学生年龄的增长、生活阅历的丰富，渐渐去解答，但可以肯定的是，缺少智慧含量高的问题，缺少思维参与的课堂，一定是缺乏魅力的。

D6.3 情感发展的清晰度

不知大家有没有关注，江苏卫视有一档非常火爆的娱乐节目——《非诚勿扰》，很受追捧。我们知道人的情感发展是有一个过程的，就好像《非诚勿扰》这个相亲节目，虽的确有第一印象、一见钟情之说，但绝大多数的情感都是在理性认识的基础上，随着认识的不断深入和时间的推移，或加深或疏离。我觉得李光老师的课堂最为成功之处，就是我们今天看到学生在课上情感发展的一个清晰的线条，由浅入深，由淡至浓，从铺垫、引发到高潮、平缓，从波澜不惊到暗流涌动，进而渐入佳境，我想这是最真实的课堂呈现。学生情感发展的清晰度高，进而窥见课堂的真实度，少有做课的痕迹，家常课的味道更重，我喜欢。

但同时另一方面，我又感到这节课上有所欠缺。缺什么呢？我在思考。我个人感觉，教师教得四平八稳，冷静有余，激情不足，倒是学生们的表现弥补了诸多不足。当然，我说的所谓情感投入，不仅是指课堂上教师外在的演绎，更是指教师在备课过程中一种与文本"水乳交融"的过程。我想，只有教师在备课过程中真正被汉字的魅力所感染，被汉字的性格所征服，真正感受到这个世界上生命力最强大的文字，历史跨度最漫长的文字，这种保存了人类历史上最为丰富的文明纪录的文字，这种古老的、神奇的、实用的和美丽的文字，这种具备楷书之庄重、行书之流畅、草书之行云流水的文字，这个孕育了史上闻名的书法家王羲之、柳公权、颜真卿的文字，想到他种种的好，你才可能由内而外生发出一种真诚的爱和钦羡，才能自然而然地将这种对祖国文化的认同感和自豪感传递给学生，最后才能将课题《我爱你，中国的汉字》转化为发自学生心底的呐喊。阅读教学，具有两种取向，一种是认知，一种是审美，前者站在文本外，客观地看待，后者走进文本中，主观地体验。当我们面对这样一篇文质兼美的上乘之作时，我们将自己的教学定位于情感的课堂、文化的课堂、艺术的课堂，激情满怀，上出情感的温度、上出文化的厚度、上出艺术的深度与广度，让学生受到情感的震撼和优秀传统文化的感染，是一件理所当然的事。从阅读的本质来说，是借助文字与作者进行沟通的过程。因此我建议教师可适时适度介绍文章的作者，介绍这位诗人曾用饱含深情的笔墨、充满灵性的文字写下了诗集、散文集、论文集共 22 种，作品被译为英、法、日、俄、意、德等多种文字，被誉为"抒情诗之王"，甚至还可以推荐读一读《中国的土地》。

附录E 逐层引导，拨动情弦

——教学《高粱情》例谈

（执笔：董琼）

《高粱情》一文，全篇凝聚着作者对生命价值的积极体验，充溢着喷薄而出的生命激情。因此，引导学生深入体会并真实表达这种情感是教学的重点，也是教学的难点。

E1 初读入手，体会养育之情

初读课文时，我让学生了解高粱的外形："正直的杆子，硕大而血红的穗头，紧紧抓住土地的根。"接着让学生轻声读课文，归纳出高粱根的三个特点。然后话锋一转："难道作者仅仅是在向我们介绍高粱吗？作者为什么不把题目定为'高粱'，而以'高粱情'为题呢？课文抒发了对高粱怎样的情感？"初读课文围绕题眼的一系列问题瞬间激发了学生探究的兴趣。

作者在文中第二自然段写道："我的家乡在雁门关脚下，土地灰茫茫的，十分贫瘠，能够种麦子的地极少，只有耐得住大自然折磨的强悍的高粱好种。千百年来，土地、人和高粱紧紧地结合在一起。我是吃高粱米长大的，在我离开故乡之前，一年四季，顿顿饭离不开高粱，它塑造了我的躯体和生命。"字里行间无不透出作者对养育自己长大的高粱的深深感激。同时，这种养育之情也正是作者敬佩之情生发的基础。在初读课文时，我就引导学生去体会、感受："高粱养育了作者，养育了黄土地上祖祖辈辈的人们，高粱是作者的生命之根。"可见，初步阅读可以为学生的情感深入作好铺垫。

E2 再现形象，品味敬佩之情

俄国教育家乌申斯基说："孩子们总是凭形状、色彩、声音和一般感觉来思考事物的。""只有给学生'音美'以'感其耳','形美'以'感其目',方能以'意美''感其心'"。讲授《高粱情》时,我通过以下途径创设情境、激发情感、领悟作者对高粱的敬佩之情。

E2.1 语言的诱导

课堂上,教师主要用语言与学生进行直接交流,学生的情感也最易受到教师语言的影响。课前,我精心设计导语、过渡语、总结语。课上,我始终全情投入,努力创设富有情致的教育氛围。如在学生了解了高粱根的特点后,我说:"作者的情就在根里。根长期与泥土接触,浑身灰褐,没有花朵那般娇嫩、鲜艳,植物生长缺少不了它。有位作家曾这样赞美植物的根,他说:'地下同地上一样,有生命,有一群懂得爱和憎的生物。'"在引导学生体会高粱为什么会具有这样的特点时,我说:"为了生存,为了争取阳光和空间,高粱不择地势,随时随地顽强生长。狂风吹不倒它,洪水淹不没它,严寒冻不死它,干旱也旱不坏它,在恶劣的自然环境中,它练就了强悍有力的气根,铸造了坚忍不拔的品性。"学生们的敬佩之情油然而生。临到下课之时,我仍饱含激情地将这句话作为结束语:"同学们,愿你们像一株株小高粱那样,在风雨中磨炼、成长。"

E2.2 形象的再现

为了拉近学生与高粱的距离,我找到了高粱的实物。我刚从讲台里拿出高粱,教室便沸腾了,孩子们争着去看、去触摸,不时发出"它的根好硬呀"的赞叹。我抓住时机,因势利导,说:"这样坚固而有韧性,就叫——坚韧。"由此,词语教学落实了,学生的情感也调动起来了。

E2.3 音乐的渲染

在学生有感情地朗读时,我为他们配上中国民乐,轻缓而又凝重的旋律在教室里回荡着。在体味节奏美、音乐美、意境美时,学生领悟到高粱养育了作者、养育了黄土地上祖祖辈辈的人们,高粱是作者的生命之根、信念之根。

E3 推敲语言,领悟激励之情

"观文者,批文以入情。"只有引导学生抠词抠句,去体会词语中蕴含的意思和情感,才能进入作者的情感世界。

(1)推敲重点词语。作者匠心独运,例如用"无法撼动"一词表现了高粱在风暴中紧抓土地、坚忍不拔的品格,有很强的感染力。于是,我引导学生用比较分析的方法,将"撼动"与"吹动""定在地上""站在地上"进行比较,学生在比较之后，既领悟到了作者遣词造句的奥妙，又生发了对高粱的敬佩之情。

（2）品析重点句子。文中有的句子含有丰富的信息，表达深刻的情感，具有牵一发而动全身的作用。讲授《高粱情》时，我紧紧抓住这两个句子："我小时练摔跤时，教我的伯伯说：'站得像高粱一样，要有它那抓地的根，要练到根从脚脖子上生出来。'""我虽然练不出高粱的鹰爪般的脚，但他那坚忍不拔的品格却始终激励我顽强地生活着，跋涉着。"我是如何抓住重点句子进行教学的呢？以下是教学片断实录。

师：让我们来看伯伯说的这句话，联系刚才所学的想一想，教我摔跤的伯伯为什么要我站得像高粱一样？

生：摔跤时只有站得像高粱一样稳，才不会被别人摔到地上。

师：伯伯是在教导我，只有根基扎实才能站稳脚跟，才不会轻易被对手打倒啊。这句话又该怎样读呢？大家试读一下，看看能不能把这种根从脚脖子上生出来的感觉读出来。

生：（练读，交流读。）

师：难道伯伯的话仅仅教会了"我"怎样摔跤吗？请同学们在下一句话中找找答案。读这句话，看看读完后能不能联系自己的生活实际简单谈谈自己对这句话的理解。

生：以前我是班长，有一次和同学打架被老师免了职，当时心里很不是滋味。不过，现在我想每个人都会犯错误，只要我今后尽力把每件事做好，老师同学还会像从前那样信任我的。

生：这句话告诉我们，每个人都要做生活的强者。

师：生活中既有风风雨雨，也有坎坎坷坷，正因为如此，人们就把这样艰难地行走于人生之路上的情况叫"跋涉"。作者一生经历坎坷，曾有一段时间他的精神遭受到重大打击，差一点丧失了活下去的勇气。值得庆幸的是，他不仅顽强地活了下来，还用作家饱含激情的笔墨，写出了一首首激励人们奋发向上的诗篇。你们知道是什么给予了他自信和力量吗？

生：高粱。

师：老师愿意用这句话与大家共勉。（范读，齐读。）

通过对重点词句的感悟与理解，学生体会到了高粱坚韧不拔的精神品质和作者对高粱的深深敬佩之情。

E4 朗读悟情，强化语言积累

在教学中，我采用多种教学方法，让学生充分地读，读出意、读出形、读出情、读出味、读出神。通过读，获得感悟、受到情感熏陶，并在不知不觉中强化语言积累。

E4.1 范读引路

备课时，我细心揣摩，根据表情达意的需要，在朗读上对课文做了适当的艺术处理，有目的、有针对性地做了范读准备。课堂上通过声情并茂的范读，使学生受到潜移默化的感染，情感得到熏陶。

E4.2 自读传情

教师的范读旨在用激情感染学生，学生是否真的体会了，还得通过读书去检验。在本课教学中，我采用自由读、指名读、引读、齐读等多种方式，甚至还根据学生的兴趣自主选择读，为学生创造了更多的时间和空间去参与读书实践活动。

E4.3 诵读积累

本课有许多精彩的段落。我让学生反复诵读后，先出现提示语，让学生练习背诵；然后隐去提示语，让学生背诵。开始是全班背诵，继而是分组背诵，最后个别背诵；很快，全班学生都能背诵了。课文中有的句子，学生似懂非懂，经过熟读成诵，便深深地印在脑子里了。今后，随着学生生活阅历、知识经验的丰富，再来"反刍"这些句子的深刻含义，对于学生的成长，也许可以起到意想不到的作用。

（本文发表于《湖北教育》2001年第17期）

附录F 把握文体特点，遵循教学规律

——人教版小学语文第十二册《桃花心木》教学设计

（执笔：董琼）

F1 课文解读

《桃花心木》是台湾作家林清玄的一篇散文。课文借给树苗浇水的事情，介绍了种树人"让树木自己学会在土地里找水源"的育苗方法，由此说明在艰苦环境中经受生活考验、克服依赖性对人的成长具有重要意义。课文在写作方法上特点鲜明：通过描写大自然中桃花心木这种物的特点，抒发作者的真挚情感，表现积极的人生态度、高远的生活志向和独特的价值取向，饱含深刻的人生哲理。

F2 设计思路

"文以载道"。入选小学语文教材中的借物喻人类文章，常常通过对某一事、某一物的叙述与描写，蕴含深刻的人生哲理。对小学生而言，学习这类文章是有一定难度的：①小学生长于具体、形象思维，对于抽象、深奥的道理较难领会；②由于人生阅历有限，文中所表之情、之理，有待年幼的孩子用一生的经历去解读。"阅读的心理过程，是形象思维、逻辑思维相互依存、相互渗透的过程。"此类文章教学，可采取如下操作策略，帮助学生理解内容、领悟哲理：①从物入手，把握特点（出发点）；②还原形象，心理体验（着力点）；③联系生活，感悟人生（落脚点）。

F3 教学目标

（1）会写本课6个生字，抄写对自己有启发的语句。

（2）有感情地朗读课文，理解课文内容。

（3）抓住重点句段，联系生活实际，领悟文章蕴含的道理。

（4）体会借物喻人的写作方法。

F4 教学重难点

种树人的话和"我"从中感悟到的育人的道理。

F5 教学过程

F5.1 导入解物，感知特别的"桃花心木"

（1）板书课题，齐读课题。

（2）交流相关资料（文字、图片），了解桃花心木。

提问：能用文中的词语来形容桃花心木吗？（树形优美、高大笔直、优雅自在、生机勃勃……）

（设计意图：由于学生的生活经验有限，加之地域限制，学生对课文中所描写的桃花心木，大都知之甚少。通过展示图片资料，让学生对桃花心木有一个初步了解，拉近与文本间的距离，激发学习兴趣。）

F5.2 整体感知，感悟特别的"种树"

（1）浏览课文，整体感知。

同学们一定想了解，如此高大笔直、优雅自在、充满勃勃生机的桃花心木，是怎样由一棵小树苗渐渐长成的？其中需要经历怎样一个过程？又给我们怎样的启示？请大家快速浏览课文，想一想课文围绕桃花心木讲了一件什么事情？（板书："种树"。）

（2）默读课文，了解"种树"。

种树人是怎样种树的？他种树有什么特别之处？请默读课文，勾画出描写种树的有关句子，放声读一读。

- "他来的并没有规律，有时隔三天，有时隔五天，有时十几天才来一次；浇水的量也不一定，有时浇得多，有时浇得少。"
- "他有时早上来，有时下午来，时间也不一定。"
- "他来的时候总会带几株树苗来补种。"

（3）角色扮演，换位体验。

读到这里，你心里一定产生了疑问。同学们，如果此时种树人就在你面前，当你看见他用特别的方式种树以后，你想问他些什么？他又会做何回答？请同学们分角色说一说、演一演。（同桌表演，指名上台演。）

（设计意图："阅读教学是学生、教师、文本对话的过程。""要珍视学生独特的感受、体验和理解。"分角色表演，可以带领学生经历从文字到形象的转换，经历心理体验的过程，产生情感共鸣。）

F5.3 精读细品，感动于树木生长的"不确定"

（1）直奔中心句段。

大家演得好！演出了人物的心理活动。种树人为什么这样做？这样做是因为他太懒吗？是因为太忙？他这样做有没有其他的道理？请同学们找到相关句段勾画下来。

（2）抓关键词理解。

•种树人语重心长地说："（如果）我每天都来浇水，每天定时浇一定的量，树苗（就）会养成依赖的心，根（就）会浮在地表上，无法深入地下，（一旦）我停止浇水，树苗会枯萎得更多。幸而存活的树苗，遇到狂风暴雨，（也）会（一）吹（就）倒。"

不看书，能用自己的话说说种树人想要表达的意思吗？（说不太清楚。）

（出示关联词语。）作者就是用这样几个关联词，将想要表达的意思一层一层，表述得清清楚楚。再读几遍，联系并运用关联词语说话。

（3）口头说话练习。

这段话大家真的理解了吗？谁能把这段话换种说法？

种树人语重心长地说："如果我每天<u>不</u>来浇水，每天浇水<u>不定时也不定量</u>，树苗就……"（板书："找水源""扎根""长成大树"。）

（设计意图："工具性与人文性的统一，是语文课程的基本特点。"在小学阅读教学中，要培养学生如下良好的思维品质：全面看待问题，思维的全面性；认识事物的本质，思维的深刻性；联系地看待问题，思维的联系性；创造性地分析问题、解决问题，思维的创造性。）

F5.4 悟情明理，顿悟人生历程中的"不确定"

（1）体验角色，生发感悟。

种树人与我的对话被一棵棵桃花心木苗"听"得清清楚楚。树苗会"想"些什么，"说"些什么呢？根据提示，进行说话练习。

提示："如果我是一棵（茁壮成长）（即将枯萎）（已经枯萎）的桃花心木苗，我会……"

（2）联系生活，畅谈感悟。

•"不只是树，人也是一样，在不确定中生活的人，能比较经得起生活的考验，会锻炼出一颗独立自主的心。"

这里的"不确定"是什么意思？与前面的"不确定"有什么不同？联系刚才所学的内容，你能不能说说你对"不确定"的理解。联系生活实际想想，我们的生活中可能有哪些不确定因素？面对这些不确定，我们应该怎样锻炼自己"独立自主"的心？（提示：可以从正反两方面举例说明。）请大家把自己的体会和感受写下来。（板书："经受磨炼""独立自主""努力成长"。）

· "种树的人不再来了，桃花心木也不会枯萎了。"

师：为什么"种树的人不再来了，桃花心木也不会枯萎了"？

（设计意图："重视情感、态度、价值观的正确导向。"联系生活，让学生以自己对生活的理解去解读文本、建构意义，与作者产生情感共鸣，从而领悟作者借物所喻之"理"，所喻之"情"，个性化地解读文字的深层意蕴，深入理解作者所抒之情、所达之意、所表之理，使语言与精神同构共生。）

F5.5 因文悟法，"借物喻人"延伸拓面

（1）回顾课题，小结写作方法。（板书："借物喻人"。）

（2）我们还学过哪篇课文是用的借物喻人的写作方法？

（3）推荐阅读：《心田上的百合花》。

（设计意图：引导学生总结"借物喻人"一类课文在表达上的特点，并向学生推荐有关"借物喻人"的课外阅读材料，让学生通过迁移运用，进一步领悟语言规律，培养学生运用语言的能力。"因文悟法"，让学生完整地经历语文学习由"语言—思想—语言"的过程，即让学生在语言文字中"走一个来回"，最终领悟到文章表达上的某些规律和学习方法，"得法于课内，得益于课外"。）

桃花心木

（借）种树　　　　（喻）育人
　找水源　　　经受磨炼
　扎根　　　　　　独立自主
　长成大树　　　　努力成长

附录G 新理念指导下的科学小品文教学

——《只有一个地球》教学例谈

（执笔：董琼）

随着时代的进步，普及科学知识、弘扬科学精神、倡导科学思维方法，越来越受到人们的关注。同时，人们对自然、对世界也有了新的认识。人与自然之间的和谐，人和各种生命体的共处，人对生存空间的保护，反映出人的自身正逐渐走向成熟。

《义务教育语文课程标准》明确指出："在发展语言能力的同时，发展思维能力，激发想象力和创造潜能。学习科学的思维方法，逐步养成实事求是、崇尚真知的科学态度。"为此，在小学语文教材中入选了不少科学小品文，这些小品文渗透现代科技意识，反映科技成果，颂扬科学家的精神风貌。学生通过阅读科学小品文，认识大千世界，探索自然神秘，扩大视野，增长智慧，从而学习语言、发展语言、培养阅读能力和良好的阅读习惯。

小学语文教材中的科学小品和科学教材中的知识短文，虽然同样表述科普知识，但目的和作用均不相同，在表述形式上也不尽一致。一般来说，前者重形象，后者更重理性。由于语文和"科学"都是人类文化的组成部分，都具有人文性，而语文学科的基本属性是工具性，因此，工具性和人文性依然是科学小品文教学的基本特点。

新理念指导下的科学小品文教学如何体现工具性和人文性相统一的基本特点呢？在教学实践中，我注意到以下几点。

G1 整体性——整体是具体的整体，是课文内容和形式的整体

《义务教育语文课程标准》指出："努力改进课堂教学，整体考虑知识与能力、过程与方法、情感态度与价值观的结合。"过去的科学小品文教学，习

惯于从知识点切入，然后层层分析，最后得出结论。这种以学生获得某种知识为目标的做法，和科学课几乎没有什么区别。语文教材中的科学小品文教学不排斥对基本知识的掌握，但其目标主要不在于获得某种知识，而在于通过学生获取知识的过程，培养阅读能力和良好的阅读习惯，从而学习科学的思想方法，逐步养成实事求是、崇尚真知的科学态度。

首先，整体是形象的整体。即使是科学小品文，也应力求化抽象为形象，在学生头脑中留下课文的整体形象。我在讲授《只有一个地球》一课的第1自然段时，通过反复朗读，学生将文字符号转化成美丽的形象，联系上下文，很快弄懂了"晶莹透亮""群星璀璨"等词语。我还运用多媒体课件，在屏幕上再现地球形象。伴随着悠扬的音乐，一个徐徐自转的蓝色球体在茫茫星空中出现，课堂气氛顿时活跃起来。的确，我们虽然生活在地球上，但是谁曾看见一个完整的地球呢？学生小声议论，兴趣盎然。

其次，整体是内容的整体。讲授本课，我紧紧抓住宇航员遨游太空时讲的一句话："我们这个地球太可爱了，同时又太容易破碎了！"这句话，是课文主要内容的浓缩，整个教学过程就是按照地球太可爱和太容易破碎这两个方面展开的。正因为地球是人类赖以生存和发展的摇篮，因而太可爱了；同时地球又太容易破碎了，而让地球遭受破坏的正是人类自身。全课通过激趣、质疑、释疑、拓展，让学生在自主探究的过程中理清文路、推敲词语、体会感情、学习表达方法。

G2 探究性——探究是自主的探究，不仅探究内容，而且探究语言形式

学贵生疑。学生学习语文也应循着"发现问题—探索研究—解决问题"这一过程来进行。教学之初，我鼓励学生大胆提出各种各样的问题，学生可以就知识本身提出问题，也可以就语言本身提出问题，只要学生存在进一步探究的心理需要，教师就应支持鼓励。

为了使学生真正经历一个自主探究、自我发现、自我习得的过程，教师应充分尊重学生阅读的自主权。学生在对课文主要内容、完整形象进行整体感受的基础上，可循着课文思路，疑、存疑、释疑，循"疑"前进；也可自主选择最感兴趣的问题，组成研究小组。学生在小组中，交流沟通，相互启发，集思广益。这样的教学活动，不仅扎扎实实，而且生动活泼，对于丰富学生知识、开拓学生视野、习得语言能力、发展思维能力、陶冶情操都有作用。学生学得主动积极、生动、活泼，确有所获。

探究，是在整体背景上的探究，不仅要探究知识内容，而且要引导学生探究语言形式。即：为什么用这个词不用那个词？为什么要这样写不那样写？为什么最后一个自然段这样写？它和第 1 自然有何关系？等等。此类课文教学还要注意以下几点。第一，如《义务教育语文课程标准》指出的，"应当积极倡导并且认真探索自主、合作、探究的学习方式，这种学习方式和有意义的接受学习应该是相辅相成的。"在科学小品文的教学中，有的知识是学生感到陌生、不易理解的。学生缺乏"已知"的铺垫，需要教师深入浅出地讲解，让学生接受并内化为自己的知识。在学生获取知识的过程中，不是任何知识都可以进行探究，都需要探究的。有时，有意义地接受学习可以让学生便捷地获取知识，既可节约时间，又可收到实效。第二，如《义务教育语文课程标准》指出的，在阅读教学中，"不应以教师的分析来代替学生的阅读实战，也要防止用集体讨论代替个人阅读或远离文本进行过度发挥。"在科学小品文的教学中，往往不重视学生的阅读实践，用教师的分析来取代学生的听、说、读、写活动。尽管这种分析是合乎逻辑的，结论也是科学的，但是学生得到的仅仅是有关方面的知识。如果到此为止，这就把语文课混同于科学课了。因此，教师必须适时引导学生"到课文中走一个来回"，通过阅读实践，让学生自己感受、自己体验，在自主的阅读实践中培养阅读能力。

　　此外，近年来，在语文教学中常常用集体讨论代替个人阅读，以合作学习代替个人的阅读实践。远离文本、天马行空、任意发挥，有时把未经筛选的网上信息和盘托出，弄得学生云里雾里、不知所云，这种状况常常被冠以"拓宽""延伸"的美名，费时很多，而收效甚微。

G3 情感性——情感在认知基础上产生，反过来又深化认知，促进学生的语言学习

　　讲授科学小品文，教师常常用理性的分析代替形象感染和情感熏陶，使语文课变得枯燥乏味，缺失了应有的魅力。其实，科学小品文作者在字里行间同样寄寓着他的喜怒哀乐。以《只有一个地球》为例，从标题到文中的遣词造句，无不流露出作者对地球遭到人类破坏后的惋惜和无奈。作者从心底里呼唤："只有一个地球！"在第一个自然段中，作者用形象生动的语言描述了地球的美丽，表达了作者对人类生活的摇篮——地球母亲的深情的爱。最后一个自然段，作者又以满怀深情的语言给人以启示、以警醒。可以说，科学小品文看似无情却有情。如果教师情感淡漠，学生情感冷漠，课堂氛围冷清，这样的教学，学生不感兴趣，效果也不会好。

必须指出，科学小品文教学中的人文性主要是一种情感现象。例如关爱地球、关注人的生存空间，实际上是关爱人的自身的情感。惋惜地球遭到人类破坏也是一种情感。刘勰说："情动而辞发"。当情感调动起来之后，学生就会有表达的愿望。为了表达得更鲜明、准确和生动，自会推敲词语，妙笔生花。

第二课时，我结合课文演示了环境遭到人为破坏的一组图片，我和学生一样被感染了。在我的激情影响下，学生涨红着脸、噙着眼泪，用极富个性的表达方式争着读课题，不由得引起我的共鸣。我一反过去那种模式化的评价话语，而是充满激情地说："这是一声发自肺腑的叹息！""这是一句振聋发聩的警醒！""这是一句深情的呼唤！"看来，用情感营造出来的课堂氛围，给师生和文本、老师和学生、学生和学生的互动提供了契机。

关于科学小品文的教学，如何体现新理念、运用新策略、充分利用工具性和人文性相统一的特点，实现学生学习方式的根本转变，对我来说是一个尝试，需要在教学实践中不断摸索。新课程在我们面前展示新的教学生活。作为一名青年教师，我决心和大家一道，勇敢地走进新课程，和新课程一起成长。